第3章　大嘗祭創設の動機が分からずして、大嘗祭は語れない

第4章 世界最強の呪術は、日本の聖数「八・や」と中国の「八卦《はっか》」との習合……北斗八星

第5章　冬至の呪術が分からずして、大嘗祭は語れない——大嘗祭解明

第6章 神話と神饌《しんせん》御供進《ごきょうしん》神事

第7章 八の世界が分からずして、大嘗祭は語れない

第8章 一千三百年も夜空の北辰北斗に描いている、美しい万世一系の日本の姿

カバーデザイン――櫻井 浩（⑥design）

序

令和の大嘗祭《だいじょうさい》は、令和元年十一月十四日から、皇居・東御苑にて、斎行《さいこう》されました。

大嘗祭といっても、関心のあるかたは少なくなってしまいました。この原因は、GHQによって、大嘗祭の元となった祭日・新嘗祭《にいなめさい》を、勤労感謝の日に変えられてしまった影響によるものと思われます。勤労感謝の日では、神様への感謝の気持ちが薄れてしまいます。新嘗祭に戻していただきたい、と切に願うばかりです。

大嘗祭《だいじょうさい》を短い言葉で言い表せば、

「冬至の日、新天皇が神様と新穀を共食して、万世一系《ばんせいいっけい》の天皇継承の資格を得るとともに、高天原《たかあまはら》の斎庭《ゆにわ》の穂《いなほ》を日本国土に稔《みの》らせ、百姓《おおみたから》が飢《う》えることの無いようにと祈る儀式」、ということになります。

新天皇一代一度の大嘗祭は、簡素な悠紀殿《ゆきでん》・主基殿《すきでん》を建て、その中で前記の神事を、冬至の日の夜と想定して斎行されます。なぜか、全く同じ神事を、両殿で繰り返します。


大嘗祭の神事としては、これだけのことなのに、日本の総合文化を象徴するほどの多くの意味が含まれているのです。

大嘗祭の内容を理解したら、その意味深さ、素晴らしさに、感動することでしょう。日本に生まれたことの幸せを感じることでしょう。

なぜ、大嘗祭《だいじょうさい》について書こうとしたのか？

これまでに、多くの大嘗祭の本が出版されています。

多くの素晴らしい本が出版されているのに、なぜ、私は、あえて大嘗祭について、語ろうとしているのでしょうか？

それは、「八」の探究家として自分にしか語れない「発見」があるからです。三点あります。

①大嘗祭を創設しようとした天武《てんむ》天皇の動機―発見
②天武天皇独自の大嘗祭に施《ほどこ》してある世界最強の呪術《じゅじゅつ》―発見
③「八」の切り口による大嘗祭の真実（天照大神と北極星の習合、など）解読―発見

この三点について、概要を述べます。

大嘗祭を創設しようとした天武《てんむ》天皇の動機……天皇号を正式採用したから

大嘗祭を創設した動機について、述べた人は今までにいません。

不思議なことです。

何事も、動機が分かってこそ初めて真実・大義が明らかになるのです。

大嘗祭は、天武天皇によって創設されました。
では、なぜ、天武天皇は、大嘗祭を創設しようとしたのでしょうか？

犯罪において、犯人探しは、動機を探ることです。動機によって犯人の候補を狭めていきます。
しかし、犯人が分かっていれば、その犯人を取り調べることで、動機が解明します。

大嘗祭の場合は、幸い、天武天皇が大嘗祭を創設したということが分かっています。
ならば、天武天皇を徹底的に調べれば、大嘗祭を創設しようとした、天武天皇の動機が解明されるはずです。

私は、当時の世相を考え、そして天武天皇の気持ちになりきって、調べました。
結果は、次の通りです。

大嘗祭創設の動機は、「天武天皇が正式に天皇号を採用したこと」にあったのです

他にも、いろいろと理由付けは出来ますが、この一点につきる、と確信をしています。

ではなぜ、天武天皇は、天皇号を正式採用したことで、大嘗祭を創設しようとしたのでしょうか？

流れに沿って、簡単に説明します。

①　天皇は、天皇号を採用する前は、大王号を名乗っていました。
天皇という言葉は、中国の天の思想から、拝借したものです。
天皇とは、天皇大帝《てんこうたいてい》のことで、北極星を意味します。
つまり、「天皇＝北極星」です。

②　天皇号を正式に採用したことは、対・中国皇帝属国拒否を表明したということです。
つまり、天武天皇は、天皇号を正式に採用し、正式に独立国家宣言をしたのです。
（大王号を名乗っている限りは、中国皇帝の属国です）

③　ならば、天皇号を正式採用したからには、そして、独立宣言をしたからには、天皇、つまり、北極星であることの証明を、何処かでしなければなりません。

④　そこで、考えついたのは、新嘗祭《にいなめさい》を基本として大嘗祭を創設し、そこを、北極星（天皇）の存在証明場所としたのです。
また、伊勢神宮をリニューアルして、伊勢神宮に北極星（天皇）を、存在させたのです。

⑤ どのようにして、北極星を存在させたのでしょうか？

⑥ 伊勢神宮の場合は、内宮《ないくう》の天照大神（太陽）と北極星を習合《しゅうごう》させることで、北極星（天皇）を存在させたのです。大嘗祭の場合は、八重畳《やえだたみ》において、天照大神《あまてらすおおみかみ》（太陽）と北極星を習合させることで、北極星（天皇）を存在させました。

⑦ 問題があります。そもそも、大王（すめらみこと）とは、最高神である天照大神の子孫で、日《ひ》の御子《みこ》（太陽の子孫）です。天照大神（太陽）と北極星（天皇）の関係は、どのようになるのでしょうか？

⑧ そこで、習合はしているものの、序列をつけました。

⑨ 天照大神（太陽）を、北極星（天皇）の親としたのです。

「天照大神（太陽）・親　↓　北極星（天皇）・子孫・日《ひ》の御子《みこ》」

⑩　つまり、天武天皇は、天皇が天皇（日《ひ》の御子《みこ》・北極星）であることを証明する場として、伊勢神宮をリニューアルし、新嘗祭《にいなめさい》を整理し大嘗祭を創設したのです。
ですから、大嘗祭創設と、伊勢神宮リニューアルは、セットなのです。

⑪　大嘗祭とは、天皇は、天照大神の子孫、つまり日《ひ》の御子《みこ》であり、そして北極星（天皇）でもある、ということを継承・確認する、天皇親祭《しんさい》の祭、とも言えるのです。
※親祭《しんさい》とは、天皇がみずから神を祭ること。

①〜⑪の流れを大嘗祭の基本として、理解しないと、真実追究は、あらぬ方向に行ってしまいます。
私は、今までの大嘗祭論は、真実の半分しか、語っていないと、思っています。
なぜならば、北極星（天皇）のことを語っていないからです。
本格的に語ったのは、故・吉野裕子《ひろこ》氏のみです。

天武天皇は、世界最強の呪術を創作し、それを大嘗祭に施《ほどこ》した

呪術のエキスパートである天武天皇は、天皇号を正式に採用するにあたり、完全・完璧な北極星を求めました。

道教哲理によると、完全なる北極星は、北極星を守護する北斗星を必要としています。


天武天皇は、この道教哲理を採用したのです。

よって、伊勢神宮を「内宮《ないくう》＝北極星」とし、「外宮《げくう》＝北斗星」としたのです。

しかも、外宮の北斗星は、北斗八星としたのです。

なぜ、北斗八星としたのでしょうか？　ここが、最大のポイントなのです。

もともと、外宮の神様は、豊受大神で、八天女を象徴しています。

そこで、北斗七星ではなく、北斗八星としたのです。
※輔星《ほせい》（アルコル）を加えると、北斗八星になります。

しかし、それだけの理由ではありません。

呪術の専門家である天武天皇は、北斗八星と、中国最強の呪術である易経《えききょう》の八卦《はっか》を習合させたのです。

つまり、「北斗八星＝八卦」とし、世界最強の呪術を、大嘗祭と伊勢神宮に施したのです。

古代日本の聖数は「八・や」です。そして、「八・や」は、言葉の中でナンバー1の言霊《ことだま》の霊威《れいい》を持っています。（第4章で説明）

言霊のチャンピオンでもある古代日本の聖数「八・や」と、中国最強の呪術・易経《えききょう》の「八卦《はっか》」が、北斗八星として習合し、世界最強の呪術が誕生したのです。

天武天皇は、北斗八星に、この他に多くのものを習合させていますが、ここでは省略します。

とにもかくにも、世界最強の呪術が大嘗祭と伊勢神宮には、施《ほどこ》されているのです。

この天武天皇が創作した、世界最強の呪術形式の基本は、次の通りです。

「北極星（太陽・太極）北斗八星（八州《やしま》・八卦《はっか》）」

この呪術に則《のっと》って、大嘗祭と伊勢神宮の神事は、斎行されるのです。

後ほど、本章において、詳しく述べます。

天武天皇の世界最強の呪術を知らずして、大嘗祭は語れないのです。

天武天皇の世界最強の呪術を活用・証明した者が二人います

天武天皇の呪術をそっくり採用した人物が、二人います。

私の発見した、天武天皇の世界最強の呪術の正しさを、この二人によって確認することが出来たのです。

最も、嬉しい瞬間でもありました。

・一人は、高松塚《たかまつづか》古墳の被葬者《ひそうしゃ》、石上麻呂《いそのかみのまろ》です

臣下《しんか》第一位の石上麻呂《いそのかみのまろ》は、死後、自分自身が「北斗八星」となり、天井に描かれている北極星（文《もん》武《む》天皇）を永遠にお守りしようとしたのです。壁画にはその様子が描かれているのです。

世界最高のロマンです。

・もう一人は、日光東照宮を作った天海大僧正《てんかいだいそうじょう》です

日光東照宮には、北極星と北斗八星（八卦《はっか》）が呪術として描かれています。家康は、あろうことか、天皇（北極星）の位として葬《ほうむ》られたのです。

大嘗祭は、古代日本の聖数・八の世界で構成され表現されています

大嘗祭は、まさに、古代日本の聖数・八の世界で構築されています。

大嘗祭は、天皇親祭《しんさい》です。

ならば、古代日本の聖数「八・や」で構成されていて、当然です。

古代から連綿と続いている万世一系の聖なる天皇が、日本の聖数「八（や）」を活用していなかったならば、辻褄《つじつま》が合わないことになります。

古代日本文明と関係の無い、突然よその国から来た天皇、ということになります。


結果、大嘗祭も、伊勢神宮同様、古代日本の聖数「八（や）」で構築されており、古代日本の文化を継承したものでした。


天武天皇は、陰陽寮《おんみようのつかさ》、占星台《せんせいだい》を作っており、八の呪術《じゆじゆつ》のエキスパートでもあったのです。

大嘗祭と関連する八の世界を列挙してみます。古代日本の聖数・八が、大事なところをすべてと言ってよいほど、占めていることが分かります。

「八」の探究家である、小生しか、追求できない分野です。

① 八重畳《やえだたみ》

大嘗祭の神事を行う部屋の中央に、半分弱のスペースを取っている神座（寝座）・「八重畳《やえだたみ》」こそ、大嘗祭のシンボルと言えます。

八重畳の意味を解くことなく、大嘗祭は語れないのです。

なぜ、八重畳《やえだたみ》と称されるのか？　なぜ、寝座が神座なのか？　その目的は？　神座（寝座）に休寝する神様の名は？

神座（寝座）・八重畳《やえだたみ》こそ、大嘗祭の中心です。北極星と繋がっている伊勢神宮の「心御柱《しんのみはしら》」に相当するのです。

② **御膳《みけ》八神**

大嘗祭は、最初から最後まで「御膳八神《みけはっしん》」によって、見守られています。

また、最も大切な卯《う》の日の神事の前日には、鎮魂祭《ちんこんさい》を行いますが、「御巫八神《みかんなぎ》」が祭られます。

大嘗祭は、「御膳《みけ》八神」と「御巫《みかんなぎ》八神」により、守護されているのです。

なぜ、八神なのか？　重大な意味があるはずです。

③ **八角形・高御座《たかみくら》と八角形天皇陵**

天武天皇当時の天皇、つまり飛鳥《あすか》時代の天皇は、八角形の高御座《たかみくら》で即位し、崩御《ほうぎょ》された後は八角形の陵《みささぎ》に埋葬されています。

つまり、何と、天皇の誕生と死が、八角形で表現されていたのです。

なぜ、当時は、生と死が八角形で表現されていたのでしょうか？　重大な意味があったはずです。

④　**やすみしし吾《わ》が大君《おおきみ》**

天皇は、「やすみしし吾《わ》が大君《おおきみ》」と、称されていました。

この「やすみしし」は、「八隅知之《やすみしし》」、あるいは「安見知之《やすみしし》」と表現されています。なぜ、天皇は「やすみしし吾が大君」と称されていたのでしょうか？

八重畳《やえだたみ》との関係も推測されます。

⑤　**八開手《やひらで》**

大嘗祭の儀礼として「八開手《やひらで》」が加えられています。八度柏手《かしわで》を打つことです。日本における、最高儀礼方法が、八開手《やひらで》です。なぜ、「八開手」なのでしょうか？　重大な意味があるはずです。

⑥　**三種の神器**

皇位の象徴である三種の神器《じんぎ》は、八咫鏡《やたのかがみ》、八坂瓊曲玉《やさかにのまがたま》、そして八重垣剣《やえがきのつるぎ》（草薙剣《くさなぎのつるぎ》・天叢雲剣《あめのむらくものつるぎ》）です。

なぜ、三種の神器は「八（や）」で表現されているのでしょうか？

⑦　**北斗八星の呪術**

天武天皇は、北斗七星ではなく、「北斗八星」として呪術を行いました。

天武天皇の世界最強の呪術は、「北斗八星」としたことによって、成立しています。

北極星を中心とし、北斗八星に多くの意味を持たせることで、「国家の呪術暗号」としたのです。

天武天皇は、八州《やしま》（日本）の国柄《くにがら》を、夜空に輝く北辰北斗（北極星・北斗八星）に、描いたのです。

天武天皇が施《ほどこ》した、夜空の北辰北斗に描く、八州（日本）の国柄と独立国家を表現している呪術絵は、あまりにも美しい。

まさに、美意識を昇華させた「国家の暗号」といえるのです。是非、是非、皆様にこのことを知って欲しいのです。

渡御《とぎょ》と北斗八星の関係

神事の行われる悠紀殿《ゆきでん》・主基殿《すきでん》は、高天原《たかまはら》にあると想定されています。

天皇は、地上の廻立殿《かいりゆうでん》から、高天原《たかまはら》にあるとされている悠紀殿《ゆき》・主基殿《すき》に渡御《とぎょ》します。

その渡御《とぎょ》の方法が、あまりにも特殊であり、誰もが驚くことでしょう。

この渡御《とぎょ》の方法は、伊勢神宮にも施《ほどこ》してある、いやいや、高松塚古墳壁画にも施してある、天武天皇の基本的な呪術―「北斗八星（帝車《ていしや》）」―なのです。


今まで、誰も述べていなかった重大な説を、拙著の中で論じます。

大嘗祭は、太陽と北極星（＋北斗八星）が織《お》りなす、冬至祭《とうじ》でもあります

大嘗祭の神事は、冬至《とうじ》に行われます。

旧暦ですと、冬至の日は何日なのか、決定できません。よって、十一月の卯日《うのひ》を冬至に当たるとして、実行されてきました。

旧暦は、冬至の日を基準にして決められていました。

冬至の日に当たる午前零時頃、北斗八星の尾（柄）の位置が、北（真下）を指すので、冬至のある月を建子月《けんしげつ》としたのです。

大嘗祭において、時間と共に変化する北斗八星の位置が、大変微妙なのです。

ぜひとも、この北斗八星の天の大時計を楽しんでいただきたい。

冬至は、太陽の日照時間が最も少ない日です。太陽の力が最も弱っている日です。

しかし、この日を境に、パワーが増していきます。太陽、つまり天照大神の復活の日でもあるのです。

今まで大嘗祭について書かれた本は、ほぼ、このことに言及している、と言っても過言ではありません。

しかし、次のことに言及した人は、あまりにも少ない。

太陽の逆、つまり星のことを考えてみましょう。

冬至は、夜の時間が最も長い日であり、北極星（天皇）が最も長いあいだ輝いている日でもあるのです。

大嘗祭の本を読みましたが、この夜空のことを強調している人は、吉野裕子氏のみでしょうか。

大嘗祭においてですが、太陽（天照大神《あまてらすおおみかみ》）と、北極星（天皇）の習合《しゅうごう》は、この日に、隠密裡《おんみつり》に行われているのです。

この習合はどのようにして行われるのか？　その場所は？

それこそが、「神座《しんざ》（寝座）・八重畳《やえだたみ》」なのです。

拙著の中で、初めて明らかにします。

当時の天皇（天武《てんむ》天皇・持統《じとう》天皇・文武《もんむ》天皇）に対する世相《せそう》を知らずして、大嘗祭は語れない

天皇号を正式に採用した頃の、当時（天武《てんむ》・持統《じとう》・文武《もんむ》天皇）の世相を考慮して大嘗祭を論じている学者は、あまりにも少ないことに、驚いています。

私は、天武天皇（持統天皇）の大嘗祭創設の動機は、天武天皇が天皇号を正式に採用したことが第

一の理由であると、既に述べています。

そして、文武《もんむ》天皇・元明《げんめい》天皇・元正《げんしょう》天皇・聖武《しょうむ》天皇と続くことで、大嘗祭の形式は整ったのです。ならば、大嘗祭の形式が整うまでの天皇に対する当時の世相は、どのようなものであったかを、知る必要があります。

当時の世相を知らずして、大嘗祭は語れないのです。


天武天皇（持統天皇）は、天皇号を正式に採用して以来、天皇とは、神（日《ひ》の御子《みこ》・北極星）である事を、人々に知らしめようと、努力してきました。

臣下《しんか》もそれに応《こた》え、天皇を神として言祝《ことほ》ぎ、忠誠を誓ってきました。

宮廷歌人・柿本人麻呂《かきのもとのひとまろ》（没年は708年ごろか）と、大将軍高級官僚・大伴御行《おおとものみゆき》（646～701）は、歌謡にて天皇を「大君は　神にし　坐《ま》せば」として言祝《ことほ》ぎました。

そして、高松塚古墳の被葬者である石上麻呂《いそのかみのまろ》（640～717）は、前述していますが、自分自身が北斗八星となり、死後も天井《てんじょう》の中心に描かれた天皇（文武天皇・北極星）を永遠に崇敬護持していくという、壁画を描きました。


天皇に対する当時の世相は、天皇を神として、言祝《ことほ》いでいたのです。

このことを、無視して、大嘗祭は、語れないということを、まず知って欲しいのです。
後ほど、この件に対しても、詳しく述べます。

大嘗祭において、北極星を祀《まつ》った証拠（資料）が現れる

五経《ごきょう》の一つ『礼記《らいき》』によると、「冬至祭」は、中国皇帝が親祭《しんさい》する「天皇大帝祭《てんこうたいていさい》」（北極星祭・天皇祭）でもあったのです。

何と、古代から中国皇帝は、冬至の日に、天皇（北極星）を親祭《しんさい》していたことになります。これには、驚くほかありません。

嬉しかったことは、『続《しょく》日本後紀』（仁明天皇紀《にんみょう》）において、大嘗祭とは北極星を祀《まつ》ること、と取れる記事があったことです。

このことで、私の説は正しかった、と確認出来たのです。

その歓びも含めて、本書の中で記します。

折口信夫《おりくちしのぶ》氏の真床覆衾《まとこおふすま》説は、真実でしょうか？

この説は、『日本書紀』に、ニニギノミコトが降臨《こうりん》されたときにくるまわれたと記されている

「真床覆衾《まとこおふすま》」と、大嘗祭のときに八重畳《やえだたみ》に用意される寝具・「御衾《おふすま》」を、同じものと推論したものです。

天皇は、八重畳《やえだたみ》の上で「真床覆衾《まとこおふすま》＝御衾《おふすま》」にくるまる秘儀をされる、というのです。

八重畳《やえだたみ》の上で「御衾《おふすま》」にくるまることで、皇祖神・天照大神と一体化し、完全な天皇になられる、というわけです。

私は、基本的に「真床覆衾論《まとこおふすまろん》」に賛成です。

その理由は、『日本書紀』の中に、真床覆衾《まとこおふすま》の事例が、連続三代にわたりあるからです。

大嘗祭は、『記紀』神話の再演であると、思っています。

ならば、連続三代にわたる真床覆衾《まとこおふすま》の事例を否定する勇気を持てないのです。


ただし、采女《うねめ》との聖婚説や遺骸《いがい》と同衾《どうきん》したとか、おどろおどろしい所作《しょさ》は無いと断言できます。

大嘗祭は、天武天皇に始まり、持統天皇（女性）でほぼ形が整います。それから文武《もんむ》天皇、元明《げんめい》天皇（女性）、元正《げんしょう》天皇（女性）と続き、更に大嘗祭の形が整っていきます。

よって、大嘗祭創設の初期に、女性天皇が続いたことから、女性が耐えうる神事であったと想像できるからです。

ただし、時代とともに大嘗祭の儀礼所作《しょさ》も変化してきたと思われます。よって、いつしか、天皇が八《や》重畳《えだたみ》に入るという儀式は、無くなってしまった可能性もあります。

大嘗祭は、君民《くんみん》一体の独立国家記念祭であり、百姓《おおみたから》の参加と奉仕を表現しています

高森明勅《あきのり》氏は、『天皇と民の大嘗祭』（展転社）のなかで、「民の参画と奉仕」の意義を論じています。

今までに無かった視点の捉《とら》え方でした。

「八」の探究家として、大嘗祭に出てくる数字の八そのものに「民の参画と奉仕」を意味していると以前から感じていましたので、嬉しい励みとなりました。

大嘗祭の当日（卯日《うのひ》）ですが、朝から夕方にかけて、京の街を練り歩く、民の参加の日本一のパレード（大行列・約五千人）があります。そして夜の時間すべてを使って、秘事と言われている、神様と新天皇の共食神事が行われるのです。

大嘗祭は、日本の古俗を大切にした、騎馬民族の匂いを感じさせない、純粋な農耕儀礼祭祀《さいし》です。祭祀王となることが天皇継承の資格であります。

大嘗祭は、「天皇は、権力・武力でなく、権威（総神主の長・祭祀王《さいしおう》）によって国を治めること」を、表現しているのです。この素晴らしさを是非、皆様に知って欲しいのです。

驚き、そして嬉しかったことは、大嘗祭は、「独立国家記念祭」でもあると分かったことでした。

（伊勢神宮は、「独立国家記念神社」）

天武天皇の呪術によって、大嘗祭と伊勢神宮は、天（北斗八星）に八束穂《やつかほ》（斎庭の穂《ゆにわいなほ》）を描き、八《や》州人《しまびと》が飢《う》えることがないように、と願っているのです。

そしてさらに驚いたことは、食器に柏《かしわ》の葉を使用していることです。

最後の日の豊明節会《とよあかりのせちえ》のフィナーレには、人々に柏の葉を配ります。人々は柏の葉で黒酒《くろき》・白酒《しろき》を飲み干し、その柏の葉を頭に着けて舞います。何と、ロマン溢《あふ》れる節会《せちえ》なのでしょう。

大嘗祭の真実は、半分しか、語られていない

私は、口幅ったいのですが、あえて、自己主張させていただきます。

大嘗祭・伊勢神宮・日光東照宮・高松塚古墳の本義については、共通の呪術的グランドデザインの存在に誰も気づかなかった、ということにより、これまで一度も正確にはっきりとは語られていなかった、と言えるのです。

このことの重大さを知って欲しいのです。

歴史・考古学者からは、荒唐無稽《こうとうむけい》な呪術説として一笑に付されることでしょう。

しかし、私は、天武天皇（持統天皇）の「国家の暗号とも言える呪術の存在」を信じており、それぞれの本義は、いままで語られることはなかった、と確信しています。

あえて言います。

問題発言と思われても仕方ありませんが、これまで大嘗祭について書かれた本は、真実の半分しか語っていないのです。スコーンと、見事に半分が抜けているのです。

例えて言いますと、コインには、裏表があります。今までは、大嘗祭の表面しか語られてこなかったのです。

何と、裏面の真実が語られていなかったのです!!

大嘗祭の裏面の真実はというと、天照大神と北極星の習合《しゅうごう》です。さらに詳しく言いますと、北極星（天皇）と北斗八星の呪術です。それに、冬至祭としての呪術も入ります。

これまでの学者は、天照大神（太陽）と諸神については語りましたが、北極星について、本格的に語った人は、故・吉野裕子氏を除いて、いないのです。

吉野裕子氏がお亡くなりになった今は、小生しか、天照大神と北極星の習合を語ることの出来る者はいないのです。

しかも、吉野裕子氏も述べなかった天武天皇の呪術「北極星（太陽・太極）北斗八星（八州《やしま》・八卦《はっか》）」を論じないと真実に迫れないとなれば、もう、「八」の探究家の小生しかいないのです。

吉野裕子氏（1916〜2008）は、在野の民俗学者で、博士号も取得しています。著書多数。50歳からの独学。陰陽五行の独自の視点で、大嘗祭・伊勢神宮に存在する呪術に対して、解読を試みました。素晴らしい発想だと思いました。

私は、もし、吉野氏の本を読まなかったら、『古代天皇家「八」の暗号』（徳間書店、新装版がヒカルランドにて刊行）、『古代天皇家の謎は「北斗八星」で解ける』（徳間書店）の出版はなかったと言えます。

ただ、吉野氏は、数字「八」については、あまり関心がありませんでした。不思議なことです。私のために、残しておいてくれた、と感じるほどです。

私の、解読方法は、吉野氏の発想に、北斗八星の呪術を加えた、独自のものといえます。それは、天武天皇の呪術そのものと言えます。

発見なくして感動なし。

それぞれの証拠を証明するために力が入ってしまい、適切な表現力に欠ける拙《つたな》い案内人ですが、大嘗祭を創設した天武《てんむ》天皇・持統《じとう》天皇の気持ちになって（出来れば畏《おそ》れ多くも、なりきって）、そして当時の世相を感じ取り、そしてさらに、八の世界を切り口として、大嘗祭を論じたいと思っています。

第1章　大嘗祭概要

1　大嘗祭《だいじようさい》とは

『延喜式《えんぎしき》』では、祭祀《さいし》を大祀《たいし》・中祀《ちゆうし》・小祀《しようし》の三等に分けています。大祀は、大嘗祭のみで、日本最大の祭と位置付けています。

天皇が即位して初めて行う一代一度の大嘗祭《だいじようさい》とは、旧暦・十一月の下の卯《う》の日（卯日《うのひ》が三回の時は中卯・冬至を想定）、新穀を、天照大神《あまてらすおおみかみ》（北極星と習合している）と御膳《みけ》八神と天皇が共食され、皇孫《すめみま》としての、天照大神の霊威と穀霊を身に付け、そして北極星（天皇大帝《てんこう》）になることで、天皇継承の資格を得て、高天原《たかあまはら》の稲（斎庭《ゆにわ》の穂《いなほ》）が八州《やしま》（日本）全土に稔《みの》り百姓《おおみたから》が飢えることのないようにと祈り、また国家の安泰と繁栄を祈る儀式なのです。

大嘗祭《だいじようさい》は、天武《てんむ》天皇（＋持統《じとう》天皇）が、天皇号を正式に採用したことにより、天皇（北極星）たらんとして、農作物の収穫感謝儀礼である新嘗祭《にいなめさい》を参考にして、伊勢神宮（リニューアル）とセットで、天皇証明祭として創設されたものです。

と同時に、天武《てんむ》天皇（＋持統《じとう》天皇）は、大嘗祭を、百姓《おおみたから》の協力・奉仕のもと、八州《やしま》（日本）を代表する、日本一の稲作収穫感謝祭にしようとしたのです。

祭に用いられる新穀は、あらかじめ卜定《ぼくじょう》された悠紀《ゆき》、主基《すき》の国から奉《たてまつ》られ、祭の日の夜（冬至として想定）、天皇は新しく作られた大嘗宮の悠紀《ゆき》殿・主基《すき》殿で、これを天照大神（北極星と習合《しゅうごう》している）と北極星（天照大神と習合している）、そして御膳《みけ》八神とともに召し上がります。

大嘗祭は、日本の古代からの農耕収穫・感謝儀礼を表現しています。祭祀の呪術《じゅじゅつ》は、中国皇帝・冬至祭の呪術の影響を受けていますが、そのままではなく、日本独自の呪術に変化させました。

大嘗祭において、伊勢神宮同様、天照大神（太陽）と北極星は習合《しゅうごう》しています。そして天皇は、新穀を天照大神と北極星、そして御膳《みけ》八神と共食することで、日嗣《ひつぎ》の御子《みこ》から「日の御子《みこ》」になり、そして北極星（天皇大帝《てんこうたいてい》・天皇《てんのう》）となられるのです。

ここに、宇宙的結合が完成するのです。

このことにより、天皇は、大八州《おおやしま》（独立国・日本）の「総神主の長＝天皇（日《ひ》の御子《みこ》・北極星）」として、つまり権力ではなく、権威をもって君臨することとなるのです。

大嘗祭は、十一月の下の卯《う》の日（卯日《うのひ》が三回の時は中卯《なかのう》）に始まり、辰《たつ》の日の悠紀節会《ゆきせちえ》、巳《み》の日の主基節会《すきせちえ》、午《うま》の日の豊明節会《とよあかりのせちえ》にいたる四日間にわたって行われます。辰の日以降は諸臣と饗膳《きようぜん》を共にする節会《せちえ》となります。

大嘗祭の準備期間と完全終了までは、四月頃から十二月までの、九ヶ月間です。

主要な施設の建設資材は、すべて古式に則《のつと》ったものです。たとえば、悠紀殿《ゆき》・主基殿《すき》は、皮をむかない丸太のみを用いて柱や梁《はり》とし、屋根は萱《かや》などの青草でふきます。壁や扉も二重構造の蓆《むしろ》のようなもので、床は竹の簀《す》の子を張って、その上に畳表《たたみおもて》を敷き詰めるといった、非常に簡素なものです。

大嘗祭創設初期は、床が無く、地べたに蓆《むしろ》を敷いただけのものでした。

天武《てんむ》天皇（＋持統天皇）は、大嘗祭を創設するにあたり、古来の新嘗祭《にいなめさい》を取り入れながらも、中国の天文思想の知識を借りたり、中国皇帝の冬至祭を参考にしました。

しかし、天武天皇は、古《いにしえ》の日本文化を捨て去ることはしませんでした。むしろ、頑《かたく》なに残そうとしたのです。そこが素晴らしいところです。

大嘗祭においては、騎馬民族の臭いはいささかも感じられません。中国皇帝祭祀のときの神饌料《しんせんりよう》として使われる牛、豚（猪）、羊の肉は、大嘗祭においては、まったく使用されていないのです。

まさに、お米作りを代表とする、純粋な農耕民族の儀式です。

しかも、外国からの戦利品、貢《みつ》ぎ物、贈答品などのたぐいのものは、一切飾らない、実にシンプルで崇高な農耕儀式です。但《ただ》し、節会《せちえ》に関しては、平安時代に入ってから華美になりました。


私は、日本を代表する祭といえば、この農耕の収穫儀礼である大嘗祭であると思います。

大嘗祭は、全国の百姓《おおみたから》の祭を代表しています。

まさに、百姓《おおみたから》を代表する祭祀王たる天皇の誕生を意味する、農耕の収穫儀礼なのです（新嘗祭には神饌《しんせん》として米と粟《あわ》を用いました。大嘗祭も秘事として粟《あわ》を用いました）。


大嘗祭は『古事記』『日本書紀』の神話の再現とも言われています。

大嘗祭は、高天原《たかあまはら》において、天照大御神の孫にあたる、ホノニニギが、真床覆衾《まとこおふすま》に覆《おお》われて高千穂《たかちほの》峯《みね》に降り立った（「神代紀」）とされている部分を、再現する祭だとも言われています。

大嘗祭は、日本のアイデンティティを確認できる日本の総合文化祭、日本文化集大成祭、ともいえるのです。

面白いことに、大嘗祭には、多くの名称が付けられます。大嘗祭の意味深さがお分かりいただけると思います。

どのような祭として表現できるのか、記してみます。

①冬至祭……大嘗祭は冬至祭を想定しており、太陽と北極星の物語。

②太陽祭……冬至を境に天照大神（太陽）の復活パワーアップ。一陽来復祭《いちようらいふくさい》。

③星祭……冬至は北極星（天皇）が最も長く輝く日であり、深夜零時に北斗八星の尾が北を向く日。

④天皇号正式採用記念祭……天武天皇が天皇号を正式採用し、大嘗祭において天皇（北極星）の存在を証明する呪術を施した。

⑤万世一系天皇誕生祭……高天原《たかあまはら》の天照大神から地上の天皇へと続く、新「天皇（北極星）」となられた新「日の御子《みこ》」の誕生。

⑥日本独立国家記念祭……天武天皇は、独立国の象徴である、天皇号（北極星）を正式採用し、大嘗祭において天皇（北極星）の存在を証明。

⑦八州《やしま》統一祭……八州《やしま》の百姓《おおみたから》の協力・奉仕によって八州（日本）最大の祭の成立。

⑧食国《おすくに》祭……日本が生き延びるための食材の代表として「斎庭《ゆにわ》の穂《いなほ》」を選択し、新天皇が総神主の長となられ、その稲の豊穣を祈り、感謝する祭。

⑨日本神話再現祭……記紀神話の高天原《たかあまはら》、天孫降臨《てんそんこうりん》の再現。

⑩北辰北斗日本呪術絵祭……北極星と北斗八星に、天武天皇が初めて描いた、天皇中心の日本の国柄を表現した呪術絵祭。

⑪天照大神・北極星習合《しゅうごう》記念祭……天武天皇が、天皇号（北極星）を正式採用したことにより、

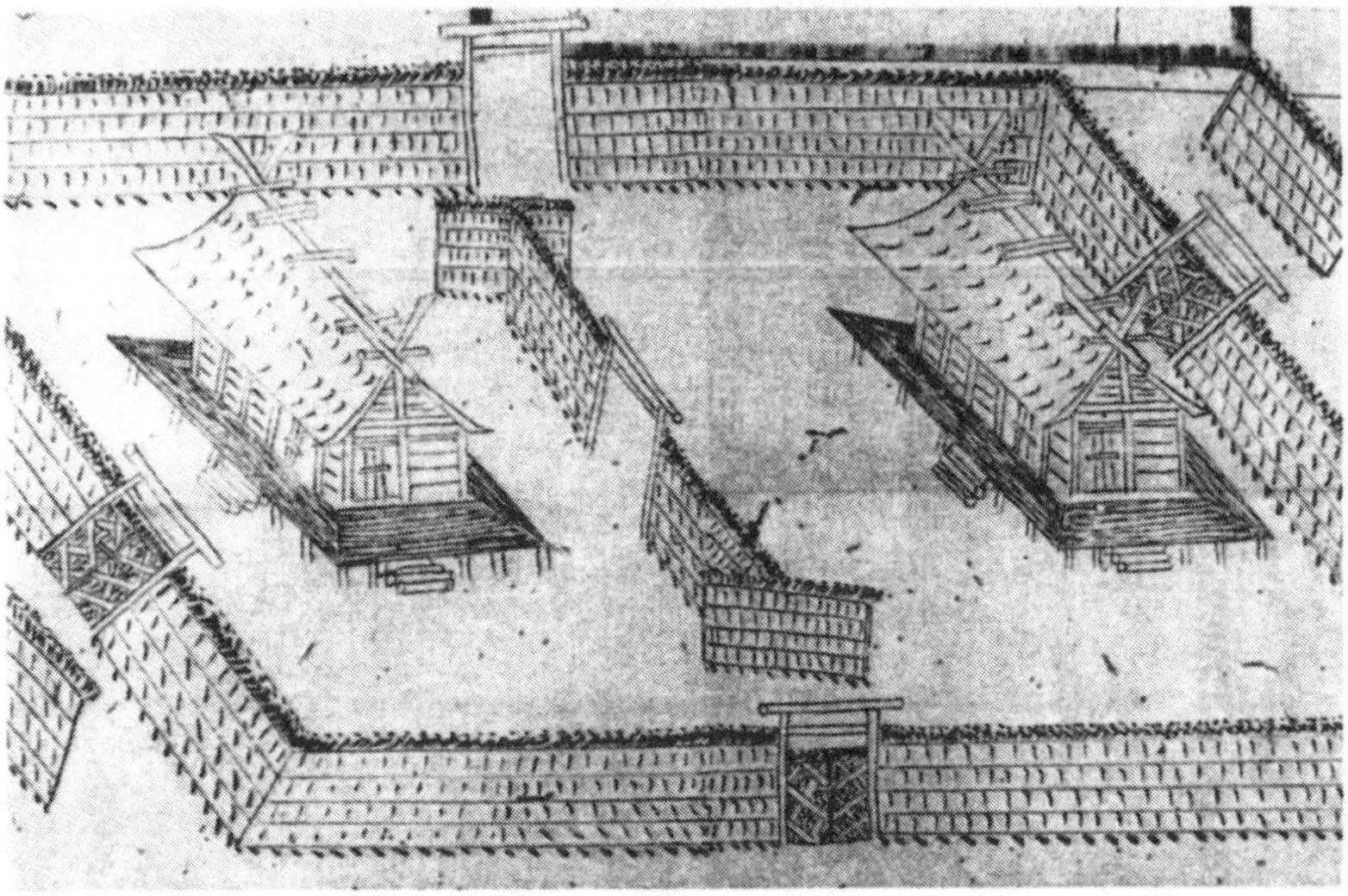

図１－１　悠紀殿《ゆきでん》・主基殿《すきでん》の建物立体図（『大嘗祭』・鳥越憲三郎・角川書店より）

大嘗祭において、天照大神と北極星は習合。天皇は、天照大神の「日の御子《みこ》」であり、北極星（天皇）。

大嘗祭の中断と再開

大嘗祭は、応仁《おうにん》の乱が起こる前年の文正《ぶんしょう》元年（１４６６）に挙行した後土御門《ごつちみかど》天皇のときを最後として戦乱のため二百二十年中断しています。

江戸時代の東山《ひがしやま》天皇の即位にあたって貞享《じょうきょう》四年（１６８７）に簡略な形で復興されました。次の中御門《なかみかど》天皇《てんのう》は挙行せず、桜町《さくらまち》天皇即位後の元文《げんぶん》三年（１７３８）からは継続して今日に至っています。

大嘗祭には、数多くの謎、疑問、不思議、があります。それは当然なことで、大嘗祭神事は、秘儀とされてきたからです。

それらの疑問に対して、真っ正面から向かい合います。

この章では、概要として主なる問題点を取り上げますが、詳しい内容は、後の章で記します。

（1）重大な問題……大嘗祭の祭神は、諸説あり混乱の極み

大嘗祭で問題なのは、どの神様を祭っているか、ということが判然としないことです。これでは、最初から霧の中に第一歩を踏み込むようなものです。

田中初夫氏は、『践祚《せんそ》大嘗祭』において、大嘗祭の祭神は「不明」と述べています。大嘗祭の祭神が、はっきりしてこそ大嘗祭の本義を語ることが出来るのです。

祭神については、幾つかの説がありますので、ここで整理してみます。

※践祚《せんそ》とは、天皇の位（祚）を継ぐこと。天皇の位の象徴たる剣、璽《じ》、神鏡を先帝から受け継ぐことにより践祚は実現する。

八重畳《やえだたみ》に休寝する神はどの神なのか？　大嘗祭の秘儀は、おそらくこの一点にかかっている、と言っても過言ではない、と多くの学者が述べています。

①　皇祖《こうそ》天照《あまてらすおおみかみ》大神を祀《まつ》るとする説

一条兼良《いちじょうかねよし》（1402～1481）が記した『代始和抄《だいはじめわしょう》』に次のような文面があります。

「まさしく天照おほん神をおろし奉《たてまつ》りて、天子みずから神食をすすめ申さる事になれば……」、と述

べてあり、天照大神一柱を祀《まつ》るとの見解をしめしています。

『令義解《りようのぎげ》』や『貞観儀式《じようがんぎしき》』、『延喜式《えんぎしき》』などの古い記録には、天照大神《あまてらすおおみかみ》だとは何も記されていません。

② 天照大神はじめ天神地祇《てんじんちぎ》を祀《まつ》るとする説

14歳で即位した順徳《じゆんとく》天皇に対し、父帝・後鳥羽《ごとば》上皇が大嘗祭直前、その秘儀について教えた、と『後鳥羽院宸記《ごとばいんしんき》』建暦《けんりやく》二年（１２１２）十月条に、記されています。

そのときの「御告文《おつげぶみ》」に次のように記されていました。

「伊勢の五十鈴《いすず》の河上に坐《ま》す天照大神、又天神地祇《てんじんちぎ》、諸神明に曰《もうさ》く……」

このときの大嘗祭の御告文《おつげぶみ》によれば、天照大神はじめ天神地祇を祀るとするものとしています。

『神祇令《じんぎりよう》』の中には「凡《およ》そ天皇即位したまはむときは、惣《そうじ》て天神地祇《てんじんちぎ》を祭れ」とあります。天皇が即位なさったら、天の神、地の神を祭れと書いてあります。

※神祇令《じんぎりよう》とは、律令の中で神祇信仰にもとづく公的な祭祀の基本を定めた部分をいう。
※御告文《おつげぶみ》とは、天皇が皇祖皇宗の神霊に奏上《そうじよう》する文。御告文（ごこうもん）。

③ 悠紀《ゆき》・主基《すき》、それぞれ別の神を祀《まつ》るとする説

中世以来、悠紀《ゆき》は天神《てんじん》、主基《すき》は地祇《ちぎ》、とする説があります。卜部兼倶《うらべかねとも》（１４３５〜１５５１）、忌《いん》

部正道《べまさみち》（室町時代）、荷田在満《かだのありまろ》（1706〜1751）、等々です。

しかし、悠紀殿《ゆきでん》・主基殿《すきでん》の造りと式次第が同じですから、両殿の祭神が異なることは考えられない、と岩井利夫氏はのべています。

④　**天照大神と御膳《みけ》八神、その他の神を祀《まつ》るとする説**
御膳《みけ》八神は、悠紀《ゆき》殿・主基《すき》殿の隣に祀られ、また京の北野の斎場にも祀られています。そして北野の斎場から大嘗宮に向かう行列の中の「標《ひょう》の山」にも祀られていると推測されます。御膳《みけ》八神は、稲の収穫、神饌《しんせん》調備、斎場設営、等々に対して守護をされてきた神様です。松前健氏は大嘗祭の祭神は、御膳《みけ》八神と論じています。

⑤　**高御産巣日神《たかみむすびのかみ》を祀《まつ》るとする説**
『記紀』における「天孫降臨《てんそんこうりん》神話」ですが、幾つか違った伝えが記されています。降臨を命令する司令神としての天照大神が、まったく登場しない伝えもあります。司令神として登場する場面は、高御産巣日神《たかみむすびのかみ》のほうが、天照大神よりも多いのです。

よって、大嘗祭の祭神は、高御産巣日神《たかみむすびのかみ》である、とするのが三谷榮一氏の説です。

⑥　**天照大神、太一《たいいつ》（北極星）、天皇霊《れい》、を祀《まつ》るとする説**
吉野裕子説は、天照大神、太一《たいいつ》（北極星）、天皇霊、を祭っていると述べています。三位一体であ

る、との説です。

北極星（天皇《てんこう》大帝）を加えているところが、私の説と同じです。

⑦　祭神は、天照大神、北極星、御膳《みけ》八神（豊受大神《とようけのおおかみ》・北斗八星）を祀《まつ》るとする説

私は、大嘗祭の祭神は、伊勢神宮の呪術《じゆじゆつ》をそのまま使っているとみています。よって、大嘗祭の祭神は、天照大神、北極星（天皇《てんこう》大帝）、御膳《みけ》八神であると思っています。

天皇とは、北極星のことです。北極星は、道教哲理によると、輔弼《ほひつ》をしてくれる北斗星（八星）を必要とします。ですから、大嘗祭においても、伊勢神宮同様、北斗八星の呪術が施《ほどこ》されているのです。この北斗八星（豊受大神・八天女）と習合しているのが、御膳《みけ》八神です。

以上のような、諸説があります。

この混乱は、悠紀《ゆき》殿・主基《すき》殿の二ヶ所で、まったく同じ神事を繰り返すということにも起因しています。

大嘗祭研究家それぞれ各自の論があり、未だに論点になっています。

よって、大嘗祭の祭神は、諸説があることになり、ますます、「秘儀」が独り歩きするわけです。

私は⑦の説です。じっくりと後ほど論じさせていただきます。

（2）大嘗祭は、天武天皇の創設であり、天皇（北極星）証明祭

大嘗祭は、天武《てんむ》天皇のやむにやまれぬ思いによって、創設されたものです。

天武天皇は、天皇号を正式に採用しました（それまでは慣用的に使用されてきました）。

天皇とは、ズバリ北極星のことです。ならば、天皇（北極星）の証明を何処《どこ》かでしなければなりません。


その証明場所として選ばれたのが、新嘗祭《にいなめさい》です。新嘗祭を参考にして、大嘗祭を創設し、そこに天皇（北極星）を証明する呪術を施《ほどこ》したのです。


同時に、天武天皇は、伊勢神宮をリニューアルして、天皇（北極星）を証明する呪術《じゆじゆつ》を施しました。

あえて言いますが、新嘗祭《にいなめさい》も、大嘗祭《だいじようさい》が創設されたときと同時に、リニューアルされたのです。

ですから、天武天皇以後の新嘗祭は、「リニューアル新嘗祭」なのです。

この「リニューアル新嘗祭」も、大嘗祭同様、天皇（北極星）の証明場所としたのです。

「大嘗祭創設」「リニューアル新嘗祭《にいなめさい》」「リニューアル伊勢神宮」は、天武天皇（＋持統天皇）によって、同時に実行・実現されたのです。


これらのことをはっきりさせておかないと、大嘗祭の本質が見えてこなくなります。このことをは

っきり論じている学者は、ほとんどいないと思われます。

新嘗祭は、宮中のお祭です。しかし大嘗祭は、百姓《おおみたから》（国民）の参加と奉仕による祭であり、日本一の祭という特色があります。この違いは、大きいです。

（３）天皇は八重畳《やえだたみ》の中に入るのか？　折口信夫《おりくちしのぶ》氏の真床覆衾《まとこおふすま》説

大嘗祭を論ずるにあたり、避けて通れないのが、折口信夫氏の「真床覆衾論《まとこおふすま》」です。

この説は、『日本書紀』神代巻に、ニニギノミコトが降臨されたときにくるまわれたと記されている「真床覆衾《まとこおふすま》」と、大嘗宮・悠紀《ゆき》殿・主基《すき》殿の神座・八重畳《やえだたみ》に用意される寝具・「御衾《おふすま》」を、同一のものと推論したものです。

天皇は、八重畳《やえだたみ》（神座・寝座）の上で「真床覆衾《まとこおふすま》＝御衾《おふすま》」にくるまる秘儀をされる、というのです。

神座（寝座・八重畳《やえだたみ》）の上で「御衾《おふすま》」にくるまることで、皇祖神・天照大神と一体化し、完全な天皇になられる、というわけです。

ほとんどの学者は「真床覆衾論《まとこおふすま》」を継承しています。しかし、岡田荘司《しょうじ》氏は、神座（寝座・八重畳）は天照大神がお休みになるところで、ここには天皇といえども近寄ることは出来なかった、という説を述べています。

また、次のようにも記しています。

《折口が自ら「仮説」であると称してから五十年、ここに通説から定説へと昇格する。「仮説」検証がほとんど行われず、定説の地位を獲得するという、学問世界における不思議な現象であった》

私は、基本的に「真床覆衾論《まとこおふすま》」に賛成です。

その理由は、『日本書紀』の中に、真床覆衾《まとこおふすま》の事例が三箇所もあるからです。

後ほど詳しく述べますが、**天孫《あめみま》（皇孫《すめみま》）三代が連続して、真床覆衾《まとこおふすま》とかかわり合いを持って、記されている**のです。

大嘗祭は、神話の再演です。

また、八重畳《やえだたみ》＝神座《しんざ》＝寝座《しんざ》、ということを考慮すれば、ただ単に置いておくだけということはあり得ないわけです。

そこには、設置してある何等《なんら》かの理由があるはずです。その理由をまず明らかにすること、このことが肝腎《かんじん》です。さらに言えば、八重畳《やえだたみ》という意味を。

私見ながら、大嘗祭成立初期の頃は、八重畳の中に入って、御衾《おふすま》に包まれたと思います。あるいはその上に坐《ざ》したと思われます。

ただ、実際に采女《うねめ》と聖婚儀式をしたとか、遺骸《いがい》と寝たとか、というおどろおどろしいことは無かったと思われます。このような想像をも記した折口氏は、大嘗祭の成立期をさらにずっと古《いにしえ》と考えていたからに他なりません。

天武《てんむ》天皇のとき大嘗祭が成立したのですが、その後、持統《じとう》天皇、元明《げんめい》天皇、元正《げんしょう》天皇、などの女性天皇が誕生していますので、女性天皇も耐えられる、それなりの儀礼になったと推測します。

ただし、大嘗祭の儀礼所作《しょさ》も時代と共に変化してきたと思われますので、いつしか八重畳《やえだたみ》に入る儀式は無くなってしまった可能性もあります。

もし、無くなったとしても、八重畳に「御衾《おふすま》」が置いてあり、その横で神様と一緒に新穀を召されるということで、御衾《おふすま》にくるまったという象徴所作《しょさ》になり、天孫《あめみま》（皇孫《すめみま》）の資格を得る、ということは考えられます。

岡田荘司《しょうじ》氏の説によりますと、八重畳は、ただただ天照大神がお休みになるところ、という説ですが、私の説は、「休寝・習合説」と「御衾《おふすま》説」の両方です。

私は、天照大神と北極星（天皇大帝《てんこう》）が習合する場所が、八重畳（神座・寝座）だと思っています。八重畳《やえだたみ》には、大嘗祭にとっての最も大切な役割があるのです。

これは天武天皇が施《ほどこ》した独自の呪術です。

この件は、天武天皇の基本的な呪術を知らないと、説明できませんので、後ほど詳しく述べます。小生独自の説であり、初めて公開する説です。勿論、小生の呪術説は天武・持統天皇が施した呪術と同じであり、真実であると信じています。

（4）中国皇帝・冬至祭は、天皇祭（北極星祭）だった!!

驚いたことに、歴代中国皇帝は、冬至《とうじ》の日に、天皇（天皇《てんこう》大帝・北極星）を祀っていました。

ならば、中国皇帝・冬至祭は、天皇祭（北極星祭）であったのです!!

まさかとお思いでしょうが、本当です。

歴代中国皇帝は、「郊祀《こうし》」といって、冬至の日に、都の南の郊外に天神（北極星・昊天上帝《こうてんじょうてい》・天皇《てんこう》大帝《たいてい》）を祀《まつ》り、夏至《げし》の日に、北の郊外に地の神を祀っていたのです。

天神は、昊天上帝《こうてんじょうてい》となっている場合がありますが、昊天上帝《こうてんじょうてい》＝天皇大帝《てんこうたいてい》、であると漢代の鄭玄《じょうげん》という大学者が述べています。（時代によって、違うときもあります）
中国皇帝の冬至の祭は、「南郊祭祀《なんこうさいし》」とも言われています。

私は、大嘗祭は、天武天皇が名実ともに天皇（北極星・天皇《てんこう》大帝）たらんとして、その証明場所として創設したものであると前述しています。


大嘗祭が冬至の日に行われるということは、「南郊祭祀《さいし》」を行っていることにも通じます。

大嘗祭も「南郊祭祀」も同じく親祭《しんさい》です。

中国皇帝が親祭《しんさい》する「南郊祭祀《さいし》」は、天皇（北極星・天帝《てんてい》・天皇《てんこう》大帝）を祀《まつ》ることにあります。

天皇が親祭する日本の「大嘗祭」は、天皇に関して言えば、天皇（北極星・天皇大帝《てんこう》）を祀り、祀られる、ことにあります。ここが違います。

勿論、大嘗祭の場合、北極星は天照大神と習合《しゅうごう》していて、中国では考えられない、日本独特の呪術となっています。

学者の多くは、大嘗祭の祭神は天照大神のみ、あるいは天照大神と天神地祇《てんじんちぎ》、と論じています。はっきりと、大嘗祭は北極星（天皇大帝《てんこう》）をも祭っていると論じ、本を出版しているのは、吉野裕子氏のみと言ってよいでしょう。

（5）仁明《にんみょう》天皇の大嘗祭は、昊天上帝《こうてん》（天皇大帝《てんこう》・天皇《てんのう》・北極星）を祀《まつ》る「禋祀《いんし》」であった……自説の正しさを確認!!

前述のように、冬至のことを調べてみると、中国皇帝は、冬至祭で昊天上帝《こうてんじょうてい》を祀《まつ》っていることが分かりました。

大嘗祭は冬至祭です。

ならば、大嘗祭も北極星（天皇）を祀っていると推定できます。

今まで大嘗祭探究家は、幅広く史料を集め紹介しています。しかし、その中からは、北極星を祀っているという箇所を見つけられませんでした。
しかし、その箇所を見つけたのです。

田中初夫氏の『践祚大嘗祭《せんそだいじようさい》』（木耳社）を読んでいて、私の説の正しさを確認出来る（？）記述があり、その歓びで思わず立ち上がるほどでした。それほど、嬉しかったのです。

田中初夫氏は、『践祚《せんそ》大嘗祭』（木耳社）の中で、『続日本後紀《しよくにほんこうき》』の仁明《にんみよう》天皇（在位833〜850）十一月丁卯の条に「天皇八省院《はつしよういん》に御《ぎよ》して、禋祀《いんし》の禮《れい》を脩《おさ》む」との記事があることを紹介しています。禋祀《いんし》の解説として、①［禋祀《いんし》ハ天神ヲ祭ルナリ］と記しています。

そして、田中氏は、②『日本書紀』持統天皇五年十一月《しもつき》の条の、「大嘗《おほにへ》す。神祇伯中臣朝臣大嶋《かむつかさのかみなかとみのあそみおほしま》、天神寿詞《あまつかみのよごと》を読《よ》む」の文章を紹介しています。

この二つの文章の中の「天神」を比べて、田中初夫氏は次のように述べています。

②持統《じとう》紀の天神と、この①仁明《にんみよう》紀の禋祀《いんし》の天神とは、恐らくは同じ様な観念で使用された言葉であると思われるが、その実体が高天原《たかあまはら》の神々を指すものか、天照大神御一体を指すものかはあきらかではない。しかしこの天神と言われる神が大嘗祭の祭神とされていることは間違いない。

田中氏は、この二つの「天神」は、大嘗祭の祭神であろうと述べているのです。

つまり、「禋祀《いんし》」で祀られている天神は、大嘗祭の神様であろうと、述べているのです。

・天皇を祀る「禋祀《いんし》」とは

「禋祀《いんし》」について調べてみました。

この「禋祀《いんし》」ですが、『周礼《しゅらい》』に出てくる言葉です。

春官《しゅんかん》・大宗伯《たいそうはく》、曰《いわ》く「禋祀《いんし》を以て昊天上帝《こうてんじょうてい》を祀《まつ》る、実柴《じつさい》を以て日月星辰を祀る」


つまり、何と、「禋祀《いんし》」とは、昊天上帝《こうてんじょうてい》を祀る祭である、ということなのです。


前述していますが、漢代に、鄭玄《じょうげん》という大学者が、『周礼《しゅらい》』に注釈をつけて、「昊天上帝《こうてんじょうてい》」とは「天皇《てんこう》大帝」のことなり、としています。

ということは、大嘗祭の祭神は、「昊天上帝《こうてんじょうてい》＝天皇大帝《てんこうたいてい》＝北極星＝天皇《てんのう》」ということになります。

さらに驚いたことに、『続日本後紀《しょくにほんこうき》・全現代語訳』（森田悌《てい》）では、「禋祀《いんし》の禮《れい》を脩《おさ》む」の部分を「大嘗祭の儀を行った」と現代語訳してあったことです。


現代語訳しか読まなかったら、大嘗祭とは「禋祀《いんし》」のことである、とした最重要の部分を見落とすことになります。

大嘗祭の探究において、仁明天皇《にんみよう》紀のこの一文を超える史料が、他にありましょうか？「禋祀《いんし》」を避けて、大嘗祭を語るなかれ、と声を大にして言わざるを得ません。

不思議ですね。「禋祀《いんし》」のことを、なぜ、誰も詳しく探求しないのか？なぜ、語らないのか？

田中初夫氏も史料として記してあるだけで、実際の大嘗祭との関係について述べていません。せめて「禋祀《いんし》」とは昊天上帝《こうてんじようてい》に繋がるものだということだけでも、記しておいてもよかったのでは、と思う次第です。

吉野裕子《ひろこ》氏は、太一《たいいつ》（北極星神）も大嘗祭の祭神の中の一柱であると論じています。吉野裕子氏にとって、大変、有利な史料となるはずです。

吉野氏の出版本『大嘗祭』（弘文堂）を読むと、田中初夫氏の『践祚《せんそ》大嘗祭』からの引用が、度々《たびたび》あります。

しかし、それなのに、「禋祀《いんし》」については一言も述べていません。

私は、なぜ、という思いで頭の中が混乱してしまいます。

仁明《にんみよう》天皇と『続《しよく》日本後紀』の代表編者・藤原良房《ふじわらのよしふさ》（804～872）は、大嘗祭＝禋祀《いんし》（昊天《こうてん》上帝《じようてい》＝北極星、を祀《まつ》る）、と思っていたわけです。

私は、以前から、たびたび、天武天皇は天皇号を正式に採用し、天皇（北極星）たらんとして、その証拠を証明する場所として、伊勢神宮をリニューアルし、大嘗祭を創設したと、述べてきました。

伊勢神宮においては、吉野裕子氏の説のおかげで、自説「北極星（太陽・太極）北斗八星（八州《やしま》・八卦《はっか》）」の呪術の正しさを証明できたと思っています。

勿論、この基本呪術は、天武天皇が、中国の呪術を参考にして、日本独自の呪術として考案したものであり、「国家の呪術暗号」に相当するものである、というのが私の主張です。

しかし、大嘗祭においては、天武天皇の「北極星（太陽・太極）北斗八星（八州・八卦）」の呪術が施《ほどこ》されている、という直接的な証拠を見つけられなかったのです。

このたび、初めて、その証拠の一部を見つけることが出来たのです。

少なくとも、昊天《こうてん》上帝と同じ意味の北極星を祀っていることは分かったのです。

（6）なぜ、大嘗祭から、北極星の呪術は隠されたのか？

呪術のエキスパートである天武天皇は、中国皇帝冬至祭の呪術を、日本独自の呪術に変えて、大嘗祭において活用しました。

しかし、大嘗祭はこれほど明らかに中国皇帝の冬至祭の影響を受けていると考えられるのに、大嘗祭について書かれた本には、ほとんど中国皇帝の冬至祭について言及されていません。不思議ですね。伊勢神宮の場合も、北極星の呪術とそれに類する呪術は隠密裡《おんみつり》でした。大嘗祭も同様、隠密裡なのです。


では、なぜ、隠密裡にしているのでしょうか？

それは、大王《すめらみこと》には「天照大神（太陽）の御子《みこ》」である、との伝承があったからです。

そしてその事を、『古事記』『日本書紀』『萬葉集』で記しました。

これらの書の中では、天皇は、「日の御子《みこ》」である、ということで見事に整理・統一されています。

しかし、天皇は北極星（天皇大帝《てんこう》）でもある、ということを『記紀』『萬葉集』では記してありません。

大王《すめらみこと》は北極星（天皇大帝《てんこう》）である、という伝承が無かったからです。

天皇は、天照大神（太陽）の子孫で「日の御子」である……その事例

『古事記』には「日の御子《みこ》」という言葉を持つ歌謡があります。（山村桃子・『古事記』における「日の御子」『文学史研究』）

①倭建命《やまとたけるのみこと》に対する、美夜受比売《みやずひめ》の歌「高光る　日の御子　やすみしし　吾が大君」
②大雀命《おほさざきのみこと》（仁徳《にんとく》天皇）に対する吉野の国主《くず》の歌「日の御子　大雀《おおさざき》　大雀」
③仁徳《にんとく》天皇に対する対する建内宿禰《たけのうちのすくね》の歌「高光る　日の御子……」
④雄略《ゆうりやく》天皇に対する三重の婇《うねめ》の歌「高光る　日の御子……」
⑤雄略天皇に対する若日下王《わかくさかのみこ》の歌「高光る　日の御子……」

また、『萬葉集』の中で、柿本人麻呂《かきのもとのひとまろ》は、軽皇子《かるのみこ》（後の文武《もんむ》天皇）に対して、「やすみしし　わが大君《おおきみ》　高《たか》照らす　日の皇子《みこ》……」と歌っています。

以上、歌謡の中に出てくる「日の御子《みこ》」の事例について記しました。

このように、天皇は、「日の御子《みこ》」、つまり「天照大神の御子《みこ》」として存在しているのです。
このような事例を見ますと、大嘗祭の祭神は、天照大神で決まりとも言えます。
ならば、祭神は、天照大神は確実として、他の神様は、どの神様なのか、ということになります。

大嘗祭は、稲を代表とする農耕収穫感謝祭です。
日本民族は、稲作生活を営むことで生き延びていく、ということを選択しました。日本民族にとって、稲の成長に必要な太陽は、なくてはならぬ存在なのです。

わが国において、日神信仰（太陽信仰）は、稲作の普及と同時に、より強固なものになっていったと、思われます。

その「日の神（太陽・天照大神）の御子《みこ》」が、総神主の長・祭祀王であり、日本の天皇なのです。

このような、表向きの背景がありましたから、伊勢神宮においても、大嘗祭においても、天皇は北極星（天皇・天皇大帝《てんこう》）である、ということは内々の秘術として伏せておくしかなかったのです。

2　ニヒナへ（新嘗）の始原

（1）風土記《ふどき》と萬葉集

大嘗祭は、ニヒナへ（新嘗《にいなめ》）を原型として、創設されました。

ニヒナへ（新嘗）は、古代から広く各地であり、日本各地で行われた、農耕儀礼だったといえます。

古《いにしえ》の事例が、『常陸国風土記《ひたちのくにふどき》』と『萬葉集』に記されています。三点を紹介します。

① 鳰鳥《にほどり》の　葛飾早稲《かつしかわせ》を　饗《にへ》すとも　その愛《かな》しきを　外《と》に立てめやも

（『万葉集』巻14・3386）

鳰鳥《におどり》の葛飾《かつしか》（地名）の早稲《わせ》を　神に捧《ささ》げニヒナヘ（新嘗）する日であろうとも、愛《いと》しい人を外に立たせておくことなどできましょうか。

これはいわゆる東歌《あずまうた》であり、東国で詠まれた歌です。作者は無名の娘。

鳰鳥《におどり》とはカイツブリという水鳥のことで、「葛飾《かつしか》」を形容する枕詞《まくらことば》。その日はニヒナヘ（新嘗）の日ですから、身を清めていなければならず、男女のふれあいは禁止です。

それなのに、この女性、恋心ゆえ、家にやってきた恋人を、外に立たせておくことなどできないと心情吐露《とろ》しているのです。

神様は、許してくれるよ、という風なところを感じます。

いつの世も、こればかりは、色々ですね。

② 誰《たれ》そこの屋《や》の戸押《とお》そぶる　新嘗《にふなみ》に　わが背《せ》を遣《や》りて　斎《いは》ふこの戸を

～作者未詳（東歌）

（『万葉集』　巻14・3460　相聞歌）

誰ですか？　我が家の戸を押し開けようとするのは。新嘗の祭に夫を外に出して身を清め、潔斎しているのに、戸を叩くのは誰ですか？

困っているものの、モテる奥様のドキドキ感が伝わってきます。

神祭の日に、夜這いをするなんて、昔から、男というものは、仕方無いものですね。

それはさておき、この二首から分かるように、昔は庶民の間でもニヒナメ（新嘗）の祝いを行っていて、身を浄《きよ》めた女性が忌《い》みこもり、祭司となって戸を閉ざした家の中で神事を行っていた、と推察できます。

二首目の歌は、夫は外（村）でニヒナへを行い、妻はそのニヒナへが終わるまで、忌み籠《い　こ》もっている、という意味にも取れます。

③ 『常陸国風土記《ひたちのくにふどき》』には、新粟《わせ》の新嘗《にいなめ》の夜に富士山と筑波山とを訪れる祖神《おやがみ》の話があります。

昔、神祖《みおや》の尊《みこと》（大切な先祖の神）が、諸国の神々を巡り歩いたときのことである。

駿河《するが》の国（静岡県）の富士山で日が暮れてしまった。

そこで富士の神に一夜の宿を請《こ》ふと、「新粟《わせ》の新嘗《にいなめ》のために今家中が物忌《ものいみ》をして、外の者を近付けないことになっていますので、今日のところは御勘弁下さい」と断られた。

先祖の神は、たいそうお恨みになり、「我は汝の祖先であるのに、なぜ宿を貸さぬのだ。汝が住む山は、これからずっと、冬も夏も、雪や霜に覆はれ、寒さに襲はれ、人も登らず、御食を献てまつる者もいないだらう」とおっしゃった。

今度は、筑波の山に登って宿を請ふと、筑波の神は、「今宵は新嘗（新粟《わせ》）で物忌《ものいみ》みすべき日ですが、尊い神のお言葉をお受けしないわけにはまいりません。お泊めいたします」とお答えした。

かうして、富士山は、いつも雪に覆はれて登ることのできぬ山となった。

一方、筑波山は、人が集ひ歌ひ踊り、神とともに飲み食ひ、宴する人々の絶えたことは無い。

何と、ここでは、掟《おきて》破りの筑波山の神が賞賛されています。杓子《しゃくし》定規に物事を決めるな、ということでしょうか。

掟《おきて》（規律・義理）と掟破り（人情）の問題を提起していますね。富士山を見ながら育った小生としては、苦笑せざるを得ません。

ここでは「新粟《わせ》の新嘗」と述べていますから、稲・米の新嘗では無く、粟の新嘗だったというところが分かり、当時の暮らしぶりが分かります。

大嘗祭には、粟《あわ》は使われないとの説もありましたが、ひっそりと使われていたのです。古《いにしえ》の食の文化を切り捨てない、天武天皇の気持ちが伝わってきます。

まれびと神の来臨する時期、それがその地方のニヒナメ（新嘗）の祭りであったといえます。いずれにしても、三点の事例は、収穫した稲（粟）でニイナメ儀礼を行うための忌み籠もりをしていたことを窺わせるものです。

古代において、家における新嘗の祭り主は女性だったのです。祭祀は、女性は行うことができないという主張は大きな誤りですね。

古代日本においては、新嘗に関しては、少なくとも、女性が祭祀を行っていたようです。谷川健一氏は「女が産屋に籠もっているときは、どんな男も、夫といえどもその中に入ることは許されなかった。それと同じく、新嘗の夜に夫さえも家の外ですごさねばならなかったわけは、家の中が産屋と見立てられた女の忌籠りの場所だったからにほかならない」と述べています。（『大嘗祭の成立』小学館）

このニイナメの伝統行事を統合したのが、宮中での新嘗祭だと思います。

ニイナメの儀礼・所作は、稲のルーツである長江《ちょうこう》流域の農耕祭に行き着くと想像されます。

（2）神話の新嘗（ニヒナヘ）

神話に出てくる初めての新嘗（ニヒナヘ）ですが、高天原《たかあまはら》で天照大神自らが、新嘗（ニヒナヘ）をした、と『日本書紀』には記しています。

つまり、神話の時代から、新嘗（ニヒナヘ）は存在していたのです。

それは、素戔嗚尊《すさのおのみこと》が天照大神に対して反抗する場面に出てきます。

素戔嗚尊《すさのおのみこと》の悪行は、稲の植え付けと収穫儀礼の妨害でした。

秋は天斑駒《あめのぶちこま》を放《はな》ちて、田《みた》の中に伏《ふ》す。復《また》天照大神《あまてらすおおみかみ》の新嘗《にひなへきこ》しめす時《とき》を見て、則《すなは》ち陰《ひそか》に新宮《にひなへのみや》に放屎《くそま》る。

（『日本書紀』神代紀・第七段　本文）

皇祖・天照大神が天上で新嘗（ニヒナヘ）をしていたことは、古《いにしえ》の人々が実感していたことでした。

吾が高天原《たかあまはら》に所御《きこしめ》す斎庭《ゆにには》の穂《いなのほ》を以《もつ》て、亦《また》吾が児《みこ》に御《まか》せまつるべし

（『日本書紀』第九段・第二ノ一書）

天照大神は、ニニギノミコトが地上に天降《あまくだ》られるときに、天上の「斎庭《ゆにわ》の穂《いなほ》」をニニギノミコトに授《さず》けられました。これが祖先神・天照大神から続く、宮中の新嘗祭の源流です。

その高天原《たかあまはら》の儀を、天皇自らが再現されるのが、皇室の新嘗（ニヒナヘ）であったのです。

第2章　大嘗祭の日程式次第概略

大嘗祭の行事日程とその概略を記します。

大嘗祭の全体像を知るには、まずは諸事の流れを明らかにする必要があります。この流れを分かりやすく纏《まと》めた本は、案外、少ないのです。まずは、時間経過をはっきりさせることにします。

天武天皇のとき、陰陽寮《おんようりよう》が設置されています。よって、官人の漏刻博士《ろうこくはかせ》がいて、時刻を知らせ、スケジュールをコントロールしていたと思われます。


前述していますが、大嘗祭は、旧暦十一月（子月《ねのつき》）の下卯《しものう》（卯日《うのひ》が三回の時は中卯《なかのう》）の日に始まり、辰《たつ》・巳《み》両日の節会《せちえ》、午《うま》の豊 明 節会《とよあかりのせちえ》にいたるまで、四日間にわたる盛大な儀式です。しかし、それまでの準備期間と後始末期間があります。それは、四月頃の悠紀《ゆき》国・主基《すき》国の卜定《ぼくじよう》から始まり、十二月上旬の、悠紀《ゆき》殿・主基《すき》殿の両方の斎場を焼き払うまでの約九ヶ月の期間となります。

（1）四月頃、国郡卜定《こくぐんぼくじよう》

大嘗祭の悠紀《ゆき》国と主基《すき》国が卜定《ぼくじよう》されます。（亀の甲を焼く亀卜《きぼく》で占って選定します）
なぜ、二ヶ所なのか？　なぜ、悠紀《ゆき》・主基《すき》の名称なのか？
私は、二ヶ所で、八州《やしま》（日本）を代表している、と思っています。名称については、色々な説があります。

（2）四月頃、行事所《ぎょうじしょ》の設置

大嘗祭実行委員会のようなチームと、その場所（宮中）・行事所《ぎょうじしょ》を作ります。

行事所は、悠紀《ゆき》所・主基《すき》所に分かれます。その事務を監督する責任者が検校《けんぎょう》です。

（3）八月上旬、大祓使《おおはらえのつかい》の発遣《はっけん》

全国に大祓使《おおはらえのつかい》を、京、五畿内、七道《しちどう》に派遣して大祓《おおはらい》を行います。

使いの人数と場所は、都の左京・右京に一人ずつ、畿内に一人、そして地方に七人です。

（4）八月上旬、抜穂使《ぬいぼし》を悠紀《ゆき》・主基《すき》の国郡《こくぐん》に発遣《はっけん》します

抜穂使《ぬいぼし》は、悠紀田《ゆきでん》・主基田《すきでん》での稲の収穫を監督する使いです。

抜穂使には、宮主《みやじ》（神祇官《じんぎかん》に置かれた宮中祭祀を司る職員）一人、卜部《うらべ》三人、都合四人が充《あ》てられました。

抜穂使は、まず大祓《おおはらい》をしてから、斎田《さいでん》と斎場《さいじょう》を卜定《ぼくじょう》し、抜穂に携《たずさ》わる雑色人《ぞうしきにん》を卜定《ぼくじょう》します。

雑色人《ぞうしきにん》は、斎郡《さいぐん》に住んでいるものの中から、多数がここで卜定《ぼくじょう》されます。

造酒童女《さかつこ》一人、稲実公《いなのみのきみ》一人（男）、大酒波《おおさかなみ》一人（女）、大多米酒波《おおためさかなみ》一人（女）、粉走《こはしり》二人（女）、相作《あいつくり》四人（女）、焼灰《はいやき》一人（男）、採薪《たきぎとり》四人（男）、歌人《うたびと》（二十人）、歌女《うため》（二十人）、物部人《もののべ》（十五人）等です。

奉仕する者たちとして、物部《もののべ》男女三百人が採用され、斎田の奉耕《ほうこう》や京への運搬に従事します。

造酒童女《さかつこ》は、その郡の大領《だいりょう》（長官）か少領《しょうりょう》（次官）、あるいは有力者の女子で、未婚の少女がなります。

造酒童女《さかつこ》とは、白酒《しろき》・黒酒《くろき》の醸造に奉仕する童女の意味です。

儀礼の初めには、造酒童女が手を下します。重要な役目を担っています。

※「造酒童女《さかつこ》」は「造酒児《さかつこ》」ともいいます。この本では「造酒童女《さかつこ》」で統一します。児というよりも、具体的に童女であることが、意味をなしているからです。

・斎場の建築

斎場には、八棟が建てられます。

この八棟の中で注目すべき建物は、「八神殿《はつしんでん》」が建てられていることです。

八柱《やはしら》の神々が祭られていて、その神様を総称して「御膳八神《みけはつしん》」、といいます。

この八神の祭神は

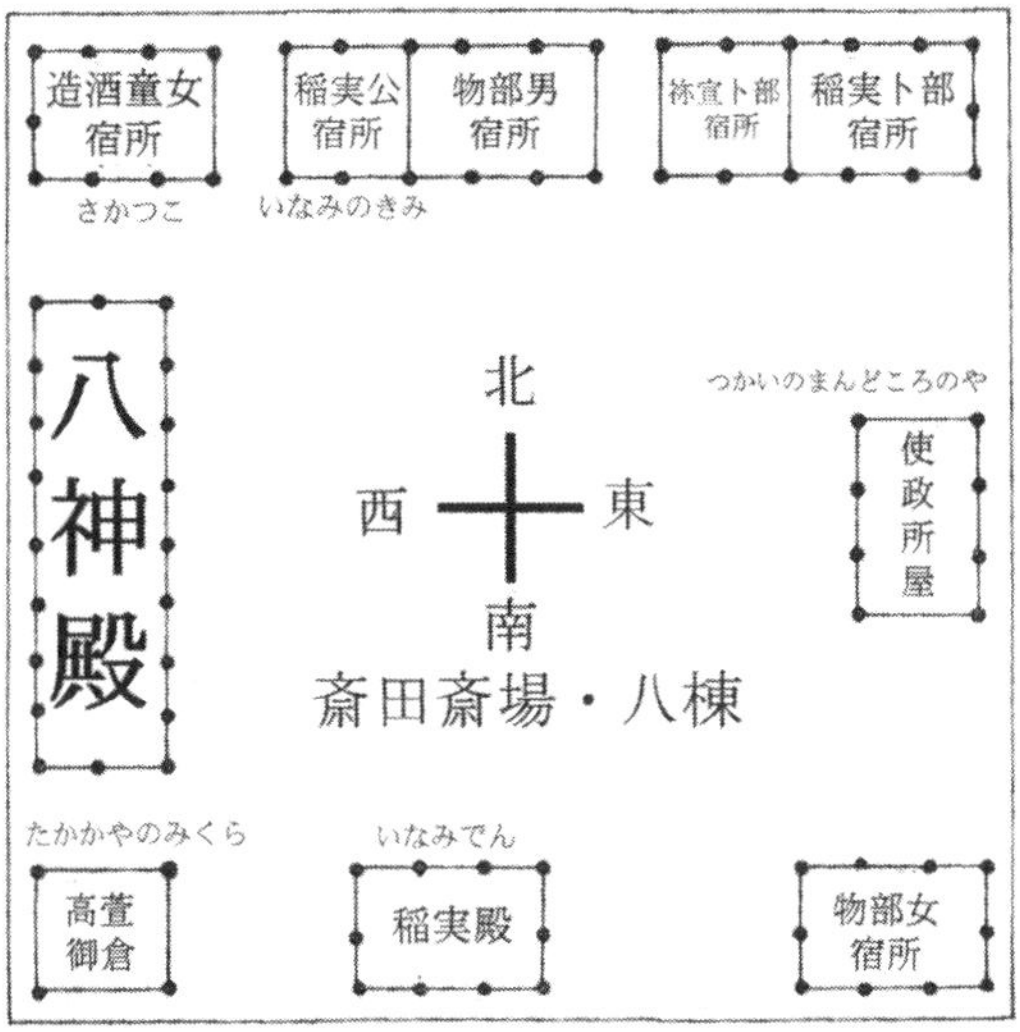

図2－1　悠紀国・斎場・八神殿

《御歳《みとし》神、高御魂《たかみむすひ》神、庭高日《にはたかひ》神、大御食《おほみけ》神、大《おほ》宮女《みやのめ》神、事代主《ことしろぬし》神、阿須波《あすは》神、波比伎《はひき》神》です。

この御膳《みけ》八神《はつしん》を祭る八神殿は、京都の斎場（悠紀《ゆき》・主基《すき》）でも作られます。そして、大嘗祭が終わった後の最後の儀式として、再びこの地に戻ってきて、御膳八神を祭るのです。

「御膳《みけ》八神《はつしん》」は、何と、大嘗祭を最初から最後まで、ずっと守護しているのです。

この「御膳《みけ》八神《はつしん》」が意味していることを解いてこそ、大嘗祭の本質・本義を知ることになるのです。

稲実公宿所《いなのみのきみしゆくしょ》や造酒童女《さかつこ》宿所などの「宿所《しゆくしょ》」は、単なる宿直の建物ではなく、忌籠《いみこも》りに入るための宿所です。

（5）八月下旬、奉幣使《ほうへいし》の発遣《はっけん》

全国の官社の祭神に幣帛《へいはく》を奉《たてまつ》る使いが使わされます。伊勢神宮には、特別丁寧な使者をたてます。

（6）八月下旬、供神《きょうしん》雑器の作成依頼

神へのお供《そな》えに使う容器類を諸国に作らせます。宮内省《くないしょう》の官吏《かんり》を河内国《かわちのくに》・和泉国《いずみのくに》・尾張国《おわりのくに》・備前国《びぜんのくに》に派遣して、さまざまな供神の容器類（須恵器《すえき》）の製造を監督させます。

（7）九月上旬、神服使《かんはとり》を発遣《はっけん》

高槻市の神服《しんぷく》神社の神主一人を三河国《みかわのくに》に遣《つか》わして、奉仕者十人を卜《うらない》で決めます。大嘗祭に奉《たてまつ》る神服《かんみそ》は、その十人を率《ひき》いて京の斎場で織ります。

織り上がったものを繒服《にぎたえ》といいます。三河の赤引《あからびき》の糸（赤引糸とは〝清浄な絹糸〟の意）で織られます。

（8）九月上旬、由加物《ゆかもの》使を発遣《はっけん》

神祇官《じんぎかん》の卜部《うらべ》を紀伊・淡路・阿波の三国に遣《つか》わします。

由加物《ゆかもの》とは、鰒《あわび》・年魚《あゆ》・螺《にし》・細螺《したたみ》などの魚介類や、蒜英根合淸《ひるのはなねあわせつけ》・乾羊蹄《ほししぶくさ》・蹲鴟《いへのいも》・橘子《たちばな》、などからなる御贄《みにえ》のことです。

これらの御贄《みにえ》を大嘗祭の神事にたてまつります。

淡路国からは、瓫《ほとぎ》・比良加《ひらか》・坩《つぼ》などの容器が、そして阿波《あわ》国の忌部《いんべ》氏からは、麁布《あらたえ》がたてまつられます。

三河国の繒服《にぎたえ》に対して、阿波国《あわのくに》の忌部《いんべ》に織らしめたものが麁服《あらたえ》です。

阿波忌部《あわいんべ》氏には、古代から天皇が即位する一世一代の儀式である大嘗祭において、麻で作られた衣服である麁服《あらたえ》（麻織物）を、代々天皇に貢進《こうしん》する重大な役目がありました。それが、現在まで続いています。世界に誇る継承文化といえます。

（9）九月中旬、抜穂《ぬいぼ》の儀式

大嘗祭には、田植えの祭儀がありません。抜穂から始まります。ここが不思議なところです。

まず、造酒童女《さかつこ》が抜き、続いて稲実公《いなのみのきみ》、大酒波《おおさかなみ》、その他の者が抜穂します。

抜穂が終わると、八神殿（御膳《みけ》八神）にて祭が行われます。

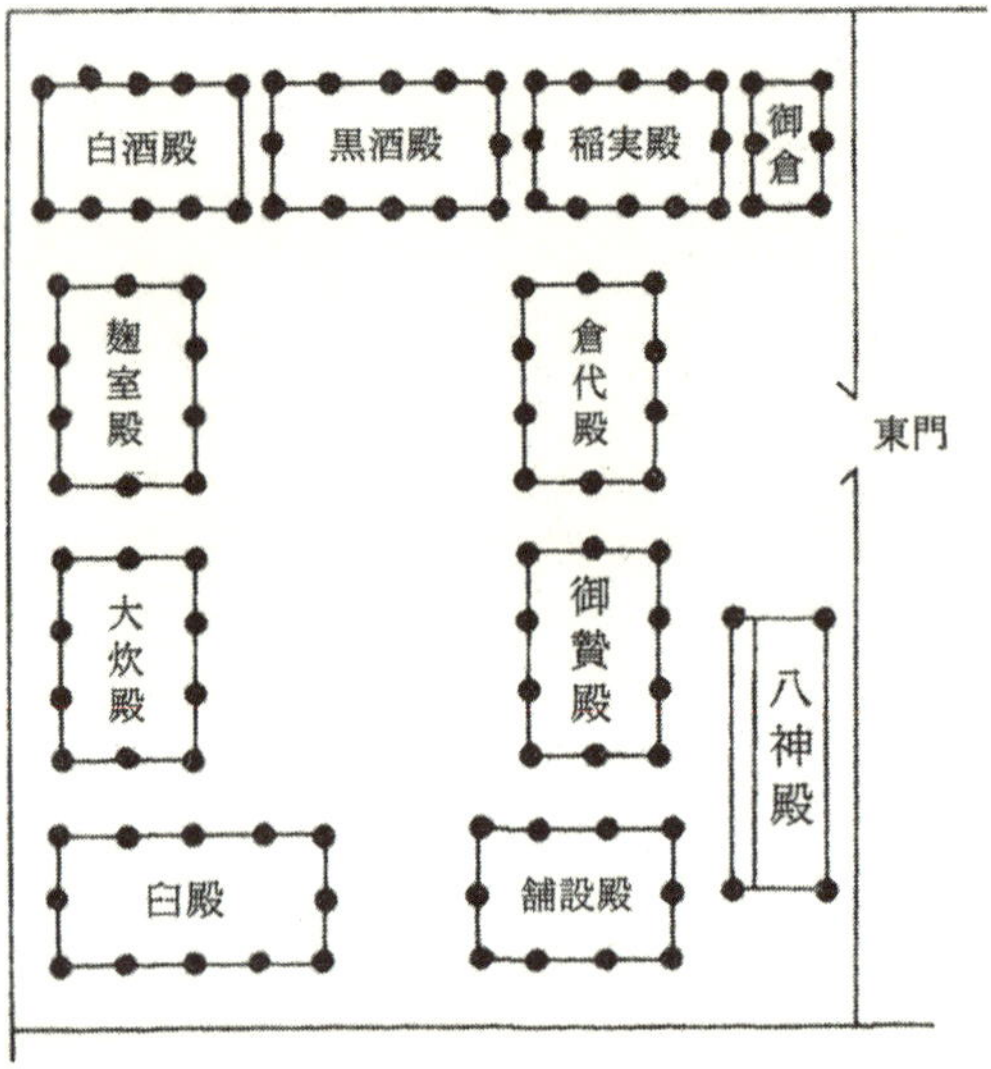

図2－2　北野斎場・八神殿

(10) 九月下旬、京に向け出立《しゅったつ》と到着

稲は斎場で乾燥された後、辛櫃《からびつ》と竹籠《たけかご》に納められ、木綿《ゆう》を付けた榊《さかき》をさして荷擔《にかつぎ》夫三百人が担《かつ》いで京に運びます。

造酒童女《さかつこ》は輿《こし》に乗って上京します。

(11) 九月下旬、北野の斎場造営

京の北野の斎場の造営ですが、卜部《うらべ》の監督の下、悠紀《ゆき》・主基《すき》両地方の人達が奉仕して作り上げます。

北野斎場は宮城《きゅうじょう》の真北に位置します。

北野の斎場の内院には、八神殿《はつしんでん》、高萱片葺《たかかやのかたぶきの》御倉《みくら》、稲実殿《いなのみのとの》、倉代《くらしろ》殿、御贄《みにえ》殿、舗設殿《もうけのとの》、黒酒《くろき》殿、白酒《しろき》殿、麹室殿《かむたちのむろや》、大炊殿《おおいいのや》、臼殿《うすのとの》、の十一棟が建てられます。

◎注目して欲しいのは、やはり、八神殿《はっしんでん》（御膳八神《みけはっしん》）の建設です。
この北野の斎場にも、悠紀殿《ゆきでん》・主基殿《すきでん》で作られたように、二つの八神殿《はっしんでん》が作られます。

となると、なぜ、斎場はいつも御膳《みけ》八神に見守られているのか、ということが問題になります。

(12)　十月下旬、天皇御禊《ごけい》をなさる

御禊《ごけい》とは、大嘗祭の前月（十月下旬）に、天皇が賀茂の河原などに出て、禊《みそぎ》をする儀式です。

『江家次第《ごうけしだい》』によりますと、天皇が河原の幄《あく》に着御《ちゃくぎょ》の後、
①御手水《おちょうず》、②御麻一撫一息《みぬさいちぶいっそく》、③御贖物供進《みあがものきょうしん》（御贖物《みあがもの》は解縄《ときなわ》と散米、および人形）、④宮主祓詞奏《みやじはらえことばそう》上《じょう》、⑤五穀を散ずる、の順で行われます。

※解縄《ときなわ》とは、縒《よ》った縄二筋を左右の手で持ち、口にくわえてそのよりを解く縄、及びその行為。穢《けが》れを解く模擬的な行為。

この御禊《ごけい》のさいの行幸《ぎょうこう》には、皇太子・大臣以下の官人たち大勢が付き従います。何と、千五百人以上の大行列だったそうです。

但し、奈良時代以前には、御禊行幸《ごけいぎょうこう》が行われたという資料・形跡はありません。

（13） 十一月の物忌《ものいみ》（散斎《さんさい》と致斎《ちさい》）

大嘗祭は、『延喜式《えんぎしき》』に規定されている唯一の「大祀《たいし》」です。よって、十月晦日《みそか》の大祓《おおはらい》を経てむかえた十一月の一ヶ月間が、散斎《さんさい》の期間となります。

「散斎《さんさい》・あらいみ」とは、官人が、通常の政務を執り行いながら、弔問や肉食、流血などに触れることをさけ、禁欲し、行動を慎む物忌《ものいみ》のことです。

「致斎《ちさい》・まいみ」とは、政務を廃止し、祭祀のみに専念し、物忌《ものいみ》することです。

大嘗祭においては、丑《うし》、寅《とら》、卯《う》（神事当日）、の三日間になります。

散斎《さんさい》では、弔問や肉食、流血などに触れることをさけ、禁欲します。

致斎《ちさい》は、日常を離れて祭祀のみに専念しました。

大嘗祭は、潔斎期間を、散斎一ヶ月、致斎三日と定められていました。

（14） 十一月上旬、黒酒《くろき》・白酒《しろき》の酒造りをします

造酒童女《さかつこ》が最初に酒造り用の稲を舂《つ》き、酒造りをします。

（15）十一月大嘗祭七日前、大嘗宮の造営

造殿行事として、まず夜の祭儀である地鎮祭《じちんさい》が、「大嘗宮の儀」の七日前（申日《さるのひ》）に行われます。

これらを大嘗祭三日前までに、五日間で竣工します。

大嘗宮（悠紀《ゆき》殿・主基《すき》殿）は、地方の民によって作られます。ここが大嘗祭の意義深いところです。最も大切な神様と天皇の共食神事が行われる、悠紀《ゆき》殿・主基《すき》殿の神殿が、地方の民の手で作られることの意味は、我々が想像する以上の、深い意味を持っているのです。

私は、民の協力のもと、天皇継承神事も行われるのだと、理解しています。

・大嘗宮の様式

大嘗宮は、正殿である悠紀殿《ゆきでん》・主基殿《すきでん》、膳屋《かしわや》、臼屋《うすや》、神服楉棚《かんはとりのかしわだな》、御廁《おんかわや》（廁屋）、などからなります。御廁《おんかわや》は神様の廁ですが、気遣いが面白いですね（図２-３）。

終了後は取り壊すので、原始さながらの簡素な建物です。正殿の様式は、黒木作りで、萱葺《かやぶき》の屋根です。

宮垣は柴をもって「八重に厚く拵《こしら》え」、押縁《おしぶち》でこれを押さえる、とあります。この柴垣《しばがき》で外界と遮断されます。大嘗祭においては「八」の仕様が多く出てきます。大嘗祭は、細かいところまで「八の世界」なのです。

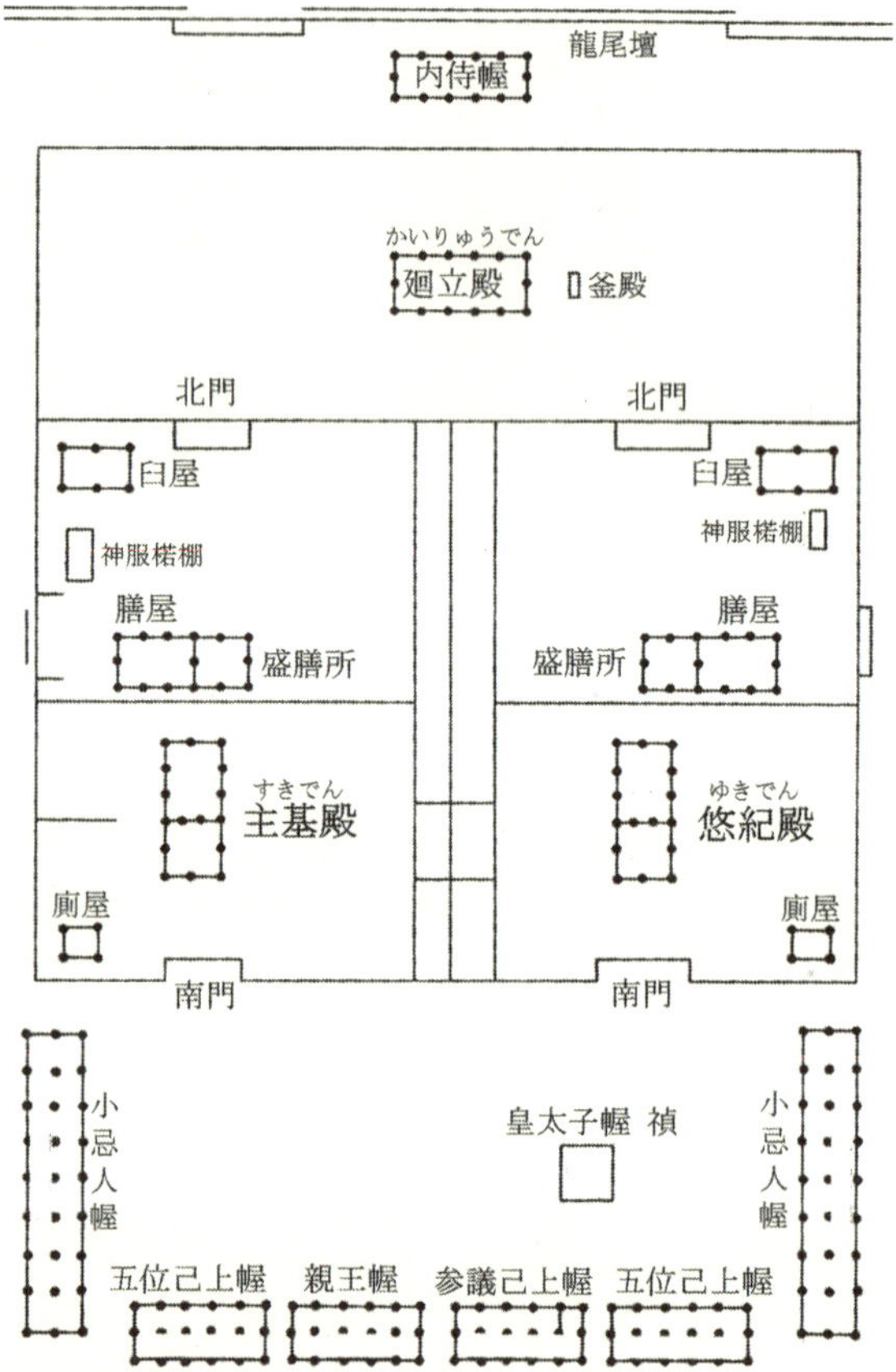

龍尾壇
内侍幄
廻立殿《かいりゅうでん》
釜殿
北門
北門
臼屋
臼屋
神服楉棚
神服楉棚
膳屋
膳屋
盛膳所
盛膳所
主基殿《すきでん》
悠紀殿《ゆきでん》
廁屋
廁屋
南門
南門
小忌人幄
皇太子幄　禎
小忌人幄
五位己上幄
親王幄
参議己上幄
五位己上幄

図2－3　大嘗宮周辺図

『儀式』によると、大嘗宮は、大内裏《だいり》中央の朝堂院の正庁である大極殿《だいごくでん》前庭に建てることになっていました。

最初の頃の大嘗宮の床の仕様は、地面の上に草を敷き、その上に竹の簀子《すのこ》を置き、更に蓆《むしろ》を敷き重ねて床としたようです。

ならば、大嘗宮は、縄文時代の土間式住居を再現したもの、との見解も可能となります。

悠紀《ゆき》殿・主基《すき》殿は、悠紀・主基の民の奉仕で作られました。しかし、廻立殿《かいりゅうでん》は、宮内省に付属する木工《もく》寮が作りました。このことは、重要な意味を含んでいるような気がしてなりません。廻立殿は、厳密には大嘗宮と区別すべきものだったのです。

・神事の行われる、大嘗宮の内部

大嘗宮の内部には、八重畳《やえだたみ》が舗設《ほせつ》され、その上に御衾《おふすま》と御単《おひとへ》が置かれます。これが第一の神座《しんざ》で寝《しん》座《ざ》となっています。

天皇は御座《ぎょざ》にお坐りになり、神様のお坐りになる第二神座（神食薦・かみのけこも）に神饌を供え、共食するのです。

室の中央に鎮座する「八重畳《やえだたみ》＝神座＝寝座《しんざ》」が、大嘗祭の神事の核である、という事は誰でも感じることです。

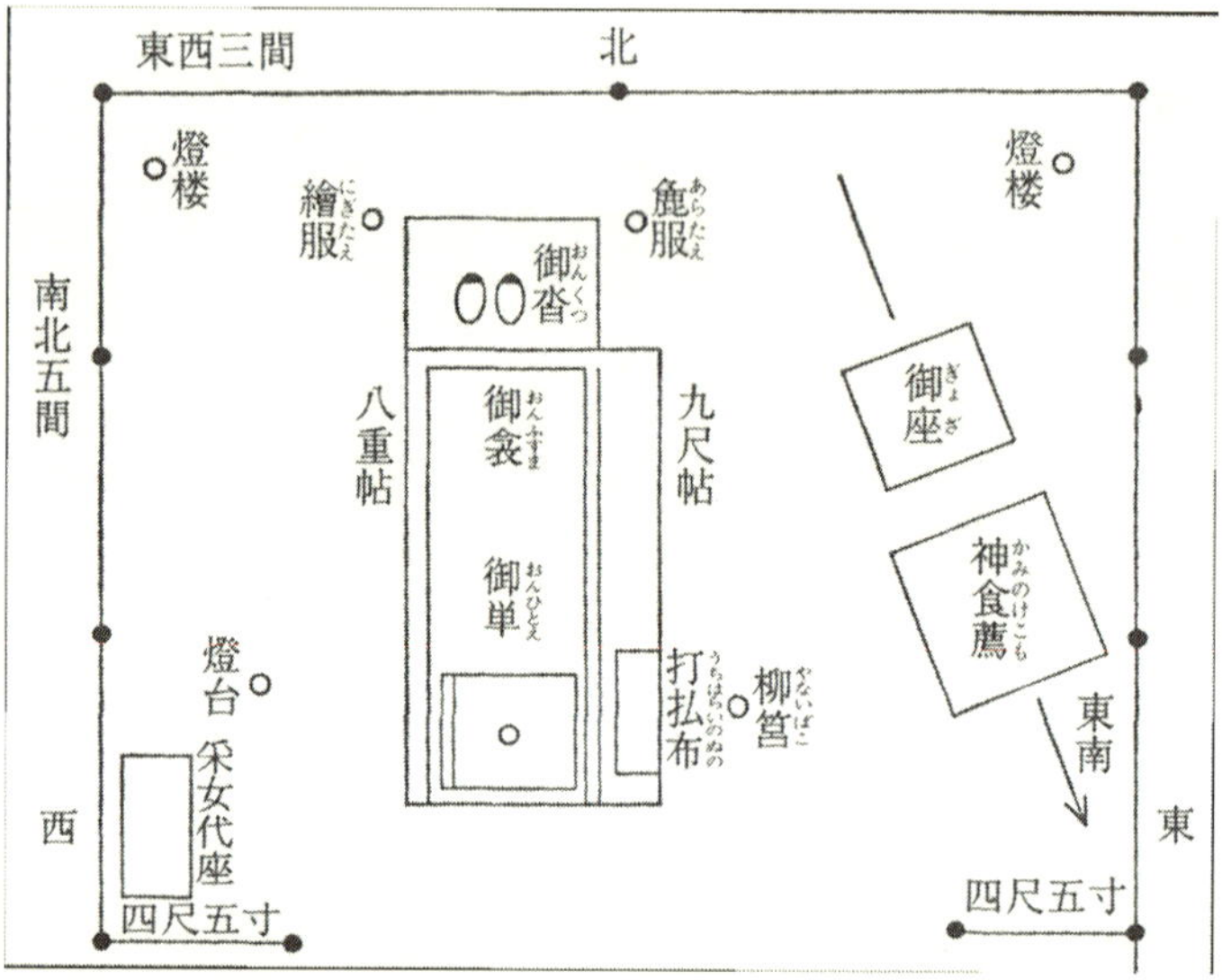

図2－4　悠紀殿・室・配置図

ここにこそ、大嘗祭の本義が隠されていると推測されます。

八重畳が、ただ単にここに置いてある、という解釈では済まされないものがあります。

しかし、八重畳の奥深い真実について述べた人は、いまだに、いないと思われます。

なぜ、八重畳なのか、八の探究家として、その意味を解き明かしたいと思います。この件については、後ほど詳しく記します。

明治四年の大嘗祭は、東京の吹上御苑《ふきあげぎょえん》で行われ、次の大正・昭和の時は、京都の大宮御所内の旧仙洞《せんとう》御所の庭が充てられ、平成の大嘗祭は皇居内東御苑《ひがしぎょえん》で行われました。

令和の大嘗祭は、前回同様に皇居・東御苑《ひがしぎょえん》で行われました。

(16) 十一月、大嘗祭前日の寅日《とらのひ》の鎮魂祭《ちんこんさい》

鎮魂祭《ちんこんさい》は、大嘗祭の前日、つまり旧十一月の下の寅（または中の寅）に行われることになっています。

ということは、鎮魂祭は、大嘗祭同様、冬至の日と関係ある祭ということです。

鎮魂祭をする場所は、宮内省の中に設けます。ここに、八神殿の神（宮中八神《きゆうちゆう》で御膳《みけ》八神とは違う）と大直日神《おおなびのかみ》をお迎えして行われます。鎮魂祭には、天皇のお出ましはありません。

鎮魂祭《ちんこんさい》は、「天石屋戸《あまのいわやと》」神話がルーツだと思われます。つまり、神話の再演です。

大嘗祭における八柱の神様は、何かを意味していると思われます。

どのような意味を持っているのか、後述いたします。

(17) 大嘗祭当日（卯日《うのひ》）の始まり……班幣《はんぺい》の儀式と致斎

大嘗祭当日の夜明けの頃、神祇官において、三百四座の神々を対象とした班幣《はんぺい》の儀式から始まります。

致斎《ちさい》を行い天皇の親祭《しんさい》に近く供奉《ぐぶ》する「小斎人《おみびと》」は、それぞれ帰宅して沐浴《もくよく》し、斎服《さいふく》（小忌衣《おみごろも》）を着て再び参集しました。

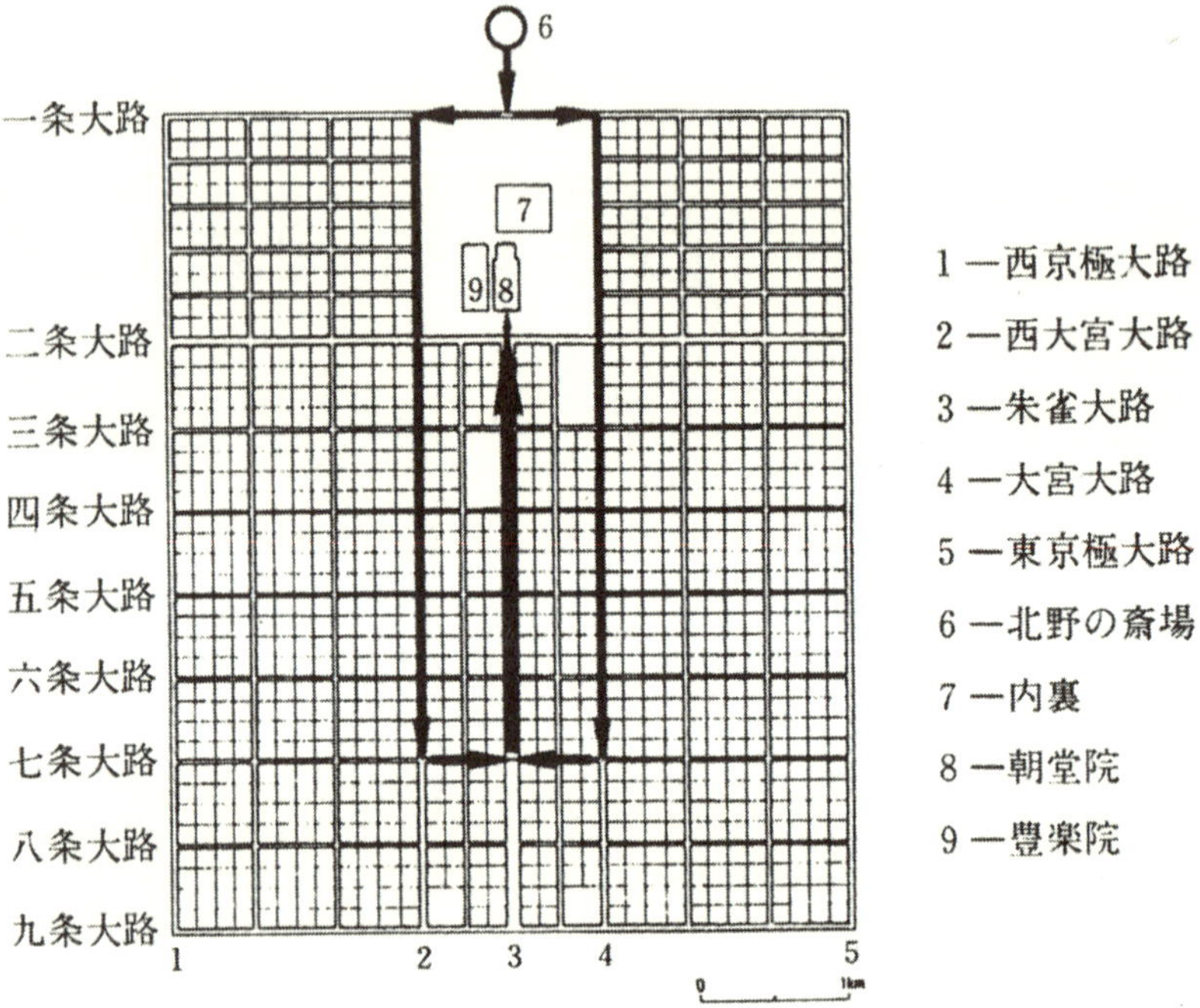

神事の供へ物等を北野の斎場から朝堂院へ運びこむ大行列の行路図（平安京）

図２－５　平安京・供物行列順路（『天皇と民の大嘗祭』・高森明勅・展転社より）

※班幣《はんぺい》とは、全国の主要神社の神主を集めて、天皇から幣帛《へいはく》（神さまへの供物《くもつ》）を分け与え、神主は各々の神社に持ち帰り神さまに供えることをいいます。

（18）卯日の悠紀《ゆき》・主基《すき》のパレード（供物《くもつ》行列）

1）十一月、卯日《うのひ》・午前十時頃（巳刻《みのこく》）北野斎場から大嘗宮へのパレード（供物《くもつ》行列出発）

午前十時頃（巳刻《みのこく》）、北野斎場から、神事に使われる稲、黒酒《くろき》・白酒《しろき》、御贄《みにえ》、神服などが、それぞれ籠《かご》や辛櫃《からびつ》に納められ、運び出されます。

その徒歩行列は、総勢五千人にも達します。

造酒童女《さかつこ》は、物忌《ものいみ》の徴《しるし》として日蔭《ひかげ》蔓《かつら》をつけ、輿《こし》に乗って進みます。参加者の中で輿《こし》に乗るのは、造酒童女《さかつこ》のみです。

この行列では一種の神籬《ひもろぎ》とも考えられる「標《ひょう》の山《やま》」が曳《ひ》かれます。作り物（山車《だし》・曳山《ひきやま》・山鉾《やまぼこ》）の元祖と云われています。

この「標《ひょう》の山《やま》」は、何を意味しているのでしょうか？　私見ながら、「標の山」には御膳《みけ》八神が降臨していると推測しています。詳しくは後ほど述べます。

北野斎場を出発し、宮城の北から渡って来たこの大行列は、宮城の北門である偉鑒門《いかんもん》前で左右に分かれ、悠紀《ゆき》は宮城東の大宮大路を、主基《すき》は西の西大宮大路を通って七条まで南下するのです（図2－

5)。

2) 午後二時頃（未刻《ひつじのこく》）宮城の南門である朱雀門《すざくもん》に達する

行列は、七条まで南下して後、中央の朱雀《すざく》大路に向かって合流し、悠紀《ゆき》はその東側を、主基《すき》は西側を北上し、午後二時頃（未《ひつじ》刻）に宮城の南門である朱雀門《すざくもん》に達します。

3) 午後六時頃（酉刻《とりのこく》）大嘗宮北門到着

朱雀門《すざくもん》から朝堂院《ちょうどういん》の第一門である応天門《おうてんもん》を経て、第二門の会昌門《かいしょうもん》に入り、行列の前部と後部に分かれます。

前部はそこで神祇官《じんぎかん》の祓《はらい》を受け、その先導に依り大嘗宮へと向かいます。後部は会昌門《かいしょうもん》前で停止し、その捧持《ほうじ》してきた品々は翌朝までに豊楽院《ぶらくいん》の庭上に陳列されます。

前部は大嘗宮の南門に至り、そこから悠紀《ゆき》は東に回る形で北門に向い、主基《すき》は西から回り込んで、再び合流します。

・稲春（いねつき）

大嘗宮に到着した御稲《みしね》は、悠紀《ゆき》殿で舂《つ》き始められます。まず造酒童女《さかつこ》が稲を舂《つ》き、酒波《さかなみ》以下が皆で舂《つ》き終わります。この間に八乙女《やおとめ》が稲春《いねつき》歌を歌いながら舂《つ》きます。この八乙女は、大変意味深い。何故なら、八乙女は八州《やしま》のそれぞれの州《くに》の代表を意味しているからです。それは百姓《おおみたから》の参加と奉仕を表現していると解釈できるからです。

(19) 十一月(子月《ねのつき》)卯日・辰日の大嘗祭の儀

1) 午後八時(戌《いぬ》の刻)廻立殿《かいりゅうでん》に御《ぎょ》される

廻立殿《かいりゅうでん》は、大嘗宮の北に設けられ、大嘗宮と同じ広さの御殿で、東西二間に仕切られていて、西の部分を御所といい、東の部分を御湯殿《おゆどの》と称します。

内裏《だいり》から廻立殿《かいりゅうでん》に渡御《とぎょ》した天皇は、「天《あめ》の羽衣《はごろも》」といわれている御帷《おんかたびら》をめして浴湯《ゆあみ》をなされます。天皇は「天《あめ》の羽衣《はごろも》」を着されたまま、御槽《ふね》に下りられ、湯の中に衣を脱ぎ捨ててお出になられます。これを「小忌御湯《おみのおゆ》」と言います。そして、祭服《さいふく》に着替えて悠紀《ゆき》殿に渡御《とぎょ》なされます。

・「天《あめ》の羽衣《はごろも》」の意味するものは?

「天《あめ》の羽衣《はごろも》」を着されたまま湯につかり、湯の中に脱ぎ捨てお出になる、この不思議な所作を、どのように、理解したらよいのでしょうか?

また、なにゆえ「天の羽衣《はごろも》」と云われているのでしょうか?

豊受大神は八天女を象徴しています。「天《あめ》の羽衣《はごろも》」と関係あると想像されます。

2)　午後九時頃（戌《いぬ》の四刻）渡御《とぎょ》の儀と国々の歌舞奉納、そして八開手《やひらで》

廻立殿《かいりゅうでん》から大嘗宮への渡御《とぎょ》の方法ですが、徒跣《とせん》（素足で歩くこと）で葉薦《はごも》の上を進みなされます。天皇専用の道として**葉薦《はごも》が前方に展《の》べられ、そしてその歩みにつれて後方ではこの葉薦《はごも》は端から巻き収められる**のです。

これを知って驚かない人はいないと思います。

この特異な渡御《とぎょ》の方法は、何かを物語っているはずです。

こういう儀礼所作《しょさ》にこそ、大嘗祭の真実が表現されているからです。

私は、北斗八星という帝車（宇宙船）に、天皇がお乗りになって、高天原《たかあまはら》の悠紀《ゆき》殿・主基《すき》殿に渡御《とぎょ》する姿だと確信しています。

この件、後ほど詳しく記します。

天皇は、徒跣《とせん》（はだしで歩く）で悠紀《ゆき》の正殿にお入りになると、一旦、中戸外の西南の座に南面して着座されます。

次いで、南門がひらかれ、群臣が会昌門《かいしょうもん》から参入します。

この参入の時、隼人《はやと》が犬声（悪霊を祓《はら》う呪力があると信じられた）を発します。

そして、古風《いにしえぶり》（大和国の吉野地方の国栖《くず》の人々による歌笛の儀）、国風《くにぶり》（悠紀の国の風俗歌）、古詞《ふるごと》（特定の諸国による）が奏《そう》され、最後に隼人《はやと》の風俗歌舞《くにぶりのうたまい》が奏されます。この間、天皇は悠紀《ゆき》殿の中戸外に坐《ざ》しています。

図２－６　渡御の図（『踐祚大嘗祭』田中初夫・木耳社より）

歌舞が終わると、皇太子以下が幄舎《あくしや》を出て庭中に跪《ひざまず》き、まず皇太子が八開手《やひらで》（八回柏《かしわ》手を打つ拝礼）を打って退下します。続いて親王以下五位以上、六位以下の順で一斉に八開手を打って、五位以上は再び幄舎《あくしや》に着きます。

3）午後九時半頃（亥《い》の一刻）神饌行立《しんせんぎようりゆう》と悠紀《ゆき》殿大御饌《おおみけ》神事の始まり

午後九時半頃（亥《い》の一刻）には悠紀殿《ゆきでん》に「神饌《しんせん》」が運び込まれ、新天皇が悠紀《ゆき》殿に入り、内陣で采女《うねめ》と共に一連の悠紀大御饌《ゆきおおみけ》（宵《よい》の御饌《みけ》）神事を行います。

内陣に入ってからの神事は、特に秘儀とされ、口外することは厳しく禁じられていました。

新天皇は、神様に、新穀・神饌《しんせん》を捧げ、ご一緒に召し上がることは確かであります。

面白いのは、お箸がピンセット型であるということと、食器に柏の葉が使用されている、ことです。古《いにしえ》の姿を再現しているところが、素直に、素晴らしいと感じます。

ただ、分からないのは、最も重要な第一の神座（寝座）「八重畳《やえだたみ》」の件です。

なぜ、八重畳《やえだたみ》が、内陣の中央にあり、広い場所を占めているのか？

なぜ、八重畳と称されるのか？　どの神様がご休寝なさるのか？

天皇は、八重畳には一切触《ふ》れることがないのか？　つまり、天皇は、八重畳の中に入るのか？　入らないのか？

もし、入るとしたらどんな所作《しょさ》をするのか？

多くの学者の意見があり、大混乱の様相を呈しています。

この件については、誰も論じていなかった、小生の重大な発見があります（詳細は後ほど）。

4）午後十一時頃（亥《い》の四刻）悠紀《ゆき》殿の儀の終了

天皇は廻立殿《かいりゅうでん》に還御《かんぎょ》なされ、悠紀《ゆき》殿の儀は終了となります。

全く同じ事を、主基《すき》殿で続けます。

5) 午前二時（丑《うし》の刻）再び、廻立殿《かいりゆうでん》にて湯浴み

6) 午前三時頃（丑の四刻）に主基《すき》殿に渡御《とぎよ》

7) 午前三時半頃（寅の一刻）主基《すき》殿に向かって膳屋《かしわや》を出発・神饌行立《しんせんぎようりゆう》

8) 午前四時、主基殿に御し、主基《すき》大御饌《おおみけ》（暁《あけ》の御饌《みけ》）神事の始まり

9) 午前五時頃（寅四刻）主基《すき》の神事終了（日の出の近い頃）

10) 午前五時過ぎ（卯一刻）還御《かんぎよ》

大嘗祭は、「卯《う》の日に設定されていて、卯の刻に終了」、ということになります。

このことは、大変意義深いことです。

卯は、時刻では午前五時から午前七時を示し、夜明けを象徴しています。方角では東方を示し日の出を象徴します。季節では春を示し、冬至を過ぎて陽気が漂い始めるという、大嘗祭の神事が終わるのに相応しい、時刻となります。

11) 午前五時半頃（卯の二刻）大嘗宮の壊却《えきやく》

神祇官《じんぎかん》は悠紀《ゆき》・主基《すき》の人夫をして大嘗宮を壊却《えきやく》させます。なぜ、すぐさま壊してしまうのでしょうか？　それは、悠紀《ゆき》殿・主基《すき》殿が高天原《たかあまはら》にあると想定されているからだと、思われます。

※北野の斎場の建物も、行列が大嘗宮に向かったあと、壊却《えきやく》されています。

（20）辰日節会《たつのひのせちえ》

1）午前七時半頃（辰二刻）天皇、豊楽院《ぶらくいん》の悠紀帳《ゆきちょう》に出御《しゅつぎょ》

◎「天神寿詞《あまつかみのよごと》」と神器《じんぎ》（神璽《しんじ》の鏡・剣）献上

場が整うと神祇官《じんぎかん》の中臣《なかとみ》が賢木《さかき》をささげて参入し、跪《ひざまず》いて「天神寿詞《あまつかみのよごと》」を奏上します。そして、忌部《いんべ》が入ってきて神器（神璽《しんじ》の鏡・剣）を奉《たてまつ》ります。

2）午前九時頃（巳《み》一刻）悠紀《ゆき》・供膳《きようぜん》の儀

群臣たちが座に着くと、巳《み》一刻（午前九時頃）から供膳の儀があり、黒酒《くろき》・白酒《しろき》の儀が行われます。黒酒《くろき》・白酒《しろき》各八度（『江家次第《ごうけしだい》』）であったり、三度であったりします。

この間、両国からの献上品は群臣に分け与えられ、国風《くにぶり》の歌舞が奏じられたりします。

最後は一同が庭上《ていじょう》に降り、一斉に拝舞し、悠紀《ゆき》の膳である朝膳（あしたのおもの）が片づけられ

ます。

天皇は一旦、豊楽殿《ぶらくでん》の清暑堂《せいしょどう》に還御《かんぎょ》なさる。

3）　午後二時頃（未《ひつじ》二刻）主基《すき》・供膳《きょうぜん》の儀

次いで未《ひつじ》二刻（午後二時頃）、天皇が主基《すき》の帳《みちょう》にお出ましになり、悠紀《ゆき》の帳《みちょう》のときと同じ次第が行われます。

4）　午後六時（酉刻《とりのこく》）悠紀《ゆき》の国司《こくし》以下には禄《ろく》が給われる

鮮味《あざらけきもの》（旬のもの）などの献上品は悠紀だけで、主基の献上は巳日《みのひ》となっていたことから、辰日節会《たつのひのせちえ》は「悠紀節会《ゆきのせちえ》」とも言われています。

(21)　巳日節会《みのひのせちえ》

1）　午前七時半（辰二刻）

天皇が豊楽院《ぶらくいん》にお出ましになり、悠紀の帳《みちょう》におつきになる。

2）　午前八時（辰三刻）

天皇に御膳《おもの》をお出しする。

芸能として和舞《やまとまい》が奏されるのを除き、ほかは前日とほとんど同じ。

3) **午後一時半（未の二刻《ひつじ》）**

未二刻《ひつじ》（午後一時半）、天皇は主基の帳《みちょう》におでましになる。

御膳《おもの》をお供《そな》えしてのち、田舞《たまい》が奏せられます。

ほかは前日に同じ。

4) **午後六時（酉刻《とりのこく》）**

主基《すき》地方の国司《こくし》に禄《ろく》を給《たまわ》う。

(22) 豊明節会《とよあかりのせちえ》

豊明節会《とよあかりのせちえ》は、毎年の新嘗祭《にいなめさい》では卯日《うのひ》の翌日（辰日《たつのひ》）に、大嘗祭では午《うま》の日に行われました。

1) **午日《うまのひ》午前五時半（卯二刻）**

豊楽殿《ぶらくでん》に設《もう》けてあった悠紀・主基の帳《みちょう》を片付けたのち、豊楽殿《ぶらくでん》の中央に高御座《たかみくら》を設けます。殿の前庭には、舞台も設置されます。

2) 午前八時（辰刻）天皇が出御《しゅつぎょ》して高御座《たかみくら》におつきになる

天皇が出御《しゅつぎょ》して高御座《たかみくら》にお着きになると、両国の国司と功労者の叙位《じょい》が行われます。

次に、采女《うねめ》の奉仕により、天皇はじめ皇太子の饗膳《きょうぜん》が供され、臣下の饌《せん》も大膳職《だいぜんしき》によって整えられます。

多くの歌舞が奏せられ、そして、解斎《げさい》の和舞《やまとまい》が奏されます。

この時、人々に長目柏が配られて、その柏で酒を受けて飲み、飲み終わると、柏を蔓《かつら》（髪飾り）として和舞《やまとまい》を舞います。ロマンですね。

以上が終わると、再び宣命《せんみょう》が宣読されます。

こうして、禄《ろく》を受けた親王以下が再拝して退出、天皇が還御《かんぎょ》なさり、大儀は終了となります。

(23) 十一月晦日《みそか》・散斎《さんさい》期間終了

散斎《さんさい》期間の最終日の十一月晦日《みそか》には、朱雀門《すざくもん》の前で大祓《おおはらい》が行われ、大嘗祭の一ヶ月の散斎期間が終わります。

※散斎《さんさい》（あらいみ）は、軽い物忌《ものいみ》である一ヶ月（元は三ヶ月）。重い物忌である到斎《ちさい》（まいみ。厳重な物忌）は、大嘗祭の場合、二日前から当日までの三日間。

(24) 十二月上旬、悠紀《ゆき》・主基《すき》両地方の斎場を焼き払う

十二月上旬、禰宜卜部《ねぎうらべ》をつかわせて、まず御膳八神《みけはつしん》を祭り、つづいて解斎《げさい》の解除《はらえ》を行います。翌日には斎場のさまざまな建物をすべて焼却します。

かくて大嘗祭の諸行事は、すべて終了することになります。

この大嘗祭日程概要を予備知識として、大嘗祭の本質にせまりたいと思います。

私の大嘗祭全体を俯瞰《ふかん》する方法は、主として、大嘗祭の創設の動機解明と、「八」の世界から見た大嘗祭です。それは、大嘗祭の呪術解明ともなるのです。

第3章

大嘗祭創設の動機が分からずして、大嘗祭は語れない

1　大嘗祭は、天武・持統天皇朝に創設・成立

大嘗祭は、天武《てんむ》・持統《じとう》天皇朝から始まったと推定できます。
ではなぜ、そのように言えるのか？　その根拠は『日本書紀』の記述にあります。

（1）大嘗祭の成立を論じた本がないのは不思議

高森明勅《あきのり》氏は、『天皇と民の大嘗祭』（展転社）の中で次のように述べています。

今、書店で手に入れることが出来る大嘗祭関係の本の中で、大嘗祭の「成立」を本格的に論じたものは、まずない。一般的になかなか手に入りにくい学術論文をあれこれ図書館で探してみても、この点を探究したものが、ほとんどない。

これは驚くべきことだ。といふのは、この「成立」の問題を抜きにして、大嘗祭の本義や本質を語ることは困難だからである。

まさにその通りだと思います。

さらに言えば、大嘗祭を創設した、天武《てんむ》天皇（＋持統《じとう》天皇）の動機については、なおさらのこと、その論文が見つかりません。

大嘗祭創設の動機と成立を追求することなく、いきなり新嘗《にいなめ》祭・大嘗祭の本義を追求しても、真実には届かないのでは、と思います。

（２）大嘗祭の成立は、天武・持統朝

大嘗祭の成立はいつなのか？

私は、天武天皇（＋持統天皇）からだと確信しています。

それまでの新嘗祭《にいなめさい》も、大嘗祭の成立と同時に大きく変わったと推定されます。

『日本書紀《にほんしょき》』に次のように記されています。

　皇極《こうぎょく》天皇元年十一月十六日
　天皇新嘗《にひなへ》　御《きこしめ》す。是《こ》の日に、皇子《みこ》・大臣《おほかみ》・各自《おのおのみづから》　新嘗《にひなへ》す。

もしこの日、皇位継承儀礼として大嘗祭が行われていたならば、当然、皇子《みこ》や大臣もみなその祭儀に参列していなければなりません。

しかし、各自が、それぞれ新嘗《にいなめ》を行っています。

よって、少なくとも、皇極《こうぎょく》天皇までは、大嘗祭はなかった、ということになります。

では、皇極天皇の後に続く、天皇の場合はどうでしょうか？

高森明勅《あきのり》氏は、著書『天皇と民の大嘗祭』において、『日本書紀』の記述からして、孝徳《こうとく》天皇、斉《さい》明《めい》天皇（重祚《ちょうそ》）、天智《てんぢ》天皇においては、大嘗祭は行われなかったと、述べています。

無理矢理大嘗祭だとこじつけられる部分はあるにしても、直接的に大嘗祭の記述がないからです。

『日本書紀』によりますと、孝徳《こうとく》天皇は、生国魂社《いくくにたまやしろ》の樹を切ったことで「神道《かんのみち》を軽《あなづ》りたまふ」と非難されています。

また、同書には、斉明《さいめい》天皇は朝倉社《あさくらのやしろ》の木を切ったため「神忿《いか》りて殿《おほとの》を壊《こほ》つ。亦《また》、宮の中《うち》に鬼火《おにび》見《あらは》れぬ。是に由《よ》りて、大舎人《とねり》及び諸《もろもろ》の近侍《ちかくはべるひと》、病みて死《まか》れる者衆《おほ》し」と記されており、神のタタリがあったと非難されています。

よって、両天皇は、神祇《じんぎ》を貴ぶという気風が薄れていたとも考えられ、大嘗祭を創設する動機は希薄だった、と思われます。

天智《てんぢ》天皇朝に大嘗祭が成立した、という説があります。

高森明勅《あきのり》氏は、この説を次のように否定しています。

藤貞幹《とうていかん》（江戸後期の考証学者）の『天智《てんぢ》天皇外記《げき》』には、「天智二年戊辰《つちのえたつ》十一月二十四日癸卯《みづのとう》に、大嘗祭が行われた」と記してあります。

高森氏は、この記事の引用元は、今に伝わっていない『日本決釈《けつじゃく》』であり、『日本書紀』との日付が合致していなく、信用できないとしています。

小生も、天智朝にいたっても、大嘗祭はなお未成立だったと考えて良いとの高森氏の説に同意します。

天武天皇二年十二月の壬午《みづのえうま》の朔《ついたち》丙戌《ひのえいぬのひ》（五日）の記事に次のように記されています。

大嘗《おほにへ》に侍奉《つかへまつ》れる中臣《なかとみ》・忌部《いむべ》及び神官《かむつかさ》の人等《ひとども》、併《あはせ》て播磨《はりま》・丹波《たには》、二つの国の郡司《こほりのみやつこ》、亦以下《またしもつかた》の人夫《おほみたからども》等に、悉《ことごとく》に禄賜《ものたま》ふ。

この記事は国郡卜定《ぼくじょう》の初見であり、実質の大嘗祭に当たる「大嘗《おほにへ》」の語の初見です。

この記事からは、大嘗祭を行った後、関係者・参加者に禄《ろく》を与えたということですから、大嘗祭がいつ行われたかは、分かりません。

しかし、悠紀《ゆき》国・主基《すき》国に当たると思われる、二ヶ所の国が記されています。その国は、播磨《はりま》と丹《たん》波《ば》です。

天武天皇五年九月の条に悠紀《ゆき》・主基《すき》のことが記してあります。

新嘗《にひなへ》の為《ため》に国郡《くにこほり》を卜《うらな》はしむ。斎忌《ゆき》、（斎忌《ゆき》、此《これ》をば踰既《ゆき》と云《い》ふ）は尾張国《をはりのくに》の山田郡《やまだのこほり》、次《すき》、（次《すき》、此《これ》をば須伎《すき》と云《い》ふ）は丹波国《たにはのくに》の訶沙郡《かさのこほり》、並《ならび》に卜《うら》に食《あ》へり。

※「卜《うら》に食《あ》へり」は、卜《うらない》にあたった、という意味。

天武天皇が大嘗祭を創設しましたが、その三年後の新嘗祭《にいなめさい》には、大嘗祭同様、悠紀《ゆき》・主基《すき》の国を卜《ぼく》定《じょう》しています。この記事が、ユキ・スキの言葉の初見です。

大嘗祭の発足当時は、大嘗祭と新嘗祭との区別が、曖昧《あいまい》だったと思われます。新嘗祭における、ユキ国・スキ国は、その後文献には出てきません。この時のみの事例だったと思われます（あるいは数年続いたのかも知れません）。

この後は、大嘗祭のみが、ユキ国・スキ国を卜定《ぼくじょう》することになったと推測できます。試行錯誤が続いていたのです。

天武天皇五年十月の条に次のように記してあります。

　三日に、相新嘗《あいにへ》の諸《もろもろ》の神祇《あまつかみくにつかみ》に祭幣帛《すはひのみてぐらたてまつ》る。

相新嘗《あいにへ》とは、相嘗祭《あいなめさい》のことであり、この記事が初見となっています。
養老神祇令《ようろうじんぎりょう》の規定では、十一月の上の卯《う》の日に行われることになっています。

天武天皇二年に斎行《さいこう》された大嘗祭は、まだ未完成であったと思われます。未整備であったが、第一回の大嘗祭と、認めて良いのであろうと思います。

なぜなら、大嘗祭を作ろうとした動機が、ここにあるからです。ここに大嘗祭の原型ができたのです。

しかし、まだ形が整っていませんでした。それは、持統《じとう》天皇の大嘗祭を待たなくてはならなかったのです。

天武天皇十四年十一月の条に、次のように記しています。

　丙寅《ひのえとら》に、天皇《すめらみこと》の為《おほみため》に招魂《みたまふり》しき。

「招魂《みたまふり》しき」とは、いわゆる鎮魂祭《ちんこんさい》のことです。養老神祇令では、鎮魂祭は寅の日に行われる定めとなっており、ここと一致します。

持統天皇五年十一月《しもつき》の戊辰《つちのえたつのひ》（二十四日）に、大嘗《おほにへ》す。神祇伯中臣朝臣大嶋《かむつかさのかみなかとみのあそみおほしま》、天神寿詞《あまつかみのよごと》を読む。壬辰《みづのえたつのひ》（二十五日）に、公卿《まへつきみ》に食衾《おものおほみふすま》賜《たま》ふ。乙未《きのとのひつじのひ》（二十八日）に、公卿《まへつきみ》より以下主典《しもつかたふびと》に至るまでに饗《あへ》たまふ。併《あはせ》て絹《きぬ》等《ら》賜《たま》ふこと、各差《おのおのしな》有り。丁酉《ひのとのとりのひ》（三十日）に、神祇官《かむつかさ》の長上《ながつかへ》より以下《しもつかた》、神部《かむとものを》等《ら》に至るまで、及び供奉《そのことにつかへまつ》れる播磨《はりま》・因幡《いなは》の国の郡司《こほりのみこともち》より以下《しもつかた》、百姓《おほみたから》の男女《をのこめのこ》に至るまでに饗《あへ》たまひ、併《あはせ》て絹等《ら》賜《たま》ふこと、各差《おのおのしな》有り。

持統天皇になって初めて大嘗祭の形が整ったのです。「十一月戊辰《つちのえたつのひ》、大嘗《おほにへ》」とありますが、「戊辰《つちのえたつのひ》」の次に「朔辛卯《かのとう》」とあったものが、書き写しに際して脱漏《だつろう》したものとされていて、辛卯《かのとう》は二十四日で、その日は冬至であった、とされています。

天武天皇のときの大嘗祭は原型であって、まだ未完成であったのです。その後、試行錯誤を続け、ほぼ、『貞観儀式《じょうがんぎしき》』『延喜式《えんぎしき》』に記されているような大嘗祭になったのです。

2　大嘗祭を創設した動機は、天皇号を正式採用したことにあり

前述していますが、高森明勅《あきのり》氏は、《大嘗祭の「成立」を本格的に論じたものは、まずない》と述べています。

ましてや、大嘗祭の成立の「動機」について論じたものは、皆無です。

それは、天武天皇が大嘗祭を創設した、という、確固たる前提がないと無理だからです。

私は、天武天皇が伊勢神宮のリニューアルと同時に、大嘗祭を創設したと確信しています。

天武天皇が、伊勢神宮をリニューアルした動機と大嘗祭創設の動機は、セットであり同じなのです。

また、天武天皇は『古事記』『日本書紀』の編纂《へんさん》を命じましたが、その動機は、広い意味ではやはり同じなのです。

さて、この三つに共通する動機とは、何でしょうか？

それは、前述していますが、「天皇号の正式採用」にあります。
その他にも理由はありますが、一つを選ぶとしたら、断然、「天皇号の正式採用」が動機になっているると推定出来ます。

大嘗祭創設の動機は、天皇号の正式採用にともない、天皇（北極星）を証明する祭を創設しようとしたことにあったのです。

なぜ、天武天皇は、大嘗祭を創設したのか？　その動機を解明したいと思います。

（1）なぜ、大嘗祭を創設しようとしたのか？　なぜ、天皇号を正式に採用したのか？　その動機の経緯《いきさつ》を明らかにします

序で前述していますが、さらに詳しく述べます。
何事も、動機が分かってこそ、真実・大義が明らかになるのです。
では、なぜ、天武天皇は、大嘗祭を創設しようとしたのでしょうか？
そして、なぜ、同時に、伊勢神宮をリニューアルしたのでしょうか？

その動機について、時系列的に、列挙して行きます。このことによって、分かりやすくなると思ったからです。

①天武《てんむ》天皇は、新嘗祭《にいなめさい》を参考に大嘗祭《だいじょうさい》を創設し、そして今まであった伊勢神宮をリニューアルしました。その動機とは？

②その動機は、天武天皇が、天皇号を正式採用したことにあります。

③天皇とは、古代中国の天の思想から拝借した言葉で、天皇大帝《てんこうたいてい》のことで、北極星を意味します。つまり、「天皇＝北極星」です。

④では、なぜ、天武天皇は、「天皇＝北極星」の意味を持つ天皇号を正式に採用したのでしょうか？

⑤それは、独立国家としての日本を築きたかった、からです。

⑥天皇号を正式に採用したことは、中国皇帝属国拒否を表明したことになります。

⑦　つまり、天武天皇は、正式に天皇号を採用し、独立国家宣言をしたのです。
（大王号を名乗っている限りは、中国皇帝の属国です）

⑧　天皇号を正式採用し、独立国家宣言をしたからには、「天皇＝北極星」であることを、何処《どこ》かで証明する必要があります。

⑨　そこで、天武天皇は、「天皇＝北極星」を証明する場所を考えました。

⑩　結果、「天皇＝北極星」を証明する場所として、新嘗祭《にいなめさい》を参考にして大嘗祭を創設したのです。
そして、もう一箇所、証明する場所を作りました。

それまでの伊勢神宮をリニューアルし、そこを、「天皇＝北極星」を証明する場所としたのです。

⑪　なぜ、大嘗祭と伊勢神宮の二ヶ所にしたのでしょうか？
それには、納得出来る、驚くべき理由があるのです。

⑫　大嘗祭は、祭です。日本一の祭です（最盛期には、五千人のパレードがあった）。
伊勢神宮は、神社です。日本一の神社です。

つまり、天武天皇は、日本一の祭「大嘗祭」を、「天皇＝北極星」を証明する場所としたのです。

そして、日本一の神社「伊勢神宮」を、「天皇＝北極星」を証明する場所としたのです。

⑬「天皇＝北極星」を証明する場所は、分かりました。

では、どのようにして、「天皇＝北極星」であることを、証明したのでしょうか？

⑭天武天皇は、「天皇＝北極星」を証明するにあたり、難問をかかえました。

難問とは、次のことです。

天皇は、天皇を称する前は、大王（すめらみこと・おおきみ）を名乗っていました。

古《いにしえ》より、「大和朝廷の大王とは、天照大神（太陽）の子孫（日《ひ》の御子《みこ》）である」ということでした。

太陽の子孫（大王）が、北極星（天皇）となると、矛盾します。

太陽と北極星では、相容《あいい》れないのです。

⑮　そこで、天武天皇は、天照大神（太陽）と北極星の習合《しゅうごう》を考えました。

つまり、「天照大神＝北極星」としたのです。

つまり、天照大神は、北極星でもある、としたのです。

⑯　ではどのように、天照大神と北極星を習合させたのでしょうか？

伊勢神宮においては、天照大神を祀《まつ》っている内宮《ないくう》に荒祭宮《あらまつりのみや》（北極星）を建て、習合させました。ここにおいて、内宮は、天照大神（太陽）でもあり、北極星でもある、という証明の場となったのです。

※内宮の心御柱《しんのみはしら》も、北極星と繋《つな》がっていて、「天照大神＝北極星」を証明していると思っています（詳細は後ほど）。

大嘗祭の場合は、八重畳《やえだたみ》（神座・寝座）において、天照大神（太陽）と北極星を、ご休寝させることによって、習合させました。

※この最も重要な件は、第5章－4にて、詳しく記しています。

⑰しかし、天照大神の子孫（太陽の子孫）である大王は、天照大神を最高神としています。北極星との立場は？
天照大神（太陽）と北極星の、上下関係は、どうなっているのでしょうか？

⑱天照大神（太陽）を親。太陽の子孫を北極星、としたのです。
福永光司《ふくながみつじ》氏は、〈太陽は星の祖先、つまり北極星の祖先と見なしている〉と述べています（『タオイズムの風』人文書院）。

天照大神（太陽）と北極星は、習合して、一つになりましたが、天照大神（太陽）は、北極星の祖先（親）、という、厳然とした序列を作ったのです。

⑲かくして、皇室最高神・天照大神（太陽）と北極星が習合することで、「北極星＝天皇」の存在を、大嘗祭と伊勢神宮において、証明することが出来たのです。
天照大神（太陽）が、最高神であり、その子孫が「日《ひ》の御子《みこ》＝北極星＝天皇」ということに、なっ

たのです。

このことを証明する場所が、大嘗祭であり、伊勢神宮（リニューアル）なのです。

つまり、天皇は、天照大神（太陽）の子孫・「日《ひ》の御子《みこ》」であり、そして「北極星」でもある、としたのです。

⑳　天武天皇は、天皇が天照大神（太陽）の子孫・天皇（日の御子・北極星）であることを証明する場として、伊勢神宮をリニューアルし、新嘗祭を整理し大嘗祭を創設したのです。ですから、大嘗祭創設と、伊勢神宮リニューアルは、セットなのです。

㉑　天皇は、天照大神（太陽）の子孫・日《ひ》の御子《みこ》であり、そして北極星でもある、ということを継承・確認するのが、天皇親祭《しんさい》の大嘗祭である、とも言えるのです。

①から㉑までの経緯を記した本格的な論文は、吉野裕子氏の著作以外には、見当たりません。

この基本的な、大嘗祭を創設した天武天皇の動機が分からないまま、大嘗祭を論じても、真実の半分しか解明出来ないのです。

コインには裏表があります。今までの大嘗祭論は、コインの表側のみが語られてきた、のではないでしょうか？

コインの裏側、つまり、大嘗祭における、「天皇＝北極星」の問題は、全く語られていないのです。冬至の日を想定して斎行される大嘗祭は、北極星が最も長く輝いている夜なのです。それでもなお、北極星の問題は避けられてきたのです。

（2）天武天皇が、天皇号を正式採用した動機と背景

1）対中国皇帝属国拒否……隋に対する国書の存在……独立国の気概

天武天皇が、大嘗祭を創設した動機を箇条書きしましたが、さらに、深めていきます。

なぜ、天武天皇は、天皇号を正式に採用したのかは、既に記していますが、それは、八州《やしま》（日本）は独立国でありたいという、天武天皇の気概によるものです。つまり、中国皇帝属国拒否の姿勢です。

聖徳太子《しょうとくたいし》は、隋《ずい》の煬帝《ようだい》に国書を渡し、最初は天子（６０７年）、そして次は天皇と称して（６０８年）、独立国の気概を示しました。

天武天皇は、その聖徳太子の意志を受け継ぎ、正式に天皇号を採用して（６７３年）、独立国としての気概を示したのです。その間、66年です。

天皇は、それまでは大王《だいおう》号を名乗っていました。（ただし、天皇号は、慣用的には推古《すいこ》天皇の時代から使用されていたと、推測されます）

それまでは、大王（おおきみ・すめらみこと）と称されていました。

大王号を名乗っている限り、中国皇帝の属国を意味し続けることになります。

独立国の元首の名称は、皇帝と同等か、それ以上の名称でないと、属国となるのです。

そこで考え出されたのが、中国の天の思想である、北極星（神）を意味する「天皇大帝《てんこうたいてい》」です。

天皇大帝《てんこう》の天皇の部分を拝借したのです。

ですから、天皇とは、北極星（神）のことであり、太一《たいいつ》とも称されます。天皇は、北極星（神）でありますから、天帝《てんてい》、でもあるのです。

中国の皇帝は、天帝の子、つまり天子です。

ならば、天皇＝天帝、でありますから、文字通りに解釈すれば、天皇は皇帝（天帝の子）より上の位、ということになります。

しかし、実際は、律令制度によると、天皇は、皇帝とも称したり、天子とも称して、使い分けていました。

この曖昧《あいまい》なところが、驚きであり、よく言えば、融通無碍《むげ》に活用している、とも言えるのです。

2)　天皇号正式採用の背景……八角形天皇陵の存在があった

天皇号と関係する事例として、八角形天皇陵があります。

飛鳥《あすか》時代の天皇は、八角形天皇陵に埋葬されました。私は、八角形天皇陵の形が、天皇（北極星）を表現しているのでは、と思っています。

八角形天皇陵の形は、仏教の八葉蓮華《はちようれんげ》を表現している、という意見もありますが、道教的な哲理であろうと推測できます。

この件は、第4章で詳しく述べますが、八角形天皇陵の中心部分が、太極で北極星を表し、八角形の八辺は、八卦《はっか》であり、八州《やしま》を表現している、と思われます。

さすがに、八辺＝北斗八星は、微妙なところですが、そのような呪術があったと、推定しておきます。ならば、最初の八角形天皇陵は、舒明《じょめい》天皇（６４１年崩御《ほうぎょ》）ですから、天武天皇が天皇号を正式に採用（６７３年即位）する以前から、古墳の形として、天皇（北極星）の事例があったということになります。


よって、天武天皇は、突然、独自に天皇号を採用したのではなく、慣用的に使用されていた天皇号を正式採用したのであろうと思われます。

3)　天皇号正式採用の背景……八角形高御座《たかみくら》の存在があった

天皇の即位式は、天皇が八角形の高御座《たかみくら》の中にお入りになり斎行されます。

この八角形高御座《たかみくら》も、皇極天皇《こうぎょく》の即位のとき使用されたと推測可能です（642年）。

八角形は、呪術的に、

「八角形中央＝北極星・太極・天皇・天照大神」、

「八角形周辺＝八州《やしま》・八卦《はっか》」の哲理を含んでいます（詳しくは第4章）。

天武天皇即位前に、天皇（北極星・太極）と八州《やしま》・八卦《はっか》を表現していた、八角形天皇陵（天皇の死）と八角形高御座《たかみくら》（天皇誕生）が、存在していたのです。

こういう、背景があって、天武天皇は、天皇号を正式に採用し、天皇は、天照大神（太陽）の子孫であり、北極星（天皇）である、ということの証明・確認の場として、大嘗祭を創設し、伊勢神宮をリニューアルしたのです。

4）天武天皇は、『古事記』『日本書紀』に天皇号を明記したかった

八州《やしま》（日本）の天皇は、中国（唐）の皇帝と対等であるという、格調高い尊厳さの証拠を示す物語が必要でありました。

それが、『古事記』『日本書紀』の編纂《へんさん》であります。

『古事記』は国内向けに、『日本書紀』は外国向けに作られた本です。

そこには、堂々と「天皇」と記されています。

しかも、高天原《たかあまはら》の天照大神から天孫降臨《てんそんこうりん》があり、ニニギノミコトから地上の初代・神武《じんむ》天皇へと続く、堂々たる天皇誕生物語が記されています。

『記紀』においては、太陽神・天照大神を皇祖としたその子孫のみが天皇になれるという、万世一系の神話の「書」としての発表であったのです。

勿論、それらの神話は、上古より存在していたであろうと思われます。天武天皇の在位期間と『記紀』完成までには、時間的なずれがありますが、発注者は両方とも天武天皇です。

『記紀』においては、「天皇＝天皇大帝《てんこう》＝北極星」の説明はありません。

それは何よりも「天皇号」が、日本において新しく採用された言葉であった、という証左でもあり、『記紀』神話が古い伝承に基づいて書かれている、ということの証左でもあります。

天武天皇は、『記紀』編纂《へんさん》、「伊勢神宮」のリニューアル、そして「大嘗祭」の成立によって、中国・「皇帝号」よりは遥《はる》かにグレードが高い「天皇号」になった、と思っていたのではないでしょうか。

なぜならば、中国の皇帝は、天に存在する神にはなれません。

天の神の命令で皇帝になれるのです。

よって、中国の皇帝は、天の神の怒りで皇帝の地位を追われるという天命思想により、易姓革命《えきせいかくめい》が起きるのです。それは王朝交替の正当化ともなるのです。

しかし、日本には易姓革命は、起こりえないのです。

なぜならば、天照大神→ニニギノミコト→神武天皇（初代天皇）→歴代天皇、と続いている、万世《ばんせい》一系《いっけい》の天皇であるからです。

天皇になれる条件は、天照大神の子孫であること、つまり「日《ひ》の御子《みこ》」であることなのです。

しかも、天武天皇が天皇号を正式採用したことで、天皇は、「日の御子」であると共に、北極星でもあるのです。

天の中心である北極星としての天皇は、宇宙の中心として存在しているのです。

5)　天武天皇は、日本の律令を作り、そこに天皇号を明記したかった

もう一つ加えるならば、律令制度《りつりょうせいど》の整備です。

天武《てんむ》天皇の律令制度採用の眼目《がんもく》は、独立国家として、そして律令国家として、国の体裁《ていさい》を整えることにあったのです。

そして、そこに独立国家の象徴である「天皇号」を、律令の中に誇らしげに明記することだったのです。

天皇の存在は、『古事記』『日本書紀』『律令《りつりょう》』においては天皇号をそれぞれに明記することで証明し、伊勢神宮と大嘗祭においては、呪術《じゅじゅつ》により天皇（北極星）であることを証明したのです。

6）天神寿詞《あまつかみのよごと》

『天神寿詞《あまつかみのよごと》』は、中臣氏《なかとみ》が持統《じとう》天皇の即位式で奏上《そうじょう》したのが初めてで、翌年の大嘗祭においても奏上されました。

この最初の時、奏上文に「天皇」と独立国の気概で記入し、そして誇らしげに威厳をもって、「天皇（すめら）」と奏上されたと推測されます。

私には、その姿が想像でき、晴れて正式に天皇（日《ひ》の御子《みこ》・北極星）が誕生し、独立国家宣言したことの歓びが、伝わってくるのです。

3　大嘗祭と新嘗祭の違い

（1）大嘗祭の成立と共に新嘗祭《にいなめさい》も天皇証明の祭となった

大嘗祭は、古《いにしえ》から続いてきた新嘗祭《にいなめさい》を、そのまま規模を大きくして大嘗祭にした、との説が多く見られます。

また、それまでの新嘗祭は、そのままの形・内容で続いたかのように記してある本が殆どで、驚かされます。

大嘗祭は天武天皇が新嘗祭を参考にして創設しました。
それと同時に、それまでの新嘗祭を、グレードアップしたのです。
新嘗祭はそのままで、大嘗祭だけが新しく作られたのではないのです。

このことを明確に論じている人は、ほとんどいません。

なぜ、大嘗祭の創設と共に新嘗祭も変わったのでしょうか？

それは、大嘗祭同様、新嘗祭にも天皇（北極星）の証明を施したからです。

ただし、新嘗祭の場合は、大嘗祭に比べ、天皇証明の呪術儀礼が、大変簡素になっています。

第一番目の違いは、大嘗祭は国民参加のお祭ですが、新嘗祭は宮中のお祭になっていることです。

第二番目の違いは、大嘗祭は「御膳《みけ》八神」に見守られていますが、新嘗祭は、御膳《みけ》八神の登場がありません。

ただ、共通していることは、「八重畳」が設定されていて、その横で、新穀・神饌《しんせん》を天照大神（北極星）とご一緒に天皇も召し上がる、ということです。

（２）大嘗祭と新嘗祭の違い

まえもって、大嘗祭と新嘗祭の違いをはっきりさせておきたいと思います。

大嘗祭を論ずるとき、古《いにしえ》の新嘗祭の本義に引きずられてしまい、大嘗祭の本義から、離れてしまう場合も考えられるからです。

この違いをはっきりさせると、大嘗祭の素晴らしさが分かってくるのです。

① 田の違い……官田と百姓《おおみたから》田

新嘗祭の神事に用いられる稲と粟《あわ》は、天皇直属の官田から収穫されたものでした。

大嘗祭では、卜定《ぼくじょう》された、悠紀《ゆき》の国、主基《すき》の国からとれた稲と粟《あわ》を用いました。

ここで重要なことは、官田ではなく、民である百姓《おおみたから》が耕作している田からとれた稲を使用することです。

さらに、重要なことは、占いで二箇所の土地の田である、悠紀《ゆき》田・主基《すき》田を選んだことです。

私は、この二ヶ所の意味は、つまり、悠紀《ゆき》、主基《すき》は、八州《やしま》（日本）と八州の百姓《おおみたから》を表現していると思います。

② 奉仕者・参加者の違い

新嘗祭は、宮中新嘗祭であり、神祇官《じんぎかん》や宮内省《くないしょう》、そして中央の諸官司の奉仕によって行われます。天皇に対する民（百姓《おおみたから》）との関係性はありません。

大嘗祭は、神祇官《じんぎかん》、宮内省、中央官庁の協力があるとはいえ、あくまでも、地方在住の民（百姓《おおみたから》）の奉仕と参加で成り立っていました。

天皇に対する民（百姓《おおみたから》）の参加・奉仕こそが、大嘗祭の特色なのです。

最も大切な建物である大嘗宮の悠紀《ゆき》殿・主基《すき》殿を、民（百姓《おおみたから》）が作ることは、まさに、民の参加の究極の事例だと思われます。

次のように言えるのです。民の参画と奉仕を欠いては、皇位継承儀礼としての大嘗祭は、まったく成立し得ないのである、と（高森明勅氏）。

このことは、多くの意味を含んでいます。

私は、故あって、「八」の探究をしてきました。そもそも、「八」は、古代日本の聖数であり、八州（日本）を意味し、さらに八州人《やしまびと》（日本人）を代表して参画している、という意味を持っているのです。

例えば、八乙女《やおとめ》には、日本の八州《やしま》のそれぞれの代表八人が集まっている、という意味があります。

この件は、第７章で述べます。

③　建物の違い

新嘗祭は、宮中の既存の建物の中で行われます。一ヶ所で神事を行います。

大嘗祭の神事が行われる大嘗宮・悠紀《ゆき》・主基《すき》殿は、建物を五日間で作り、神事が終わったら、すぐ壊されます。

大嘗祭は、悠紀《ゆき》殿と主基《すき》殿の二ヶ所で神事を行います。

建物は大変簡素で素朴な作りであり、古《いにしえ》からの神事であることを表現しています。

なぜ、建物を壊してしまうのでしょうか？

私見ながら、高天原《たかあまはら》における神事を演出しているため、終わったならば、すぐに壊却《えきやく》されるのだと思います。

④　御膳《みけ》八神の存在

大嘗祭には、最初から最後まで守護している、御膳《みけ》八神が存在します。

新嘗祭においては、大嘗祭のときのように八神殿を建て、御膳《みけ》八神を祀ることはしません。

⑤　パレードの存在

新嘗祭には、供物《くもつ》行列（パレード）がありません。

大嘗祭には、北野斎場から大嘗宮までの供物《くもつ》行列があり、五千人の行列であったと言われています。

日本一の民のパレードです。

ここには、「標《ひょう》の山《やま》」という、後の京都の山鉾《やまほこ》のルーツとなったとも言われている、山車《だし》に似たものが曳《ひ》かれます。

⑥　大嘗祭は一代一度の祭祀《さいし》であり、新嘗祭は毎年の祭祀であること

大嘗祭は、天皇の一代一度の皇位継承儀礼ですが、新嘗祭はそうではありません。新嘗祭は毎年行われ、大嘗祭同様、天皇（北極星）の存在を確認・証明する祭です。但し、大嘗祭のある年には、新嘗祭は行いません。

⑦　豊明節会《とよあかりのせちえ》のときは、高御座《たかみくら》に着御《ちゃくぎょ》するが、新嘗祭のときは、高御座の登場はなし

八角形高御座《たかみくら》の登場は、即位式のみと思われがちですが、大嘗祭の最後の日の豊明節会《とよあかりのせちえ》には、高御《たかみ》座《くら》が登場するのです。案外、見落とされがちな、儀礼です。

新嘗祭のときは、高御座の使用は、ありません。

以上、大嘗祭と新嘗祭の違いを挙げてみました。

第4章

世界最強の呪術は、日本の聖数「八・や」と中国の「八卦《はっか》」との習合……北斗八星

1　天武《てんむ》天皇の世界最強の呪術《じゅじゅつ》公式［北極星（太陽・太極《たいきょく》）北斗八星（八《や》州《しま》・八卦《はっか》）］を理解するには、「八」のすべてを知る必要がある

大嘗祭を創設した　天武《てんむ》天皇の世界最強の呪術《じゅじゅつ》公式を解くには、前提条件として、「八」のすべてを知る必要があります。

なぜならば、大嘗祭の呪術は「八の呪術（暗号）」で描かれているからです。

天武天皇は、天皇号を正式に採用し、天皇たらんとして、天皇（北極星）を証明する場所として、伊勢神宮をリニューアルし、大嘗祭を創設しました。

そして、天皇（北極星）の存在を証明するために、伊勢神宮と大嘗祭に、世界最強の呪術（八の呪術・北斗八星）を施《ほどこ》したのです。

天武天皇は、『日本書紀』天武紀の書き出しに「天文・遁甲《とんこう》に能《よ》し」と記されています。

天文・遁甲《とんこう》に類《たぐ》い希《まれ》なる優れた才能を持っていた天武天皇が大嘗祭に採用した呪術は、「北斗八星」

に、古代日本の聖数「八・や」と、古代中国最強の呪術・易経《えききょう》「八卦《はっか》」を習合させた、世界最強の呪術方法でした。

なぜ、「北斗八星」としたのか？　それは、次のような、共通の「八」の呪術としたかったからです。

《「北斗八星」＝日本の聖数「八・や」＝中国「八卦《はっか》」》

日本の国柄《くにがら》を表現する「国家の暗号」とも言える天武天皇の世界最強の呪術公式とは、次の通りです。

「北極星（太陽・太極《たいきょく》）北斗八星（八州《やしま》・八卦《はっか》）」

この呪術基本形が施《ほどこ》されている事例は、次の通りです。

①伊勢神宮、②大嘗祭《だいじょうさい》、③日光東照宮、④高松塚古墳、⑤八角形天皇陵、⑥八角形高御座《たかみくら》、⑦八《や》重畳《えだたみ》、⑧二官八省、です。

北斗八星とは、北斗七星に、輔星を加えた、北斗星のことです。

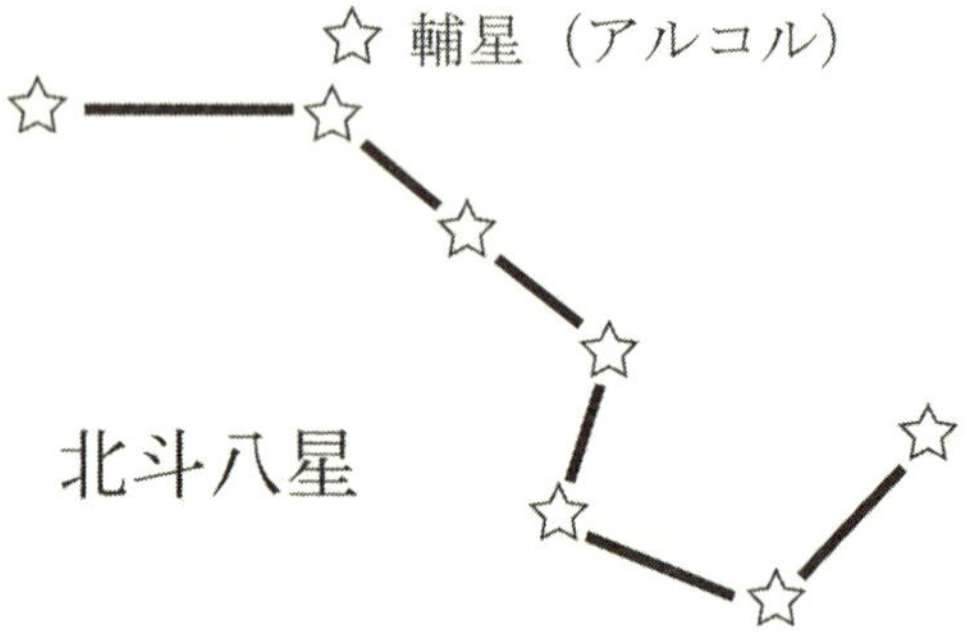

図４－１　北斗八星図

※輔星《ほせい》について、吉野裕子氏は、「①輔星は、和名でソヘボシといわれている。②陰陽道ではこの星を重視し、金輪星といって信仰の対象としている。③輔星はまた寿命星ともいわれ、正月星見の行事にこの星の見えない者は、その年の内に死ぬという言い伝えがある。④豊受大神は天降りした八天女の一人であるが、豊受大神の伝承を北斗七星に因《ちな》むものとすれば、この場合、天に帰れなかった豊受大神はさし当たり、この輔星に比定される天女ではなかろうか」と、述べています（『陰陽五行思想からみた日本の祭り』人文書院）。

「キトラ古墳」と「蘇州《そしゅう》天文図」の北斗八星図

北斗八星を知らない方が多いと思います。では、実際に、北斗八星が描かれている証拠をご覧に入れます。正式な天文図です。

キトラ古墳（７０３年）の天井には世界最古の天文図が描か

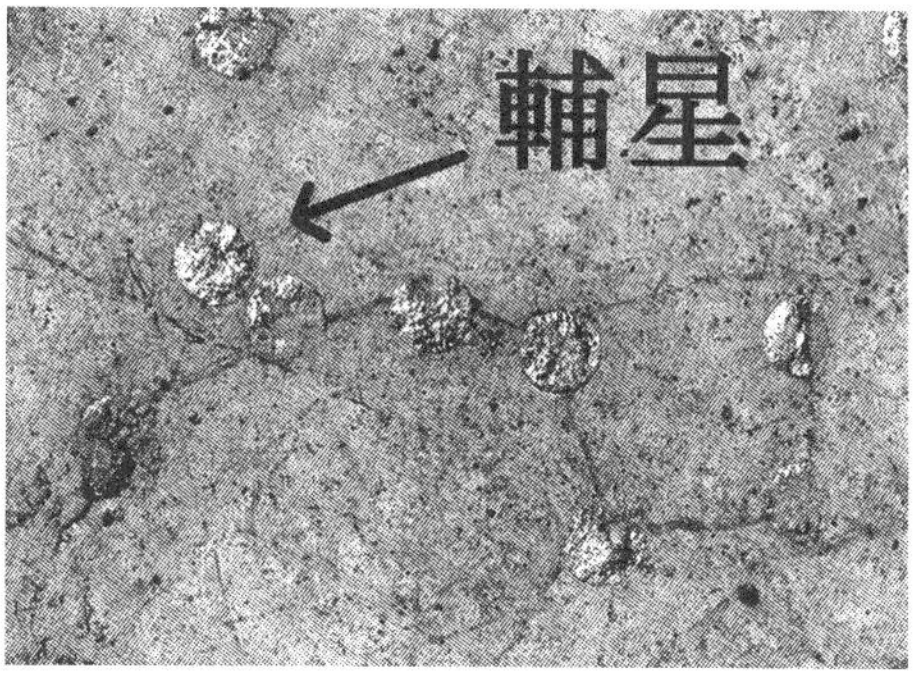

図4－2　キトラ古墳・北斗八星図（『キトラ古墳』独立法人・文化財研究所より）

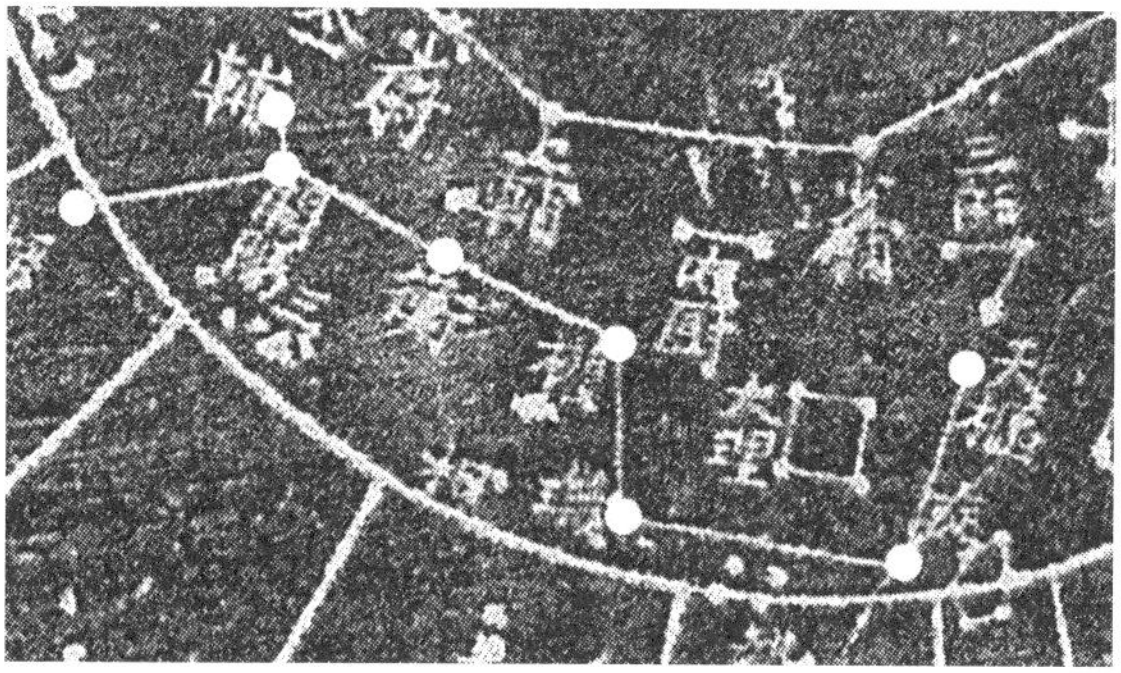

図4－3　蘇州天文図・北斗八星（宮島一彦氏・朝日カルチャー・資料・星強調）

れています。そこには、はっきりと、輔星が描かれています（図4－2）。

また、中国の「蘇州《そしゅう》天文図」（南宋の1247年に作成）にも、はっきりと輔星が描かれています。「輔」の字が記入されています（図4－3）。

高松塚古墳（717年）には北斗八星が描かれていないのですが、八人ずつの男女が描かれていて、北斗八星を象徴しています（図4－42／図4－43）。

また、日光東照宮にある絵にも、北斗八星が描かれています（図4－28）。

満天の星空の北辰北斗に描く、日本国家の基本哲理とも言える天武天皇の呪術の存在（国家の暗号）を、認めるのか、認めないのか？

私は、すべての人々が、この呪術暗号を認めざるを得ない、という完全な証明を目指します。

それには、天武天皇の呪術の確かさを証明する、正しい「八」の基礎知識が、必要となります。

なぜなら、天武天皇の呪術は、八の呪術で成り立っているのですから。

当時の古代日本において、「八」は、どのような意味を含んでいたのでしょうか？

このことを知らなくては、大嘗祭、伊勢神宮の謎は解けないのです。


大嘗祭の呪術を解くためには、事前に、次の四つを知る必要があるのです。

① 八の意味
② 伊勢神宮の八の呪術－グランドデザイン
③ 八角形天皇陵、八角形・高御座《たかみくら》の八の呪術－グランドデザイン
④ 日光東照宮と高松塚古墳の八の呪術－グランドデザイン

すぐ、大嘗祭の解読作業とはならず、随分と遠回りになりますが、許していただきたい。

完璧な証明を目指すならば、避けて通れない道であろう、と思うからです。

大嘗祭の真実を知るには、「八」のことを知らないと、全く不可能なのです。

皆様には大変なご迷惑をおかけしますが、何卒《なにとぞ》、天の中心の北辰北斗に、万世一系の天皇を描き日

本の国柄を永遠に描いている、「国家の暗号」というべき呪術を知っていただきたいのです。

大嘗祭の真実の島にたどり着く、そのための、厳しくもあり、楽しくもある、処女航海なのです。

２　大嘗祭解明の前提条件①——八の意味を知ること

（１）八《や》は古代日本の聖数

古代日本の聖数《せいすう》は、「八・や」です。「八・はち」ではありません。「八・はち」は、一、二、三世紀頃日本に流入した漢文化なのです。しかし、「八・や」と「八・はち」は、その後、習合《しゅうごう》して、更《さら》なる日本の聖数「八」になりました。よって、古代日本の聖数は、「八・や」でもあり「八・はち」でもある、と言っても間違いではありません。

1）数詞《すうし》の数え方は、二種類あります

日本には、二つの数え方があります。

一つは、「ひ・ふ・み・よ・い・む・な・や・こ・と」です。

この数え方は、縄文《じょうもん》時代からの数え方で、日本古来の数え方と言ってもよいのです。

もう一つは、「いち・に・さん・し・ご・ろく・しち・はち・きゅう・じゅう」です。

これは、漢文化が入ってきてからの数え方です。

2）なぜ、聖数《せいすう》「八・や」になったのか？

古代日本の聖数「八・や」は、素晴らしい、大きい、永遠、無限、完全、等々の意味を含んでいます。

古代日本の「八・や」は、なぜ、聖数「八・や」となったのでしょうか？

「弥栄《いやさか》の弥（八・や）」であるからという根拠は、その通りであろうと思います。

しかし、「八・や」は、その原初として、日本古来の数え方〈ひ、ふ、み、よ、い、む、な、や、こ、と〉の中で、最も大きく口を開く「開a音」であるため、特別な言霊《ことだま》の霊威《れいい》が宿っている、と思われたのです。

だからこそ、聖数となったのです。

それは、特別の数の霊《たま》として、数霊《かずだま》と称されます。

「弥栄《いやさか》の弥（八・や）」は、その後の意味付け言葉である、と推測されます。

3）日本は「言霊《ことだま》の幸《さき》はふ国」

言霊《ことだま》について、検証してみましょう。
幸い、万葉歌謡にそのことが記してあります。
日本は〈言霊《ことだま》の幸《さき》はふ国〉である、と。それは、山上憶良《やまのうえのおくら》の歌です。

神代《かむよ》より　言ひ伝《つ》て来《く》らく　そらみつ　大和《やまと》の国は　皇神《すめかみ》の厳《いつく》しき国
言霊《ことだま》の　幸《さき》はふ国と　語り継《つ》ぎ　言ひ継《つ》がひけり……

（山上憶良《やまのうえのおくら》の歌・『万葉集』・８９４）

〈神代《かみよ》以来　言い伝えられたことですが　（そらみつ）大和の国は　国つ神の威徳《いとく》の　いかめしい国
言霊《ことだま》の助ける国だと　語り継《つ》ぎ言い継《つ》いできました……〉

日本は、「言霊《ことだま》の幸《さき》はふ国」なのです。山上憶良は、『万葉集』・８９４番で、このように歌っています。

4)「言霊《ことだま》の」は、「八十《やそ》」にかかる枕詞《まくらことば》

また、次のことも言えます。

歌謡において、「言霊《ことだま》の」は、「八十《やそ》」にかかる枕詞《まくらことば》です。「八十《やそ》」とは、数字の「八十《はちじゅう》」のこと。

◎なぜ、「言霊《ことだま》の」が、「八十《やそ》」にかかる枕詞《まくらことば》なのか。

◎数多くある言葉の中で、いやいや、**すべての言葉の中で、なぜ一点、「八十《やそ》」が選択されたのか。**

つまり、「言霊《ことだま》＝八十《やそ》」と表現されています。八十は、多くの八（や）の様《さま》を表現しているのです。

ならば**「言霊＝八（や）」**とも言えます。

よって、**「八・や」は、すべての言葉のなかから選ばれた、言霊《ことだま》のチャンピオンなのである、といえるのです。**

古代人は、《言霊《ことだま》は、八（や）である》と言挙《ことあ》げしたのです。

5) なぜ、「八州《やしま》（日本）」と称されたのか？

日本は、古来から八州（やしま）と称《しょう》されています。

何故、八州《やしま》と称されたのでしょうか？

なぜ、「八州《やしま》（日本）」と称されたのか？

八州《やしま》の語源

言霊《ことだま》＝八十《やそ》（枕詞）　→　言霊《ことだま》＝八《や》　（言霊のチャンピオン）

〈言霊《ことだま》（八《や》）の幸はふ国　→　八《や》の国（州）　→　「八州《やしま》（日本）」〉

◎《「言霊《ことだま》は、八（や）である」と言挙《ことあ》げしていること、そして、歌謡で日本は「言霊《ことだま》の幸《さき》はふ国」であると歌われていること、この二つが合わさって表現化・具現化された言葉が、「八州《やしま》」である》と推察できます。

私は、このように推測しました。

つまり、八州《やしま》（日本）の語源は、言霊《ことだま》のチャンピオンである「八《や》の幸《さき》はふ国」というところからきている、と。

そして、勿論《もちろん》、「弥栄《いやさか》の弥（八・や）の州《くに》（国）」という意味をも含んでいる、と。

日本の国名に八《や》を付けた理由が、ここにより、初めて分かった、といえるのではないでしょうか。

よって、『記紀』に記されているように、先に「八州《やしま》（日本）」があり、あとで実際の八島（八州）を選んでいったのです。

6）聖数「八・や」の本義

私は、『記紀』において、「八・や」と神様との関係を、調べてみました。するど、次のことが、分かったのです（『古代天皇家「八」の暗号』畑アカラ・新装版がヒカルランドにて刊行）。

①『古事記』『日本書紀』において、多くの神を表す言葉は、「八・や」に限られていました。その代表が「八百万神《やおよろずのかみ》」（『古事記』）、「八十万神《やそよろずのかみ》」（『日本書紀』）。

②『古事記』において、神の名を表現する数詞《すうし》は、「八・や」に、ほぼ限られていました。古代日本人は、聖数「八・や」を、神々に捧《ささ》げたのです。

③天皇は、「八隅知之大君《やすみししおおきみ》」と歌謡において歌われ、「八・や」で表現されています。

④日本は、八州《やしま》と称され、「八・や」で表現されています。

⑤「八・や」は、言霊《ことだま》のチャンピオンです。

ならば、この5点から、次のようなことがいえます。

《古代日本人、つまり、八州人《やしまびと》は、神々に、天皇に、そして国家に、言霊《ことだま》の霊威《れいい》が最も宿る聖数《せいすう》「八・や」を捧《ささ》げたのである》と。

※大嘗祭を創設した天武天皇は、この日本の聖数「八・や」を北斗八星と習合させ、呪術に取り込んだのです。

7) 古代日本を象徴、あるいは天皇を象徴する言霊《ことだま》・数霊《かずだま》「八・や」の共通認識の考察……その一覧

言霊《ことだま》・数霊《かずだま》の「八・や」は、古代日本を表現するときはもとより、日本を象徴する天皇の祭祀儀礼《さいしぎれい》等に関しても、不思議といつも表れます。

いや、不思議ではありません。それは、聖なる数ゆえの、当然の帰結《きけつ》です。

少し、乱暴な見方ですが、古代日本を象徴、あるいは天皇を象徴する「八《や》の付く言葉」を、共通の括《くく》りとして記します。

あまりにも、雑駁《ざっぱく》な考察です。この点、許していただきたい。古代日本の国柄《くにがら》と八の親和性に、何かがある、と思わずにはいられないからです。私は、この一覧だけで、八の奥深さを感じ、興奮してしまいました。

個々の説明は、残念ながら省略します。ここでは、何かを感じ取っていただければ、幸いです。

詳しくは、拙著『古代天皇家「八」の暗号』（ヒカルランド）を、参照していただきたい。

大和《(や)まと》朝廷＝「八（や）マタイ国・邪馬台国《やまと》」＝「八（や）マトの国・倭国・大和国・日本国」＝「大八州・八島国《おおやしまぐに》」＝「八隅知之《やすみしし》大君（大王・天皇）」＝明神御大八洲倭根子天皇《あきつみかみとおおやしましらすやまとねこのすめらみこと》＝「八咫鏡《やたのかがみ》・八剣《やつるぎ》（草薙剣《くさなぎのつるぎ》・天叢雲剣《あめのむらくものつるぎ》）・八坂瓊曲玉《やさかにのまがたま》」＝「八開手《やひらで》・八度拝」＝「八重畳《やえだたみ》（大嘗祭）」＝「八百万神《やおよろずのかみ》」＝「八乙女《やおとめ》」＝「八束穂《やつかほ》」

この一覧からは、「八・や」の言霊《ことだま》呪術により、「天皇と八州《やしま》（日本）が、永遠に続くように守護されている」、と予見されます。

よって、大和朝廷と八の呪術の関連が、俄然《がぜん》、注目を浴びることになります。

先に言ってしまいますが、大嘗祭も「数霊《かずだま》・八」の呪術であり、当時の大和《やまと》朝廷（天武・持統・文武朝廷）の性格を描いている、と言えるのです。

（2）古代日本聖数「八・や」と、中国最強の呪術・易経「八・はち・八卦」との習合
……世界最強の呪術

1）「八・や」と「八・はち」の習合

今まで、「八・や」について、述べてきましたが、日本における「8」の意味は、これだけではありません。「八・や」とは違った「八・はち」の概念が、漢文化とともに日本に入って来たのです。

このことが、より素晴らしい「八の世界」を形作ることになりました。

漢文化の「八・はち」の意味は、どのようなものでしょうか。古代日本人は、どのように受け取ったのでしょうか。

ズバリ、「八・はち」は、八方に広がる「陰陽《いんよう》・太極八卦《たいきょくはっか》」の「八卦《はっか》」を意味しています。

中国においての「八」は、八卦《はっか》の数であり、聖数に近い吉数《きちすう》と表現した方がよかろうと思います。

中国の聖数は、「九」です。

しかし、何といっても「八」は、中国の古典『易経《えききょう》』の八卦《はっか》を意味します。

呪術としては、中国最強の呪術といえます。

中国から「八・はち」が日本に入って来て、「八・や」との認識あらためが、あったのです。日本で意味する「8」と、中国で意味する「8」との、「共通点と相違点」です。

結果、次のようになりました。

〈日本の聖数「弥栄《いやさか》の八（や）」と、中国の「八・はち」を意味する「八卦《はっか》」とは、「めでたさ」の点で一致するゆえ、新たな聖数として習合《しゅうごう》した〉

これは、まさに偶然というほかありません。この二つの「めでたさ」の偶然の出会いこそが、古代

図４－４　「八・はち」（八方位・八角形）の基本概念

日本の聖数・「八」を、確固たるものにしたのです。

天武天皇は、伊勢神宮と大嘗祭において、この習合《しゅうごう》された「八の呪術」を、活用しているのです。

2）「八・はち」の概念

①　「八・はち」の共通概念

さて、この中国の「八・はち」ですが、具体的にどのような意味を持っているのでしょうか。

《「八方位」と「八角形」を意味する「八・はち」は、八方に広がる概念を持ち、宇宙全体を表現している》

分かりやすく図にしてみましょう。一点から八方に広がる概念です。この上図デザインこそが、八方位・八角形を意味する「八・はち」の基本概念である、と思います（図４－４）。

この八方位・八角形の基本形に含まれる、様々な意味を明らかにしていきます。

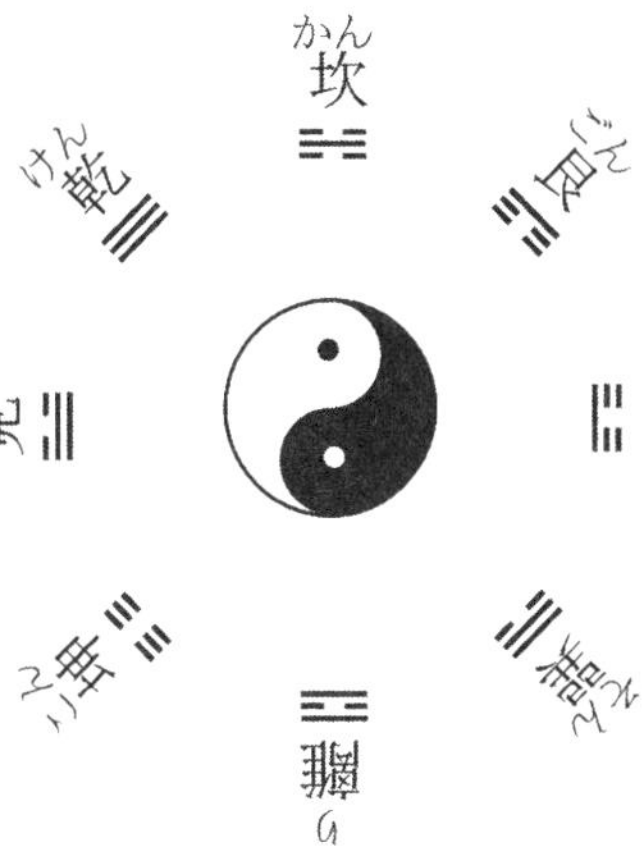

図４－５　太極八卦・易経八卦

②　太極八卦《たいきょくはっか》・易経八卦《えききょうはっか》

太極八卦《たいきょくはっか》（易経八卦《えききょうはっか》）の世界観は、八角形・八方位の基本をなすものです。

孔子《こうし》を開祖とする儒教《じゅきょう》では、人類を含む天地万物の生成を解説して、《易に太極《たいきょく》あり。これ両儀《りょうぎ》（陰と陽）を生ず。両儀は四象《ししょう》を生じ、四象は八卦《はっか》を生ず》と述べています。

この八方に広がる八卦《はっか》の基本概念こそ、中国における「八・はち」なのです（図４－５）。

③　太一八卦《たいいつはっか》と魔方陣《まほうじん》

道教《どうきょう》においても、八卦《はっか》は利用されています。

「太一八卦《たいいつはっか》」の太一《たいいつ》とは、道教のいうところの北極星神を表し、天皇《てんこう》大帝（天皇）を意味します。

太一（北極星神・天皇大帝・天皇）を中心として、

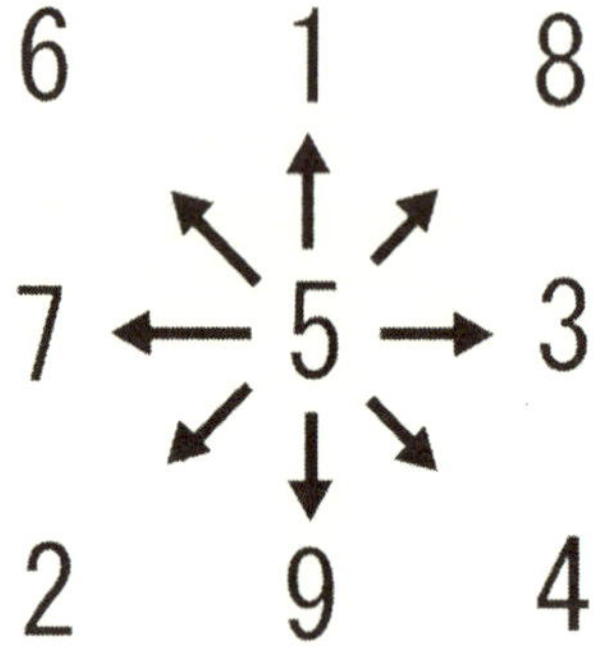

図4－6　魔方陣基本形

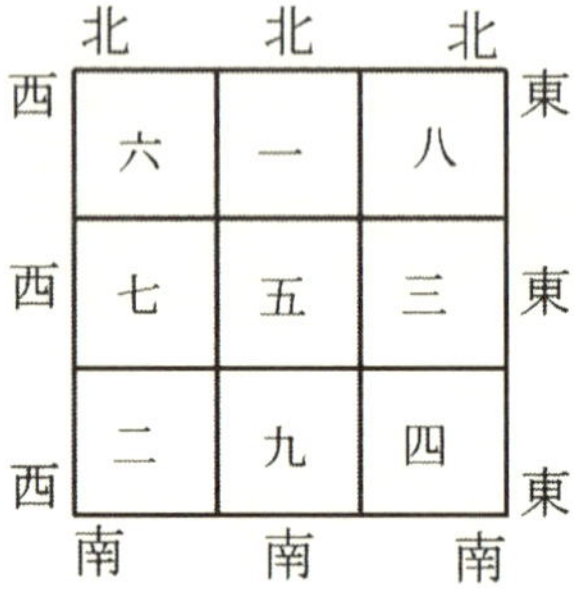

（吉野裕子・著作より）

図4－7　魔方陣と方位

八卦を配するわけです。

さらに「太一八卦《たいいつはっか》」は、魔方陣《まほうじん》（縦・横・斜めの合計が、いずれも15となる）とも、結びついています。八卦は、魔方陣に配当され、また九星にも配当されます。

この魔方陣と合わさった「太一八卦」の形は、「5」あるいは「太一」を中心として、八方に広がる形を見せます。魔方陣は、八角形の基本的概念となっています。

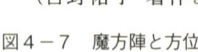

数字が一から九までですから、九の世界と思われがちですが、れっきとした八の世界でもあって、大変重要な意味をもっているのです（図4－6）（図4－7）（図4－8）。

④　魔方陣《まほうじん》と方位、九星図

魔方陣に、方位と九星図《きゅうせいず》を配すると、（図4－9）のようになります。

九星図というと、勿論「九の世界」でもありますが、「八の世界」をも意味します。つまり、中心点を作り、その中心点

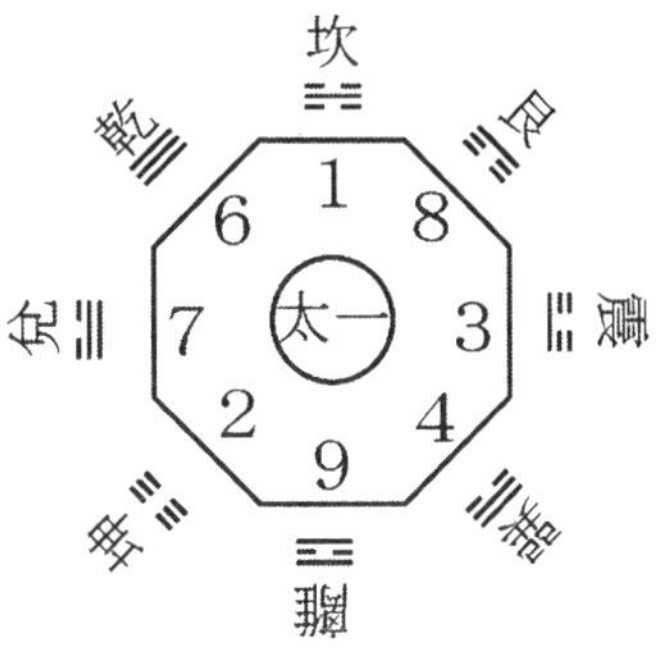

図４－８　魔方陣と太一・八角形・八卦

から八方に方位を配するのです。

⑤　**八佾舞**《やつらのまい》（はちいつの舞《まい》ともいう）

古く、中国の雅楽《ががく》に用いられた舞の一つ。八人ずつ八列、即ち六十四人が舞うもの。天子の儀式で演ぜられます。皇帝しか使うことの出来ない舞。

日本においては、天皇の舞となります。

私見ながら、伊勢神宮における外宮（北斗八星）は、北斗八星（外宮）が八天女として、毎日一周することで、八佾舞《やつらのまい》を舞っている、と推測できます。

なぜなのか？　詳しくは、後ほど述べます。楽しみにしていただきたい。

⑥　中国における「八」と「発」の関係

・車のナンバープレート

香港《ホンコン》においては、車のナンバープレートはオークションによって競《せ》り落とされるものらしいです。

一番高い値が付くのが「８８８８」です。

なぜ、八なのでしょうか。

中国においては、「八・パー」と「発・ファー」との間の近音による連想により、〈発財・ファーツ

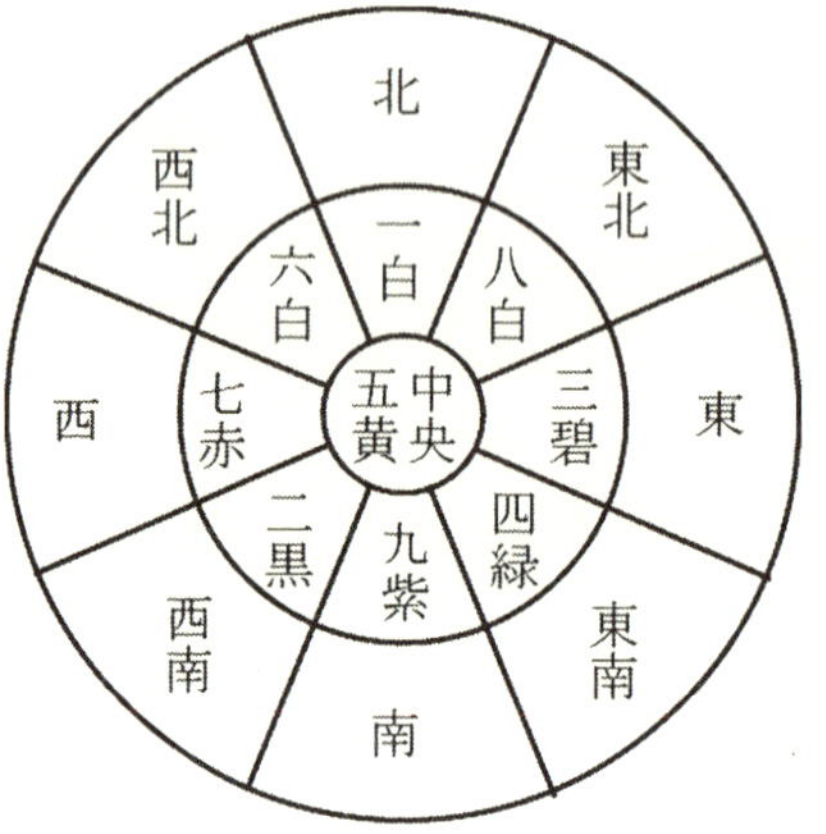

図4－9　九星図

アイ（金儲け）したければ、八から離れてはいけない〉という、崇拝意識が形成されているからなのです。事業も人生も、「発（八）展」するということに引っかけているのです。

なお、北京オリンピックは、2008年8月8日8時8分に開催されました。

⑦　日本古来の聖数「八・や」は、中国の「八・はち」に駆逐《くちく》されなかった

以上、「八」について、考察してきました。

特筆すべきことは、日本古来の聖数「八・や」は、漢文化の「八・はち」に駆逐《くちく》されなかった、ことです。

むしろ、『古事記』『日本書紀』においては、99%以上が聖なる数「八・や」の世界で表現されており、「八・はち」の出番は、ほとんどありません。

『記紀』の執筆者たちは、日本の伝統を伝えることに、一所懸命であったのです。

素晴らしいですね。

古代日本は、習合《しゅうごう》した「八・はち」をも、聖数《せいすう》として扱いました。しかし、本来の古代日本の聖数は、「八・や」です。

このことは、是非とも覚えておいていただきたい。

大嘗祭において、八の事例が多く出てきます。

神事を象徴している「八重畳《やえだたみ》」。最初から最後まで守護している「御膳八神《みけはっしん》」。鎮魂祭《ちんこんさい》の「御巫八神《みかんなぎはっしん》（宮中八神《きゅうちゅう》）」。最高儀礼所作の「八開手《やひらで》」。三種の神器《じんぎ》の「八咫鏡《やたのかがみ》・八坂瓊曲玉《やさかにのまがたま》・八重垣剣《やえがきのつるぎ》（草薙剣《くさなぎのつるぎ》・天叢雲剣《あめのむらくものつるぎ》）。外宮・豊受大神《とようけのおおかみ》を象徴する「北斗八星《はちせい》」と「八天女」。八角形の「高御座《たかみくら》」。天皇の葉薦《はごも》の道「八幅八条《はっぷくはちじょう》」。日本独自の「太極八卦《はっか》」の呪術。八角形天皇陵。

これらの「八」のつく事例は、いままで述べてきたような、古代日本の聖数「八・や」と、中国の吉数《きちすう》「八・はち」の意味をも含んでいるのです。

だからこそ、大嘗祭は、大変、意味深いのです。このように、基層に当たる部分から考察しないと、大嘗祭の謎は解けないのです。

3　大嘗祭解明の前提条件②――伊勢神宮の呪術を知ること

前述していますが、大嘗祭の呪術解読成功は、事前に伊勢神宮の呪術《じゆじゆつ》的グランドデザインを、知っていたことにありました。

天武天皇は、伊勢神宮と大嘗祭に、天皇（北極星）を証明する呪術を施《ほどこ》しました。よって、大嘗祭の呪術は、伊勢神宮の呪術とセットとして、施《ほどこ》されています。

基本は、伊勢神宮の呪術にあります。

大嘗祭の呪術を知るには、伊勢神宮の呪術を知る必要があるのです。

（1）伊勢神宮の概略

「伊勢神宮」と紹介されていますが、単に「神宮」というのが、正式な名称です。

神宮とは、皇大神宮《こうたいじんぐう》（内宮＝ないくう）と、豊受大神宮《とようけだいじんぐう》（外宮＝げくう）の総称。

皇大神宮は、一般には内宮と呼ばれ、日本国民の大御親神《おおみおやがみ》と崇《あが》められる皇祖・天照大御神《あまてらすおおみかみ》を、お祀《まつ》りしています。第十一代垂仁《すいにん》天皇の二十六年（約二千年前）に、伊勢の地に御鎮座《ちんざ》されました。

豊受大神《とようけのおおかみ》は、第二十一代雄略《ゆうりやく》天皇の二十二年（西暦五世紀）、天照大神《あまてらすおおみかみ》の御神慮によって丹波《たんば》の国（今の京都府北部）より、この地にお迎えした、と言い伝えられています。

内宮《ないくう》・外宮《げくう》とも主祭神は女神で、それぞれ、天照大神と、豊受大神《とようけのおおかみ》を祀《まつ》っています。

日本一の別格の伊勢神宮が、内宮、外宮とも、女神を祀《まつ》っていることは、大変、興味深いことです。

（２）なぜ、天武天皇は、伊勢神宮をリニューアルしたのか？

伊勢神宮は、天武《てんむ》天皇によって、リニューアルされました。

では、なぜ、伊勢神宮はリニューアルされたのでしょうか？

それは、天武天皇が、天皇号を正式に採用したことにあります。

天皇とは、北極星の事です。

天皇という言葉は、中国の天の思想である、北極星を意味する天皇大帝《てんこうたいてい》から、採《と》られました。

正式に天皇号を採用したからには、天皇（北極星）の証明を何処《どこ》かにしなければなりません。

天武天皇は、天皇（北極星）の証明場所とするため、伊勢神宮をリニューアルしたのです。

同時に、大嘗祭も創設して、天皇（北極星）の証明場所としたのです。

（3）天皇（北極星）の存在は、天照大神（太陽）と習合することで、成就させた

天皇（北極星）の存在は、伊勢神宮の天照大神と、北極星を習合させることで、成就させました。

つまり、天照大神（太陽）は、北極星（天皇）である事にしたのです。


北極星の位置に、天照大神を持ってきたのです。つまり、天照大神（太陽）は、天の中心でもある、としたのです。

天照大神（太陽）のパワーアップ、でもあります。


天照大神（太陽）と、天皇（北極星）の習合は、どのように行われたかと申しますと、内宮の北に荒祭宮《あらまつりのみや》を建て、成就させました。

もう一つの方法は、心御柱《しんのみはしら》（内宮・天照大神・太陽）を立て、北極星と結び、習合させました。

① 内宮で、荒祭宮《あらまつりのみや》を建て、天照大神と北極星を習合《しゅうごう》させた

それは、内宮《ないくう》の北に、別宮である「荒祭宮《あらまつりのみや》」を建てたことで、成就《じょうじゅ》させました。

つまり、荒祭宮《あらまつりのみや》に、北極星を祀《まつ》ったのです。

内宮正殿と荒祭宮は一体です。その証拠に、荒祭宮には、鳥居がありません。つまり、内宮（天照

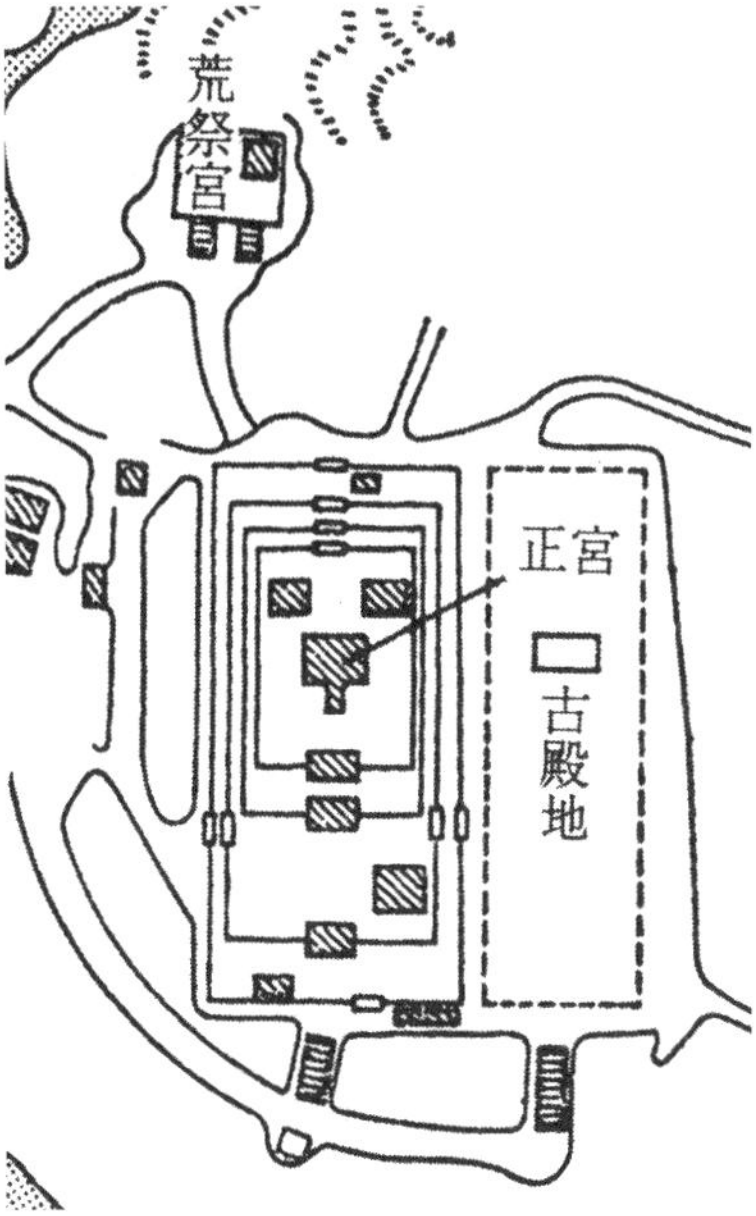

図４－10　太一《たいいつ》（北極星・天皇）を祀《まつ》る荒祭宮《あらまつりのみや》

大神）と荒祭宮（北極星・天皇大帝・天皇）は、習合しているのです。

このことにより、内宮においては、「太陽神である・天照大神」と、「北極星である・天皇大帝《てんこう》（天皇）」とが、習合したのです。

②心御柱《しんのみはしら》を立て、天照大神と北極星を習合させた

もう一つの習合方法があります。心御《しんのみ》柱《はしら》です。

心御柱《しんのみはしら》は、内宮と外宮にありますが、内宮の心御柱は、天照大神（心御柱）と北極星と繋《つな》がることで、習合しています。内宮の心御柱は、当然、天照大神そのものです。

しかし、その心御柱（天照大神）は、真上の床上に置いてある八咫鏡《やたのかがみ》を貫き、

北極星と繋がっているのです。
内宮の心御柱《しんのみはしら》（天照大神）は、北極星を降臨させているのです。
よって、ここにおいて、天照大神と北極星は習合していることになるのです。
（図4－26）を参照のこと。外宮の心御柱は、北斗八星と繋がっています。
※心御柱《しんのみはしら》は、床と接していません。内宮の中央に位置し、柱は地下にある程度埋めてあり、
柱の先が地上に出ています。

（4）太陽と北極星の関係は、具体的にどうしたのか？

大王家は、天照大神を最高神としてきました。
その最高神・天照大神と、北極星（天皇）の関係は、どうしたのでしょうか。
やはり、順位を付けたのです。
天照大神（太陽）を親。太陽の子孫を北極星、としたのです。

太陽（天照大神）　↓　北極星の親
北極星（天皇大帝・天皇）　↓　太陽の子孫

福永光司氏は、《太陽は星の祖先、つまり北極星の祖先と見なしている》と述べています（『タオイ

ズムの風』人文書院)。

天照大神（太陽）と北極星は、習合して、一つになりました。

しかし、天照大神（太陽）は、北極星の祖先（親）という、厳然とした序列を作ったのです。

天照大神（太陽）が、最高神であり、その子孫が「日《ひ》の御子《みこ》＝北極星＝天皇」ということに、なったのです。

天皇は、このことにより、天照大神（太陽）の子孫・「日《ひ》の御子《みこ》」であり、北極星（天皇）でもある、と意味付けできたのです。

（５）完全なる天皇（北極星）の証明……北斗星が必要……外宮を北斗星とした

しかし、単に、北極星の存在だけでは、完全なる天皇（北極星）とは言えないのです。

完全なる北極星は、北斗星を必要とするのです。

北極星をサポートしてくれる北斗星がいてこそ、完全なる北極星なのです。

これが、道教的哲理です。

そこで、天武天皇は、道教的な哲理に従い、北斗星を存在させたのです。

それが、外宮なのです。

外宮は、北斗星として、内宮の北極星を輔弼《ほひつ》しているのです。

天武天皇は、完全なる、完璧な天皇（北極星）とするために、外宮を作ったのです。

◎**天武天皇は、外宮を、北斗七星ではなく、「北斗八星」とした**

天武天皇は、外宮を北斗星としましたが、あえて、北斗七星ではなく、北斗八星としました。

ここが、天武天皇の呪術の最大のキーポイントです。

北斗八星にしたことが、天武天皇の呪術の全てと言っても過言ではありません。


北斗八星は、前述していますが、輔星（アルコル）を加えて、北斗八星とします。

なぜ、北斗八星にしたのでしょうか？

（6）北斗八星としたのは、世界最強の呪術を作るため

◎**天武天皇は、日本の聖数「八・や」と、中国最強の呪術「太極・八卦（はっか）」を、北斗八星で結びつけ、世界最強の呪術を作った**

天武天皇が、あえて、外宮を北斗八星にしたのは、世界最強の呪術を作るためだったのです。

なぜならば、外宮を北斗八星にすると、八の呪術として活用出来るからです。

日本は、「八・や」を聖数としています。そのグレードの高さは、他の数詞を圧倒しています。

前述していますが、『古事記』『日本書紀』を読めば、その事が分かります。

天武天皇は、日本の聖数「八・や」を「北斗八星」と習合させることで、呪術として活用したかったのです。

素晴らしい、着眼点ですね。そもそも日本の聖数「八・や」は、聖なる八州（日本）の国柄を表現していますから。

もう一つ、あります。

それは、中国最強の呪術『易経《えききょう》』の「八卦《はっか》」です。易経「八卦」を「北斗八星」に習合させたかったのです。

天武天皇は、日本の聖数「八・や」と中国の「八卦《はっか》」を、「北斗八星」に習合させ、世界最強の呪術としたのです。

（7）古代日本の聖数「八・や」と、言霊（ことだま）ナンバー1「八・や」の呪術を、「北斗八星」に習合させた

◎　**日本の聖数「八・や」は、二つの力を持っています。**

①「八・や」は古代日本の聖数であり、聖数パワーがあります。

②「八・や」は、八州《やしま》（日本）最大の言霊《ことだま》力を持っています。

天武天皇は、「北斗八星」に、二つの意味を持つ「八・や」を、習合させたのです。

「北斗八星」＝①日本の聖数「八・や」＝②言霊のチャンピオン「八・や」

としたのです。

「八・や」のつく言葉は、既に見てきたように、大切な言葉として、表現されています。古代日本の聖数「八・や」の国ですから、当然です。

あえて、何度も記しますが、天皇は八隅知之《やすみしし》と明神御大八洲倭根子天皇《あきつみかみとおおやしましらすやまとねこのすめらみこと》。国は八州《やしま》。神は八百《やお》万神《よろずがみ》と八幡神《やはたのかみ》。稲は八束穂《やつかほ》。三種の神器は八咫鏡《やたのかがみ》・八坂瓊曲玉《やさかにのまがたま》・八重垣剣《やえがきのつるぎ》。拍手《かしわで》は八開手《やひらで》。畳は八《や》重畳《えだたみ》。女性は八乙女《やおとめ》。等々。

私見ながら、「八・や」そのものには、右に挙げた言葉がすべて含まれていると思っています。

天武天皇は、日本の国柄を、「北斗八星＝八・や」として、夜空に輝く北斗八星に描いたのです。

これが、天武天皇の呪術です。

1）外宮（豊受大神《とようけのおおかみ》）を北斗八星とし、八天女を象徴させた

吉野裕子氏は、前述してある輔星の説明で、「豊受大神は天降りした八天女の一人であるが、豊受大神の伝承を北斗七星に因《ちな》むものとすれば、この場合、天に帰れなかった豊受大神はさし当たり、この輔星に比定される天女ではなかろうか。」と、述べています。

私は、外宮の豊受大神《とようけのおおかみ》は、八天女の一人であることから、八天女全体を象徴しており、北斗八星を象徴している、と確信しています。

つまり、「北斗八星＝八天女＝豊受大神＝外宮」としたのです。

八天女は、天女の八乙女であると思います。

内宮は勿論のことですが、外宮の存在こそが、多くの呪術を成立させているのです。これは、実感です。

天武天皇は、外宮・北斗八星に多くの意味を持たせ、それを日本の国柄《くにがら》としたのです。

つまり、「外宮・北斗八星＝日本の国柄を表現」としたのです。

この外宮が含んでいる多くの意味を、紹介します。

外宮の神様は、豊受大神《とようけのおおかみ》です。女性の神様。

つまり、内宮も外宮も、何と、女性の神様なのです。

この件は、「古来、日本では、女性には霊力《れいりょく》を備えている、という女性崇拝の認識があった」ことのあらわれ、ともとれます。別段、不思議なことではありません。

◎豊受大神を招く

豊受大神《とようけのおおかみ》は、天照大神《あまてらすおおみかみ》によって、招《まね》かれました。

雄略《ゆうりゃく》天皇の御代《みよ》のこと、内宮の神様・天照大神は、豊受大神を丹波《たんば》の国から招いたのです。そして豊受大神を、外宮の神様としました。

その伊勢神宮の外宮の豊受大神《とようけのおおかみ》の出自《しゅつじ》は、天降《あまくだ》りした八天女《はちてんにょ》の一人、とされています。その八天女とは、北斗七星の第六星に付随する「輔星《ほせい》」を加えた、八星のことであるといわれています。

豊受大神《とようけのおおかみ》（外宮）は、八天女の中の一人。このことが、多くの呪術を成立させているのです。

伊勢神宮は勿論のこと、大嘗祭《だいじょうさい》、そして、高松塚古墳壁画も、この呪術（八天女・北斗八星）が施《ほどこ》されているのです。

つまり、「外宮＝北斗八星＝八天女」です。

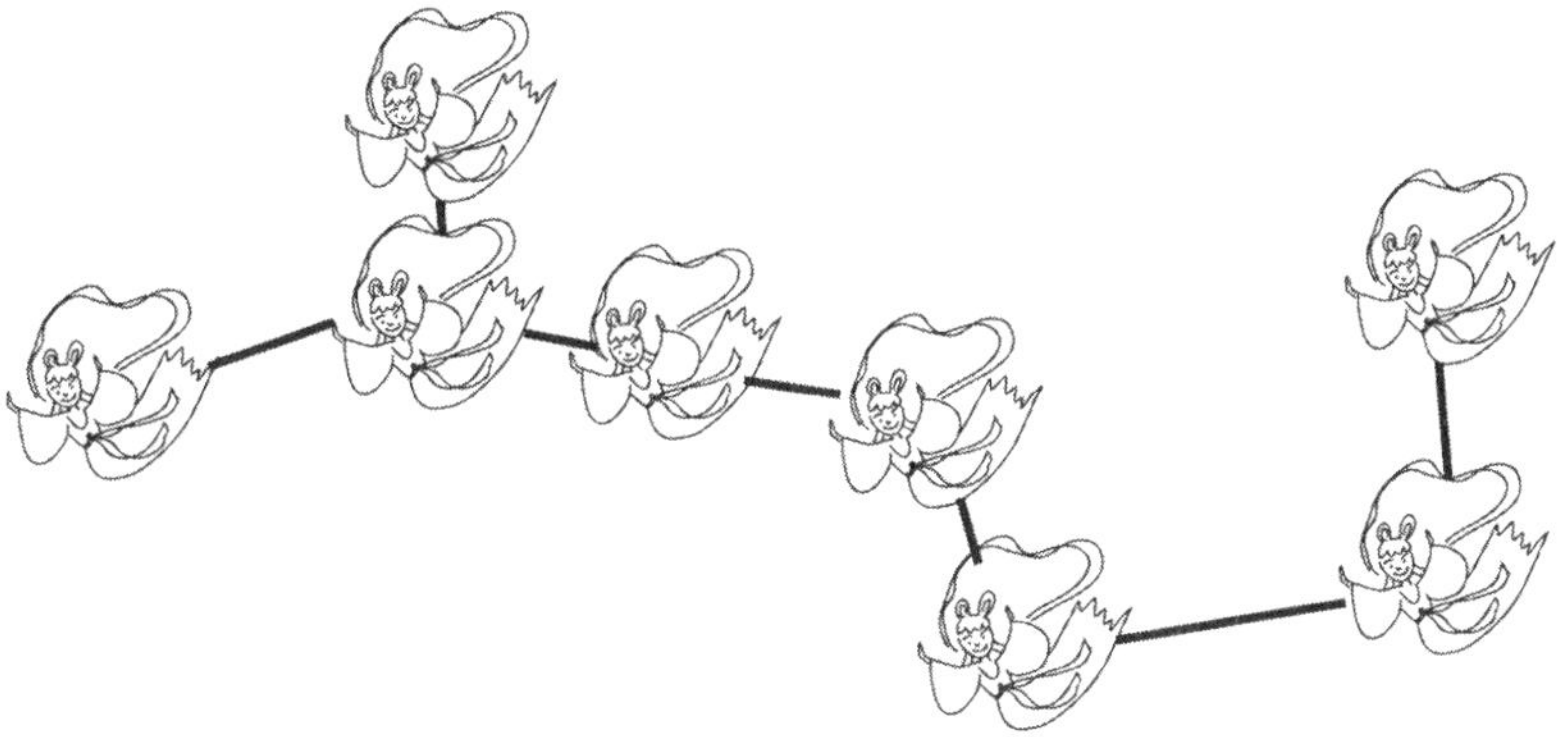

図４－11　伊勢神宮「北斗八星＝八天女」

図に描けば、上図の通り（図４－11）。

北斗八星を八方に配すると、八星×八星＝六十四星、となります。

八天女を八方に配すると、八天女×八天女＝六十四天女となります。

六十四天女は、八佾舞《やつらのまい》を想像させせられます。

※八佾舞《やつらのまい》とは、日本においては天皇の儀式で、中国においては皇帝（天子）の儀式において演ぜられます。八人×八人＝六十四人の舞です。この伊勢神宮の八天女は、毎日、八佾舞《やつらのまい》を舞っている、とも言えるのです。

◎「外宮＝豊受大神＝北斗八星＝八天女」である証拠……「八花崎（やつばなさき）形御鏡《みかがみ》」

その物的証拠の一つは、遷宮《せんぐう》のときに、御鏡《みかがみ》が調進されますが、その形にあります。

外宮の御鏡は八稜形の「八花崎《やつばなさき》形」で、内宮の御鏡の

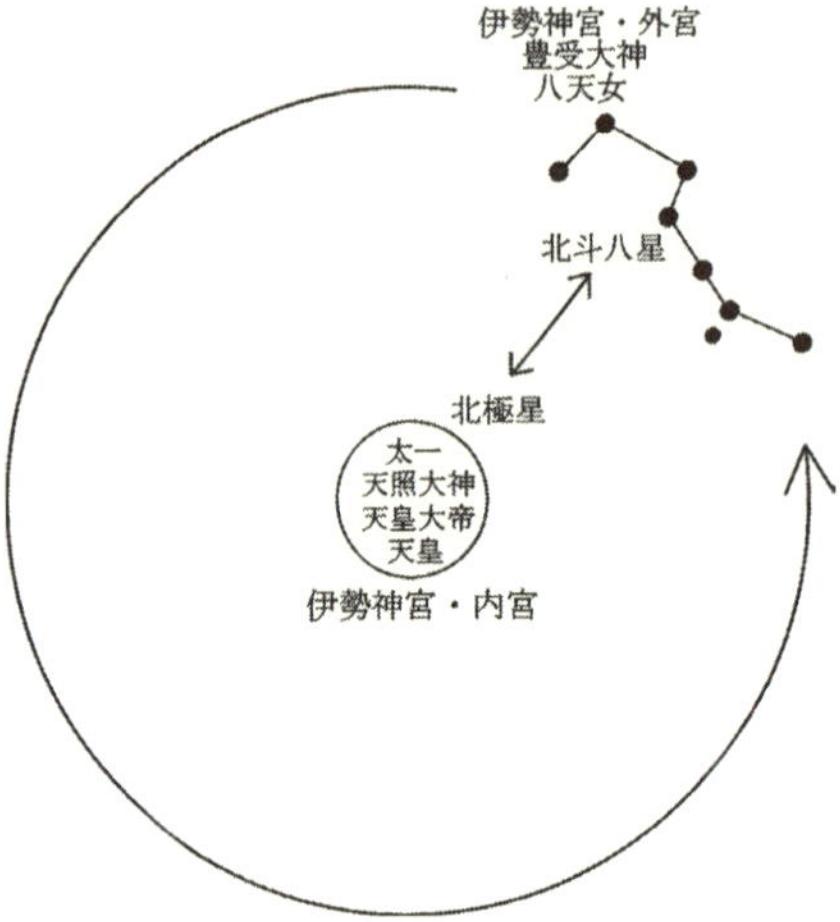

図4－13　内宮（北極星）と外宮（北斗八星）

図4－12　北斗八星＝外宮・八花崎《やつばなさき》御鏡《みかがみむ》（『神宮御神宝図録』より）

形は、円形です（図4－12）。

八花崎《やつばなさき》形・御鏡は、北斗八星と八天女を象徴しているのです。

つまり、「八花崎御鏡《やつばなさきみかがみ》＝豊受大神＝八天女＝北斗八星＝外宮」なのです。

◎「北極星と北斗八星」図

伊勢神宮の「内宮と北極星」、そして「外宮と北斗八星」の関係は、次の通りです。

北極星＝天照大神《あまてらすおおみかみ》（太陽）＝天皇大帝《てんこうたいてい》＝天皇＝内宮《ないくう》

北斗八星＝豊受大神《とようけのおおかみ》＝八天女＝外宮《げくう》

図に描けば、次の通り（図4－13）。

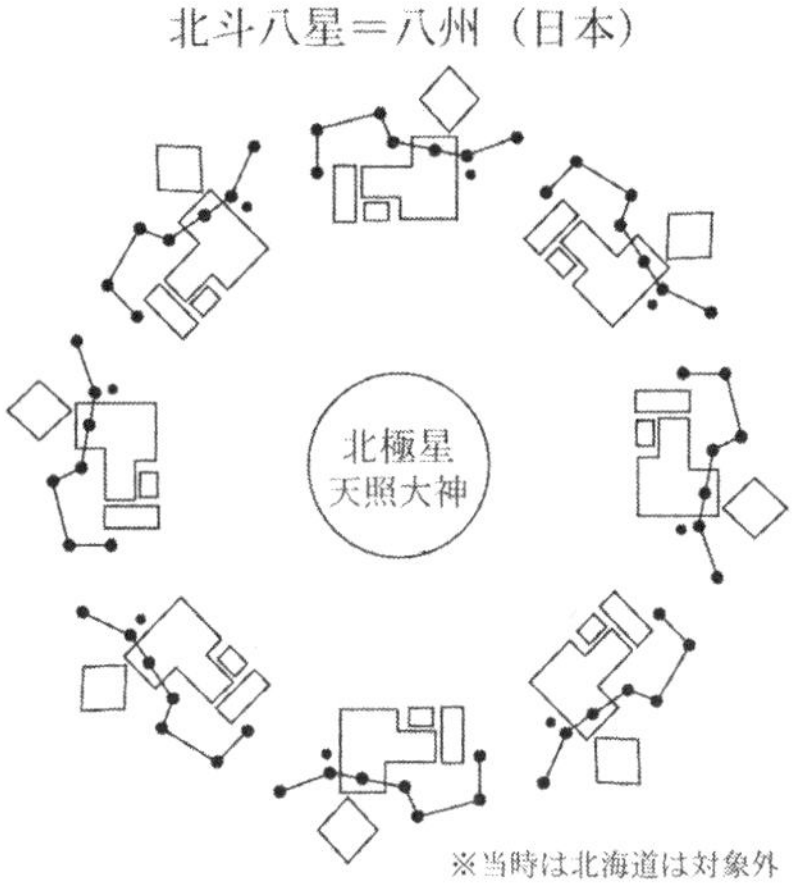

図4－14　北斗八星・八州（日本）図

2）「北斗八星＝八州《やしま》（日本）」の呪術

「八・や」は八州《やしま》（日本）の意味を持った、「八・や」です。

天武天皇は、この「八州《やしま》（日本）」を、北斗八星と習合させたのです（図4－14）。

「北斗八星＝八州《やしま》（日本）」としたのです。

3）「北斗八星＝八束穂《やつかほ》」の呪術

「八・や」は、八束穂《やつかほ》の意味をもった「八・や」です。

天武天皇は、この「八束穂」を、北斗八星と習合させたのです（図4－15）。

「北斗八星＝八束穂（やつかほ）」としたのです。

米や稲に代表される神饌《しんせん》ですが、その素材は、八《や》束穂《つかほ》といえます。

八束穂という言葉は、日本の稲穂を象徴しています。

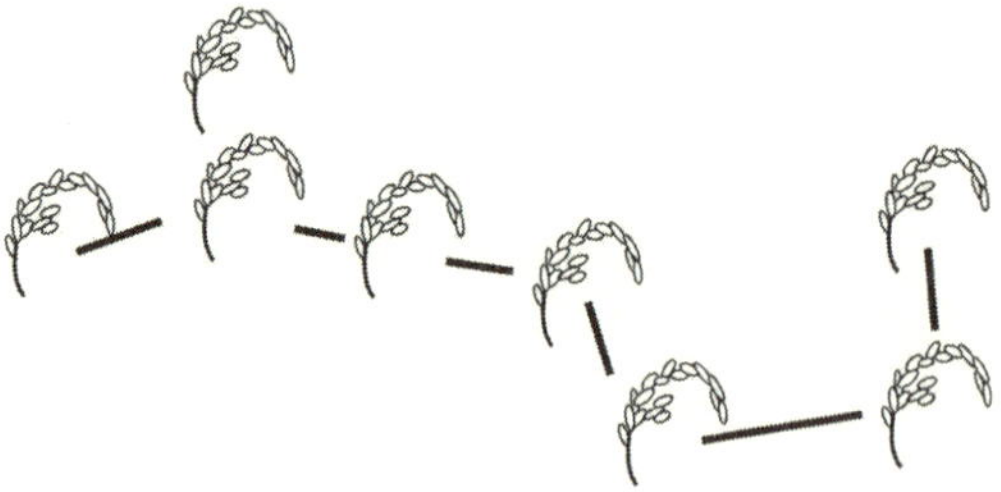

図４－15 「北斗八星＝八束穂」の図

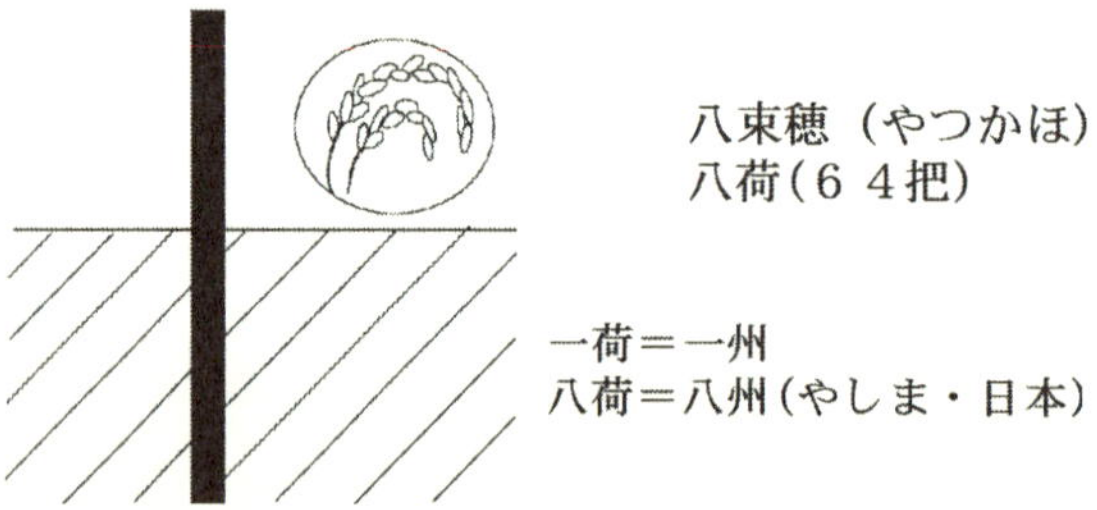

図４－16 神宮・心御柱《しんのみはしら》と八束穂の呪術

その理由を述べてみます。

伊勢神宮の神嘗祭《かんなめさい》において、豊受大神《とようけのおおかみ》を象徴する外宮の心御柱《しんのみはしら》におさめられる稲穂は、稲の穂先を摘んだ、抜穂《ぬいぼ》といわれるものです。

この抜穂が、八束穂《やつかほ》を象徴しているのです。

外宮の心御柱《しんのみはしら》におさめられるその抜穂の量は、八荷《はちか》。

ここで言う「荷《か》」は、荷物の「荷《に》」という字を書きます。

この、八荷《はちか》は、六十四把《わ》とイコールになります。つまり、一荷《いちか》は八把《わ》ということ。

まさに、八の世界を表現しています。

私は、一荷が一州《ひとしま》、八荷で八州《やしま》（日本）を象徴している、と思います。

つまり、抜穂八荷《はちか》の稲穂は、日本の稲穂を象徴する「八束穂《やつかほ》」であり、「八州穂《やしまほ》」でもある、と言えます。

※「八州穂《やしまほ》」とは――八州《やしま》（日本）の穂という意味――私の造語《ぞうご》。

神嘗祭《かんなめさい》の折、豊受大神《とようけのおおかみ》を祀《まつ》る外宮の心御柱《しんのみはしら》に、このような意味を含む、八荷《はちか》の抜穂、つまり、八束《やつか》穂《ほ》が納められます（図４－16）。

以上のことから、豊受大神を象徴する北斗八星（八天女）は、「八束穂《やつかほ》」を象徴している、と推測されます。

日本は、「食国《おすくに》」といわれています。

私が最も感動したことは、北斗八星に、八束穂を描き、永遠に百姓《おおみたから》が飢えることの無いように、と祈っているこの呪術を発見したことでした。

（８）中国最強の呪術である、易経《えききょう》「太極・八卦《はっか》」の呪術を、北極星と北斗八星に、施した

天武天皇は、北極星（内宮）と北斗八星（外宮）に、さらなる呪術を施《ほどこ》したのです。

それは、中国の『易経《えききよう》』です。
「当たるも八卦《はつけ》当たらぬも八卦《はつけ》」の八卦《はつか》です。
※呪術の世界では、「はっけ」と言わず、「はっか」と言う場合が多い。さらに詳しく述べるならば、「太極八卦《たいきよくはつか》」の呪術。

結論を先に述べますと、次のようにしたのです。

「外宮＝北斗八星＝八卦」
「内宮＝北極星＝太極」

秦の始皇帝は、書を燃やし、儒者を坑《こう》する（儒者を生き埋めにする）、「焚書坑儒《ふんしよこうじゆ》」をしました。しかし、儒教の経典である「五経《ごきよう》」のなかで「易経《えききよう》」だけは、対象外とされた、と言われています。免れるほど、易経は重要視されていたのです。

1) 太極八卦の呪術とは

『易経《えききよう》』とは、『五経《ごきよう》』の筆頭に挙《あ》げられる経典《きようてん》です。単に「易《えき》」とも称します。

易は中国古代の聖王、伏羲《ふくぎ》が天地の理を察して八卦《はつか》を画し、後にこれを重ねて六十四卦《か》に大成した、といわれています。

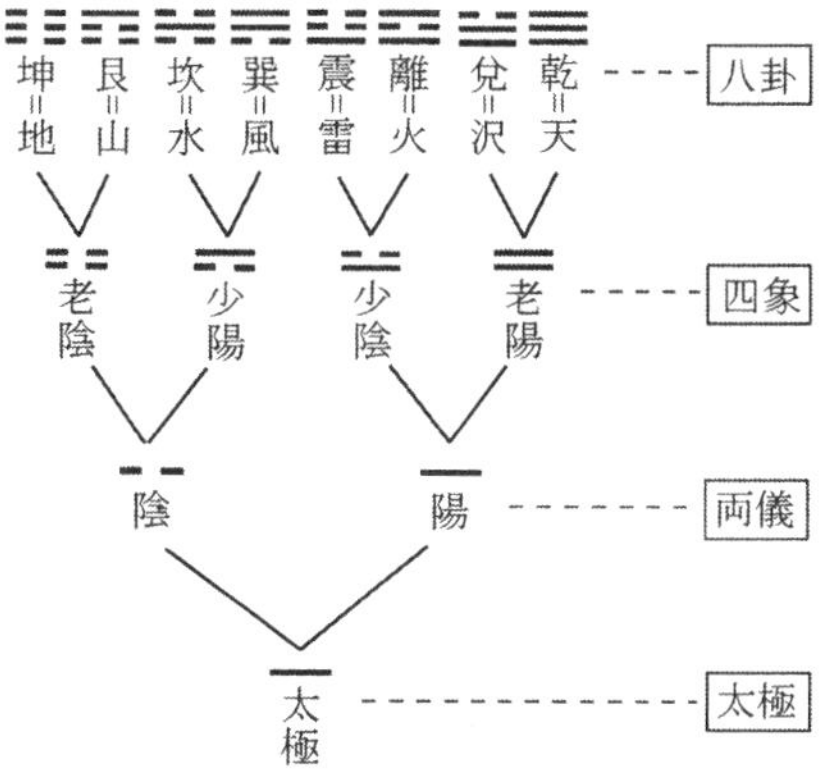

『易と日本の祭祀』・吉野裕子・参考

図4－17　八卦図

図4－18　太極八卦図

しかし、これには異説が多く、周《しゅう》の文王《ぶんおう》が六十四卦にした、ともいわれています。

八卦を図に示すと、次の通り（図4－17）。

なお、八卦には、方位が設定されました。よって、太極を中心として、八卦の円を描く「太《たい》極《きょく》八卦《はっか》」が形作られたのです。

図に示すと、次の通り（図4－18）。

この基本形をもとに、さらなる呪術哲理の形が、作られました。

それは、日本独自の形となり、多くの意味を含ませ、天皇、そして国家の呪術（暗号）的グランドデザインにまで、発展していったのです。

2)　伊勢神宮の「北極星＝太極」と「北斗八星＝八卦」の呪術

天武天皇の呪術の秀逸なところは、「北斗八星＝八

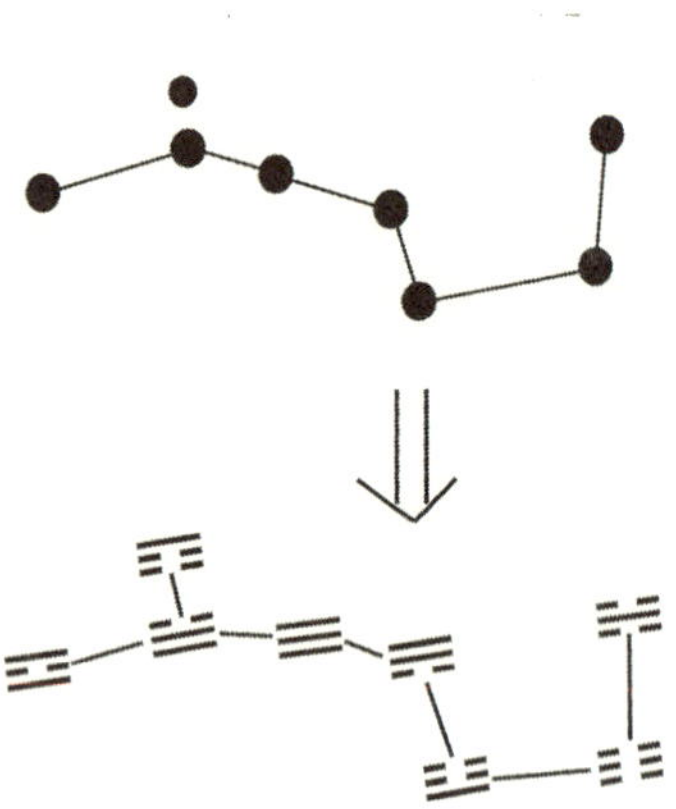

図４－19　伊勢神宮「北斗八星＝八卦」の呪術

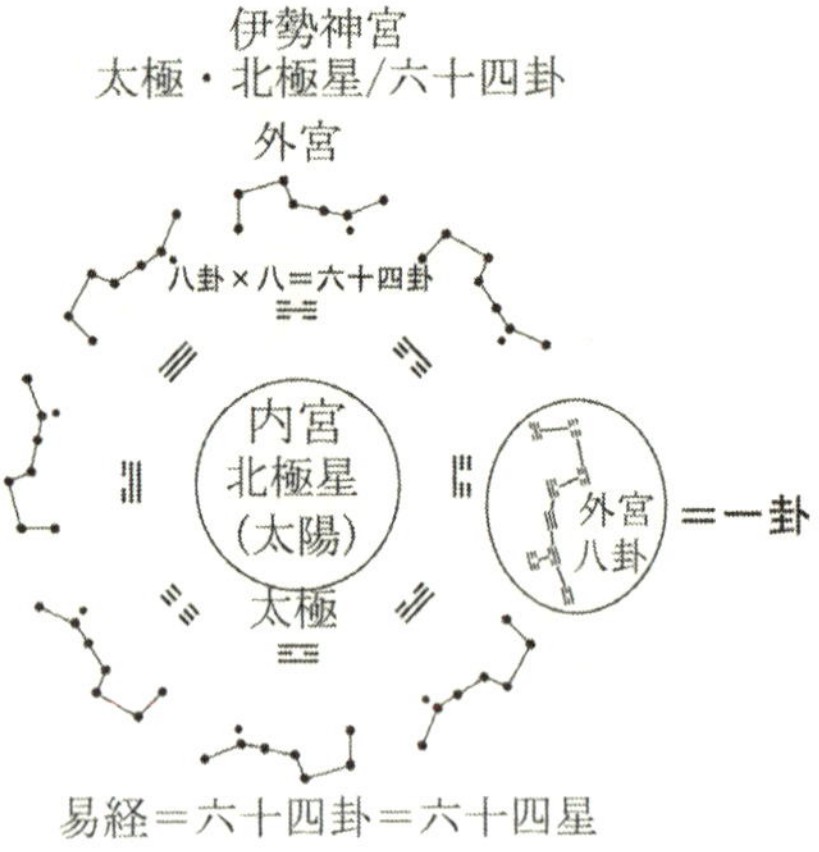

図４－20　太極（北極星）64卦（北斗八星）の成立

卦」としたところです。

つまり、「北斗一星＝一卦」→「北斗八星＝八卦」とし、北斗八星で八卦としたのです。

これにより、自動的に、「北極星＝太極」とすることが出来るからです。

「北斗八星＝八卦」のことを図に描くと次の通り（図４－19）。

※北斗八星に配したそれぞれの卦は、適当に配しただけで、意味はありません。

このように、「北斗八星＝八卦」とし、伊勢神宮の「北極星・北斗八星」と「太極・八卦」の呪術を重ねると、次のような図（図４－20）が描けます。

これが、天の中心に描く、天武天皇の世界最強の呪術の基本形です。

伊勢神宮は、北斗八星が一日に一周することで六四卦《か》……つまり『易経《えききょう》』を描いている、ということになります。

これはもう、日本風にアレンジされた『易経』の世界です。

(9) 道教の哲理・「北斗八星＝帝車」を採用

北斗八星には、さらなる呪術が存在するのです。

「北斗八星・帝車」です。

道教哲理によると、北極星（天帝）は、北斗星という帝車を必要としている、とされています。つまり、自家用車が必要なのです。

勿論、外宮は北斗八星ですから、北斗八星・帝車の呪術を採用しています。

「北斗八星・帝車」の証拠は、外宮のご遷宮《せんぐう》の際に、み正体を蔽《おお》う、門外不出の錦《にしき》の紋様によって暗示されています。

その錦の紋様とは、刺車紋《さしくるまもん》の錦です（図4－22）。

1) 帝車《ていしゃ》と北斗八星

漢代に描かれた、天帝が乗っている北斗八星の図があります。（図4－21）

当時から、北斗八星は、天帝が乗る車、すなわち帝車《ていしゃ》と思われていました。

※この漢代の帝車の図は、何と、輔星《ほせい》（アルコル）が加えられており、北斗八星の図とな

っています。

北極星、つまり天帝（天皇）は、北斗八星という帝車に乗って、宇宙に乗り出し、四方上下を治める、と言われていたのです。

天武天皇は、この中国の呪術を、伊勢神宮と大嘗祭において採用しました。

北極星は、天照大神と習合《しゅうごう》していますから、天照大神も、この豊受大神《とようけのおおかみ》という帝車《ていしゃ》に乗ります。

勿論《もちろん》、天皇大帝《てんこう》である天皇も、乗ります。

内宮（天照大神・天皇）は、外宮（豊受大神《とようけのおおかみ》）という帝車に乗って、宇宙に乗り出す、という意味もあるのです。

ちなみに、厳密にいえば、中国皇帝（天子）は、基本的には、この帝車には乗りません。

※皇帝（天子）も帝車に乗り、宇宙を駆け巡る、との説もありますが、この点は、曖昧《あいまい》です。

天皇（天帝）なら、確実に乗れます。

よって、この呪術は、天皇（天帝）ならば乗れるという意味においては、日本独自の呪術とも言えるのです。

北極星と習合している、太陽の神・天照大神も、この帝車に乗り、宇宙を駆《か》け巡ることが出来るの

図４－21　天帝と北斗八星（帝車）の画像石拓本（漢代）『日光東照宮の謎』高藤晴俊・講談社現代新書より

です。

大嘗祭においても、帝車（北斗八星）の呪術が施《ほどこ》されています。

私見ながら、天照大神（太陽）と北極星（天皇）は、この帝車（北斗八星）に乗って、高天原《たかあまはら》の悠紀《ゆき》殿・主基《すき》殿の神座・「八重畳《やえだたみ》」へと移動するのです。

私は、このことこそが、天武天皇の眼目《がんもく》である呪術であると思います。

今まで、誰も述べていない、画期的な説です。後ほど詳しく述べます。

2)　内宮が北極星、外宮が北斗八星を表している証拠
―錦《にしき》の紋様

伊勢神宮が、北極星を内宮とし、北斗八星を外宮とした証拠は、次のことから分かります。

それは、遷宮《せんぐう》の時、使用される錦《にしき》の紋様です。

伊勢神宮は、二十年ごとに建て替えられます。

屋形紋（内宮）　　刺車紋（外宮）

図4－22　神宮・屋形《やかた》紋と刺車《さしくるま》紋（『易と日本の祭祀』吉野裕子・人文書院より）

これを遷宮《せんぐう》と言います。

この、ご遷宮《せんぐう》の際、門外不出《もんがいふしゅつ》とされていた、み正体《しょうたい》を蔽《おお》う錦《にしき》の紋様によって、「内宮の北極星」と「外宮の北斗八星」が、暗示されているのです。

屋形《やかた》紋の錦は、「天照大神・北極星・天皇」の住む家を描いています。

刺車《さしくるま》紋の錦は、「天照大神・北極星・天皇」が乗る車、つまり、北斗八星・帝車を描いています。

その錦の紋様を示します（図4－22）。

◎北極星の宮（内宮）を象徴する屋形紋《やかたもん》の錦《にしき》

◎北斗八星の宮（外宮）を象徴する刺車紋《さしくるまもん》の錦

内宮の天照大神《あまてらすおおみかみ》と北極星神の習合《しゅうごう》、そして、外宮の豊受大神《とようけのおおかみ》と北斗八星（八天女）の習合は、秘事として、一切の祭祀《さいし》の表面から隠されていました。

しかし、ただ一つ、この図柄にだけ、この習合の証拠が、

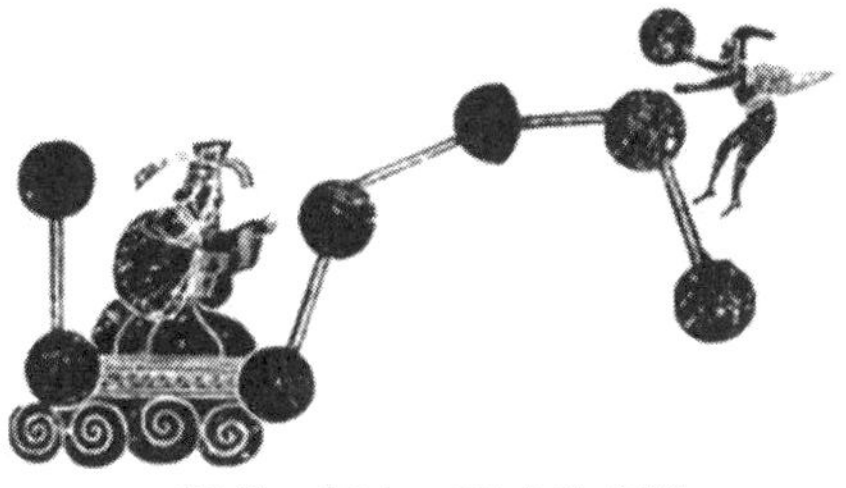

漢代・拓本・天帝乗車図

『日光東照宮の謎』高藤晴俊・講談社

外宮・北斗八星帝車＝牛車

『易と日本の祭祀』吉野裕子・人文書院

図４－23　中国帝車と外宮・刺車《さしくるま》紋

残されていたのです。

外宮の刺車紋《さしくるまもん》の錦によると、北斗八星・帝車は、牛車《ぎっしゃ》となっています。

中国の北斗八星・帝車と外宮の北斗八星・帝車を見比べてみましょう（図４－23）。

北極星所有の「北斗八星・自家用車」の表現が、外宮の場合、牛車であり、日本風にアレンジされていて大変面白いですね。

私見ながら、車輪の輻（スポーク）が、八本であることは、北斗八星の証拠であると、思っています。

（10）大匙《おおさじ》の呪術を施した

北斗八星には、さらなる意味付けがなされています。大匙《おおさじ》です。英語では、「the Big Dipper」ですね。

古代中国においては、北斗七星（八星）は天の大匙《おおさじ》、として意味付けられていました（図４－24）。

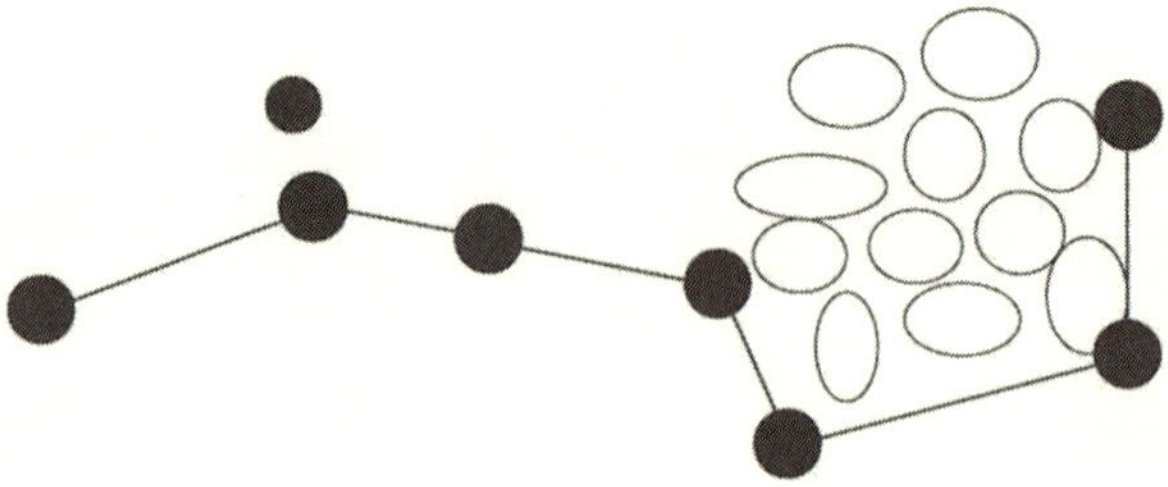

図4－24　大匙《おおさじ》と神饌《しんせん》（北斗八星）

北斗八星は、天の大匙《おおさじ》を表現し、その大匙を通して、神饌《しんせん》が北極星に届きます。

日本の伊勢神宮（外宮）の場合も同様です。

神饌《しんせん》は、外宮の豊受大神《とようけのおおかみ》（大匙・八天女・北斗八星）を経由して、内宮の天照大神《あまてらすおおみかみ》（北極星）に、捧《ささ》げられているのです。

このことは、現実の、伊勢神宮においても、豊受大神《とようけのおおかみ》が御饌《みけ》つ神として、毎日、天照大神の神饌《しんせん》のお世話をしていることに、通じます。

※大嘗祭において、御膳《みけ》八神は、大匙《おおさじ》（北斗八星・豊受大神・八天女）として、大活躍しているのです。

(11) 古代日本の聖数「八・や」と言霊ナンバー1「八・や」の呪術を、そして中国最強の呪術の八卦を、さらに道教の呪術を「北斗八星」に習合させた……世界最強の呪術が誕生

以上、述べてきたように、天武天皇は、夜空に輝く北斗八星に、古代日本の聖数「八・や」の呪術と、古代中国の呪術「八卦《はっか》」を習合させ、世界最強の呪術を作ったのです。

天武天皇の世界最強の呪術は次のように整理できます。

北極星＝太極＝天照大神＝天皇大帝＝天皇＝内宮＝屋形紋
北斗八星＝古代日本の聖数と言霊ナンバー1の「八・や・(八州・日本)・八束穂」
＝豊受大神＝八天女＝外宮＝刺車紋《さしくるまもん》
＝中国最強の呪術・易経「八卦《はっか》」
＝道教の帝車と大匙《おおさじ》

天武天皇は、八州《やしま》(日本)の国柄《くにがら》を、北斗八星で表現したのです。夜空に輝く北斗八星に、日本の国柄を美的に描いたのです。

この宇宙的なグランドデザインは、あまりにも、美しい。

これまでに述べたことを図で表現します(図4-25)。

（12）天の［北極星（太陽・太極《たいきょく》）北斗八星（八州・八卦《はっか》）］の図

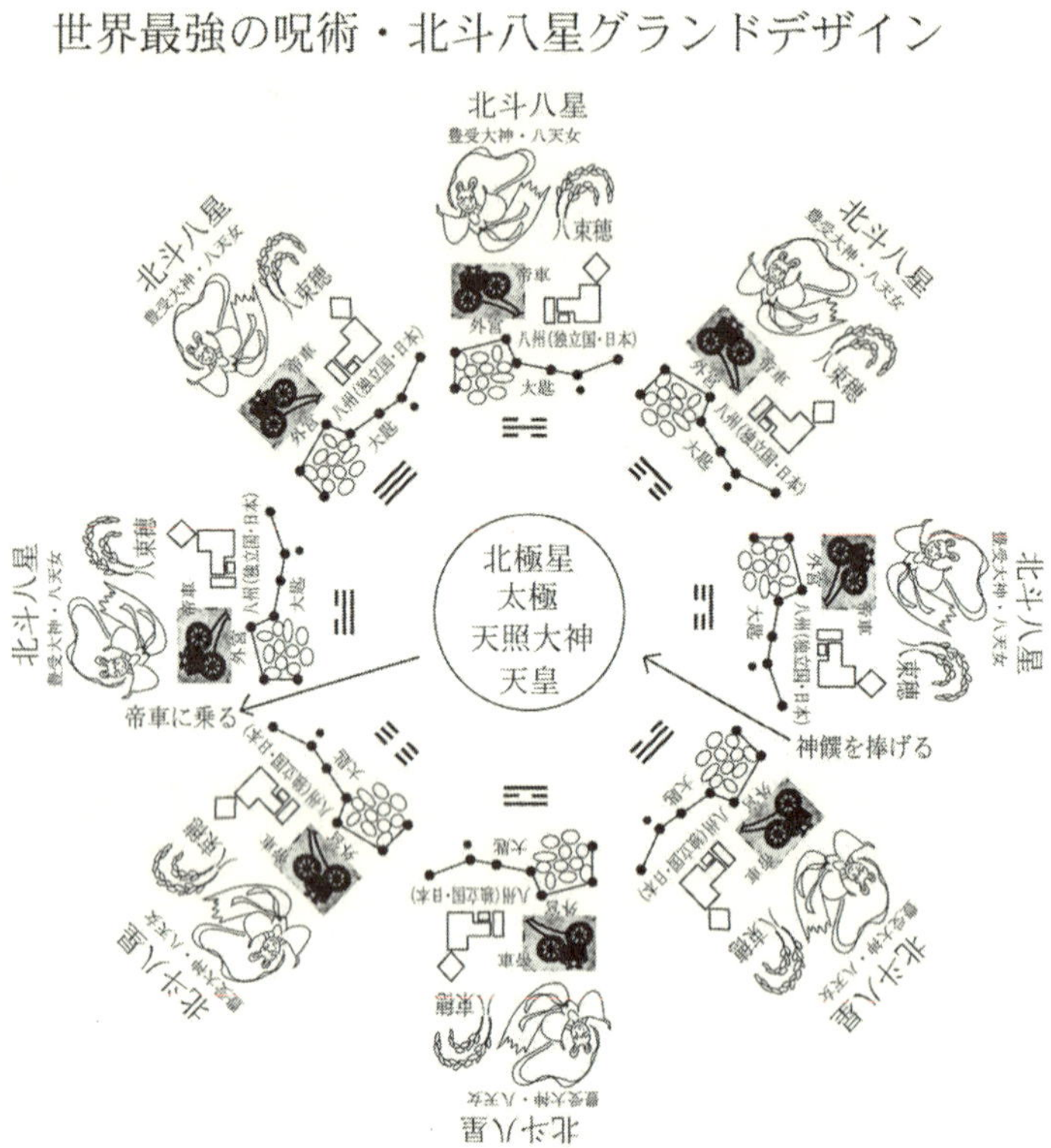

図4－25　神宮・天の［北極星（太陽・太極）北斗八星（八州・八卦）］

（13）心御柱《しんのみはしら》は天皇（北極星）の証明……天と地に描く［北極星（太陽・太極）北斗八星（八州・八卦《はっか》）］・宇宙軸

伊勢神宮は、天に［北極星（太陽・太極）北斗八星（八州・八卦《はっか》）］が描かれていたことを説明してきましたが、実は、天ばかりではなく、地にも［北極星（太陽・太極）北斗八星（八州《やしま》・八卦《はっか》）］が描かれているのです。

天と地が揃《そろ》ってこそ、この呪術は完結するのです。

内宮と外宮には、心御柱《しんのみはしら》があります。

この心御柱は何を意味しているのでしょうか？

伊勢神宮にとって、最も秘すべき場所であり、心御柱について述べることは、タブーになっています。

それでも、心御柱については、わずかながらも資料が存在します。

とにかく、地にも、天と同様、［北極星（太陽・太極）北斗八星（八州・八卦《はっか》）］が描かれている、ということなのです。

伊勢神宮においては、〈心御柱《しんのみはしら》は語るべからず〉という古くからの言い伝えがあります。

最も大切な神秘の柱と言われている心御柱は、正殿《しょうでん》の中央に鎮座するご神体である神鏡の真下に立てられた床まで達しない柱で、伊勢神宮の中心の場所を示します。

いやいや八州《やしま》（日本）の中心と言っても過言ではありません。

心御柱は、遷宮《せんぐう》のつど新たに立て直されますが、社殿からは独立して床下に二十年、古殿地《こでんち》に二十年、計四十年その位置を占めています。

四十年は、八で割り切れる数です。なぜ遷宮年が二十年なのか、諸説があります。四十年という視点に立てば、八で割り切れるということと関係あるのかもしれません。

※古殿地《こでんち》……現在の社殿が建てられる前の敷地。二十年ごとに交替する。玉石が一面に敷かれた空間。中央に心御柱を覆《おお》う小さな覆屋《おおいや》がある。

◎ **伊勢神宮と宇宙軸**

私は、なぜ八咫鏡が心御柱《しんのみはしら》の真上に位置しているのか、深く考えませんでした。しかし、この位置にあることこそが、重大な呪術的意味を持っていたのだと、ふと気がついたのです。

次のように考察できます。

八咫鏡《やたのかがみ》は、天照大神（太陽神）のご神体であり、心御柱の真上に位置しています。心御柱と北極星を結ぶ軸を想定するならば、八咫鏡の真ん中を貫いていることになります。

つまり、壮大な宇宙軸が存在していることになります。

天照大神（太陽神）と北極星神（天皇大帝・天皇）は宇宙軸で繋《つな》がっていたのです。

即ち、この呪術によって、天照大神（太陽神）と北極星神（天皇大帝・天皇）は、習合しているといえるのです。


ならば、外宮についても同じことが言えるのではないでしょうか。

外宮の心御柱の真上には、豊受大神のご神体である「御神鏡《ごしんきょう》」が置かれています。


だとしたら、外宮の心御柱は、豊受大神の御神鏡を貫き、北斗八星（七星）と繋がっており、宇宙軸を形成していると考えられます。

豊受大神は、北斗八星（七星）を出自としている八天女のなかの一人とされています。やはり、宇宙軸で繋がっていたのです。


内宮と北極星を繋ぐ宇宙軸は、「第一の宇宙軸」。

そして外宮と北斗八星を繋ぐ宇宙軸は「第二の宇宙軸」と、名づけようと思います。


第一宇宙軸は、伊勢神宮・内宮と北極星を結ぶ軸のため、固定しています。

第二宇宙軸は、伊勢神宮・外宮と北斗八星を結ぶ軸のため、絶えず動いています。

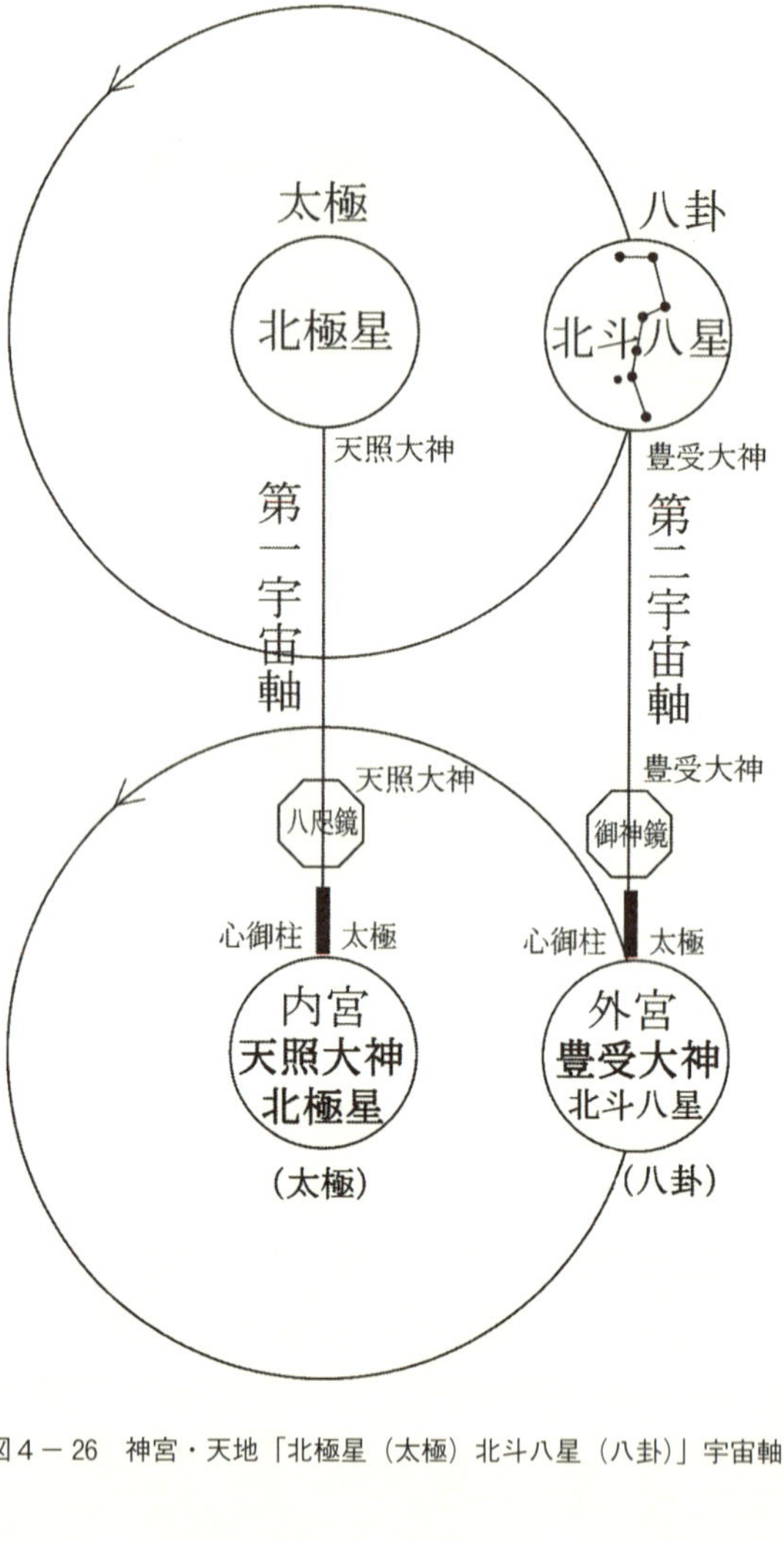

図４－26　神宮・天地「北極星（太極）北斗八星（八卦）」宇宙軸

外宮（北斗八星）は、地上の建物として固定していますが、観念的には、北斗八星の動きと同時に、移動するのです。

呪術的に、外宮（北斗八星）は、内宮（北極星）を、一日一周することになります。

この連動した運動を図に示します。（図４‐26）

驚くべき、宇宙軸が出現します。誰も、この図を描いた人はいません。

是非とも、この宇宙軸図を見て、天武天皇の呪術の素晴らしさを、分かっていただきたいと思います。

(14) 心御柱《しんのみはしら》と祭儀

日本の中心軸ともなる、心御柱《しんのみはしら》について、さらなる考察を続けます。

心御柱《しんのみはしら》には、由貴大御饌《ゆきのおおみけ》、八重榊、天平瓮《あめのひらか》、抜穂《ぬいぼ》、等々がおさめられます。伊勢神宮において、心御柱は最も大切な神秘といわれています。

よって、心御柱に関する祭儀は、重大な意義を持つものと推測されます。

心御柱と直接関係する祭儀について記します。

・後鎮祭《ごちんさい》

伊勢神宮の遷宮《せんぐう》における後鎮祭《ごちんさい》は、造営の完成を感謝し神殿の安泰を祈り、心御柱《しんのみはしら》の本《もと》に坐《まし》ます宮地の神を鎮める祭であると言われています。

このとき、心御柱に五色の絹を巻きつけ、八重榊《やえさかき》で飾り、径八寸の天平瓮《あめのひらか》八百口も安置されるといわれています。

五色の絹を巻きつけるのは、道教の影響と言われています。

おさめられる物は、八重榊、径八寸の天平瓮《あめのひらか》八百口であり、すべて「八の世界」です。

・八重榊《やえさかき》

八重榊《やえさかき》は、心御柱《しんのみはしら》の周りを飾るものと思われます。

鎌倉期成立の度會行忠《わたらいゆきただ》撰『心御柱秘記』によると、心御柱《しんのみはしら》の先端には、八枚の榊の葉が付けられるといわれています。

この場合の八枚の榊の葉と八重榊とは、八州（独立国・日本）の州々《くにぐに》から集められた榊が心御柱におさめられているという、実際はそのようでなくても、そのような意味を持たせているのであろうと、推測できます。

「一枚の榊の葉＝一州」ですから「八枚の榊の葉＝八州《やしま》（独立国・日本）」となります。また、「一重《ひとえ》榊《さかき》＝一州」ですから「八重榊《やえさかき》＝八州《やしま》（独立国・日本）」を表します。

・天平瓮《あめのひらか》

「天平瓮《あめのひらか》」については、次のように言われています。

《心御柱《しんのみはしら》の周りに安置されるという「天平瓮《あめのひらか》」は、古くから神秘の取り扱いとされている。心御柱と同様、「天平瓮《あめのひらか》」は、「その図ありといえども神慮《しんりよ》恐れあり、因《よ》ってこれを略す」とか「神宮に伝来の旨ありて、その職にあらざる神官は知らざる事なり」とされている》

（『伊勢神宮の衣食住』矢野憲一・東京書籍・参考）

心御柱《しんのみはしら》におさめられる、神秘の取り扱いを受けている「天平瓮《あめのひらか》」について、私なりに推測してみます。

天平瓮《あめのひらか》の大きさは八寸です。八咫鏡《やたのかがみ》の咫《た》は、周制の八寸のことを表しています。ならば、〈天平瓮《あめのひらか》の大きさ＝八寸＝咫〉となります。

よって、「咫《た》（八寸）の天平瓮《あめのひらか》」と言えます。

また、後鎮祭《ごちんさい》において、天平瓮《あめのひらか》を心御柱《しんのみはしら》に八百口おさめることは、古代日本の聖数「八・や」の意味を含んでいるものと思われます。

なぜ八口ではなく八百口なのかは、私の全くの憶測ですが、神秘性ゆえ「心御柱《しんのみはしら》」を覆ってしまう必要から、その数になったのだと思います。

勿論、八寸、八百口は「八州（独立国・日本）」の意味も含んでいます。

さらに、想像をたくましくするならば、「八百口」は「八百万神《やおよろずのかみ》」をも象徴しているのではなかろうかと推測できます。

いずれにせよ、八寸、八百口は、聖数・「八」のこだわりの発露と思われます。

「天平瓮《あめのひらか》」ですが、『日本書紀』の神武紀に記されています。

神武《じんむ》天皇の大和入りに際して、《天香具山《あまのかぐやま》の土で天平瓮《あまのひらか》八十《やそ》枚《ち》を造り祭れ》（岩波文庫）との夢の中の啓示を受け、その通りにしたら敵を降伏させることができた、と語られています。

また、『日本書紀』崇神《すじん》天皇紀に、《物部《もののふ》の八十平瓮《やそびらか》を以《も》て、祭神之物《かみまつりもの》と作《な》さしむ。即《すなは》ち大田田根子《おほたたねこ》を以《も》て、大物主大神《おほものぬしのおほかみ》を祭《いはひまつ》る主《かむぬし》とす》（岩波文庫）と記述されています。

『古事記』においては、大国主神《おおくにぬしのかみ》の国譲りのあとに、「天《あめ》の八十平瓮《やそびらか》」が登場します。

『記紀』によると、「天平瓮《あめのひらか》」は、どうやら物部《もののべ》と関係があり、しかも八十《やそ》でなくてはならないようです。

「天《あめ》の八十平瓮《やそびらか》」には、敵対する相手側の霊地の土で「天平瓮《あめのひらか》」を作ることによって、あるいはもともと敵対していた物部の「天平瓮《あめのひらか》」を作ることによって、国を平定鎮護するという呪術の意味合いがあったのです。

即ち、伊勢神宮の心御柱《しんのみはしら》におさめられた「天平瓮《あめのひらか》八百口」は、元々大和《やまと》を支配していた物部《もののべ》氏の土地と神様はもとより、八州の国のすべての土地と神様を象徴している、と思われるのです。

心御柱《しんのみはしら》は、《八州《やしま》（独立国・日本）の土と八百万神《やおよろずのかみ》を象徴する、「天平瓮《あめのひらか》」によって守護されている》のです。

なお、大嘗祭において、悠紀田・主基田の斎場奉仕者としては、物部が協力します。

奉仕する者たちとして、物部《もののべ》男女三百人が採用され、斎田の奉耕《ほうこう》や京への運搬に従事します。

なぜ、物部男女三百人なのか？　大嘗祭と物部氏との関係が、示唆されます。

心御柱《しんのみはしら》には、なぜ、八が集まっているのでしょうか？

やはり、心御柱の周りは、北斗八星を象徴しており、天照大神と北極星を輔弼《ほひつ》しているのだと思います。

（15）京畿《けいき》の百姓《おおみたから》の北辰に燈火を奉《たてまつ》るを禁ず……伊勢神宮は北極星を祀《まつ》っている証拠

伊勢神宮が北極星を祀っていることの証拠となる事例の一つとしては、斎宮《さいくう》（斎王《さいおう》）が伊勢神宮へ行くに際して、百姓《おおみたから》の北辰に燈火を奉《たてまつ》るを禁ず、とのお達しがあったことが挙げられます。

『日本後紀』延暦一八年（７９９年）九月の条に次のように記されています。

「京畿《けいき》の百姓《おおみたから》の北辰に燈火を奉《たてまつ》るを禁ず。斎内親王《いつき》の斎宮に入るを以てなり」

京畿《けいき》の百姓《おおみたから》に対し、せめて斎王が伊勢に行くときだけは止めるようにという達しが出されたのです。

このことは、伊勢神宮が北極星を祀っていることの証拠となります。

つまり、天照大神と北極星は習合していることになります。

斎宮《さいくう》（斎王）が伊勢に行くときに際しての北辰奉燈禁止のお達しは、何度かあり記録に残っています。

『類聚国史《るいじゆうこくし》』（７９６年）、『日本後紀』（８１１年）、『続日本後紀《しよくにほんこうき》』（８３５年）、『延喜式《えんぎしき》』（９６７年）などです。

大体において、九月の一ヶ月間の北辰奉燈《ほうとう》禁止となっています。

『類聚国史』（７９６年）の場合は、「違犯の僧侶は綱所《こうしよ》に送る」とありますから、当時には、仏教が北辰信仰を取り入れていたことが分かります。

※綱所《こうしょ》とは、僧綱所《そうごうしょ》の略で、僧綱（僧正、僧都、律師などで構成された僧官）が出仕し、法務を執り行なった役所。

吉野裕子氏は次のように述べています。

北辰奉燈禁止は、北辰としての内親王の神威を憚《はばか》ってのことであると同時に、内親王を天降りした北辰とすれば、天上の北辰への奉燈は天降りを妨害することにつながるからではなかったろうか。

（16）天地に描いた伊勢神宮・「北極星（太陽・太極）北斗八星（八州・八卦《はつか》）」

・天と地の「北極星（太極）北斗八星（八卦《はつか》）」

では、この「天の太極八卦図」と、「地の太極八卦図」が合体したデザイン図を、お見せします。

次のような図となります（図４‐27）。

◎　この一瞬は、天皇及び古代国家の、呪術的グランドデザインが、初めて明らかになる瞬間でもあります。

◎　この天地に描くグランドデザインこそが、天武天皇がリニューアルした伊勢神宮の真の隠密裡《おんみつり》の呪術であり、聖なる八の暗号なのです。

◎天皇号を正式に採用した天武天皇は、伊勢神宮に「天皇の存在と根拠を証明する、呪術的グランドデザイン」、を描いたのです。

◎大嘗祭も、伊勢神宮同様に、「天皇の存在と根拠を証明する、呪術的グランドデザイン」、を描いたのです。

これぞ、一千三百年間、封印されてきた、伊勢神宮の呪術的グランドデザインなのです。初めて、人々の前に、姿を現した、伊勢神宮の、天地に描く、壮大な呪術です。

(17) 伊勢神宮の美

伊勢神宮の、隠密の裡《うち》の呪術的グランドデザインは、八州人《やしまびと》の「食（つまり、八束穂）」の安寧《あんねい》を願う、壮大な宇宙図なのです。

同時に、それは、天皇（つまり、天皇大帝）の存在を証明する、凛《りん》とした「独立国家・八州《やしま》・日本」の象徴図でもありました。

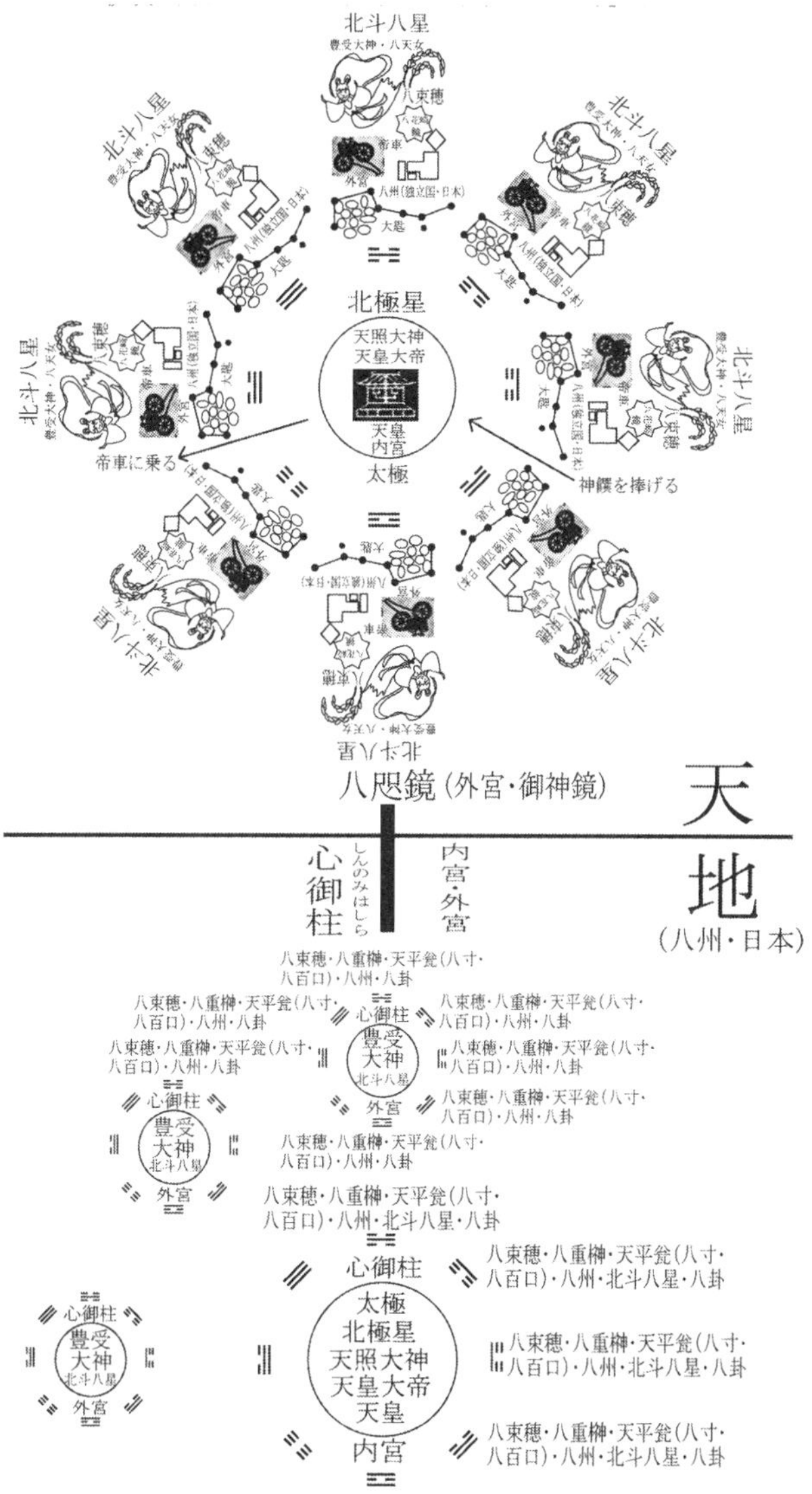

図４－27　神宮・天地の「太極（北極星）八卦（北斗八星）」総合図

一千三百年もの間、日本国の国柄は、人々に知られることなく、北極星と北斗八星に、描かれていたのです。
この美的な呪術的グランドデザインが、大嘗祭にも、高松塚古墳にも、そして日光東照宮にも採用されているのです。

この伊勢神宮の呪術的グランドデザインの発見がなかったら、大嘗祭とはどのような祭であるのか、永遠に分からなかった、といえるのです。

・神宮の夜の森は、格別

伊勢神宮は、一千三百年もの前から、満天の星空の天の中心である、北極星と北斗八星に、天皇（北極星・天照大神）を中心とする大八州瑞穂国の国柄（北斗八星）を、描き続けているのです。
日本の姿を、北極星と北斗八星に見立てた天武天皇の呪術は、あまりにも美しい。

夜空にキラキラと輝く、何と美しい呪術的グランドデザインであることでしょう。
内宮だけでは日本の国柄《くにがら》を描けないところに、リニューアル伊勢神宮の特異さがあります。

この素晴らしい呪術が、大嘗祭にも採用されているのです。

４　大嘗祭解明の前提条件③——日光東照宮の呪術を知ること（大嘗祭の呪術と共通）

（１）伊勢神宮の呪術の正しさを証明する日光東照宮の呪術

日光東照宮について、述べます。なぜなら、日光東照宮のグランドデザイン発見は、伊勢神宮の呪術的グランドデザインの正しさを、証明することになったからです。

何と、日光東照宮の家康神廟《しんびょう》に、八卦《はっか》紋様の「極秘敷曼陀羅《しきまんだら》」が、敷かれていたのです!!

私の主張してきた「太極八卦《たいきょくはっか》」の八卦《はっか》が、描かれていたのです!!

さらに、日光東照宮は、「北斗八星」を祀《まつ》っていたのです。北斗七星ではありません。

つまり、伊勢神宮の呪術的グランドデザインである「北極星（太陽・太極）北斗八星（八州・八卦）」の呪術を、日光東照宮も、採用していたのです。

日光東照宮をデザインした天海大僧正《てんかいだいそうじょう》は、私が主張していた伊勢神宮の呪術を、日光東照宮の呪術的グランドデザインとして、採用していたのです!!

ならば、私の「北極星（太陽・太極）北斗八星（八州・八卦）」の説は、正しかったのです!!

ということは、結果として分かったことですが、「伊勢神宮、日光東照宮、大嘗祭、高松塚古墳」は、共通の呪術的グランドデザインとして描かれていたのです。

小生にとって、これほどの歓びはありましょうか。

（2）日光東照宮は「北斗八星」を祭っている証拠

日光東照宮が、「北斗八星」を祭っている証拠について記します。

東照大権現《とうしょうだいごんげん》の相殿神《あいどのしん》としての山王神《さんのう》は北斗七星であり、摩多羅神《またら》はその輔星《ほせい》であるといわれています。つまり、「北斗七星＋輔星」です。となると、主祭神・東照大権現の家康は、北極星に当たります。

高藤晴俊《たかふじはるとし》氏の『日光東照宮の謎』（講談社）によりますと次のように記してあります。

①　東照宮に伝えられる三幅対《さんぷくつい》の画像では、中央に家康像、左右に山王神と摩多羅神《またら》が描かれている。

②　摩多羅神《またら》の画像の上部には、北斗七星と輔星《ほせい》（アルコル）が描かれている。

③　山王神の画像の中央には、七神のみで輔星に相当する神像が描かれていないことから、摩多羅神

三幅対摩多羅神画像・上部に北斗七星（八星）図が描かれている）

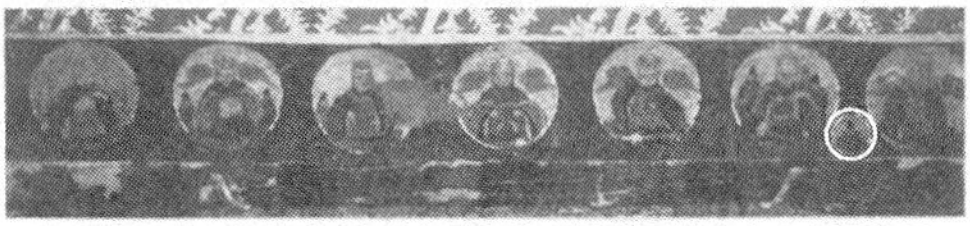

三幅対山王神画像部分（北斗七星および輔星に対応する人物像が八つの円の中に描かれている）

図４－28　『日光東照宮の謎』・高藤晴俊・講談社

が輔星に当てられていると類推される。

※図を参照のこと。ここに、北斗八星である事が、はっきりと描かれています。

山王神が北斗七星で、摩多羅神がその輔星であるということは、家康を北極星とし、その北極星を廻る北斗七星と輔星という関係になります。「北斗七星＋輔星」、即ち「北斗八星」なのです。

この「北斗八星」が重大な意味を持っているのです。これこそが日光東照宮の呪術のすべてを物語っているのです。しかも、本質を隠蔽《いんぺい》して。

（3）日光東照宮が「北極星（太陽・太極）北斗八星（八州・八卦）」の呪術を採用している証拠

「太極八卦」の紋様が描かれている「極秘敷曼陀羅《ごくひしきまんだら》」の存在を知ったときの驚きと感動は、今も忘れることがありません。

八卦《はっか》紋様が描かれている「極秘敷曼陀羅《ごくひしきまんだら》」は、家康の神廟《しんびょう》のご神体と言われている御璽《ぎょじ》内箱の下に敷かれています。

1）日光東照宮の神廟《しんびょう》

徳川家康《とくがわいえやす》の墓・神廟《しんびょう》は、日光東照宮の奥社《おくしゃ》にあります。

神廟は、八角形の基壇。この基壇は、八角形の天皇陵を模《も》したのであろう、と想像できます。

図4－29　家康・神廟《しんびよう》

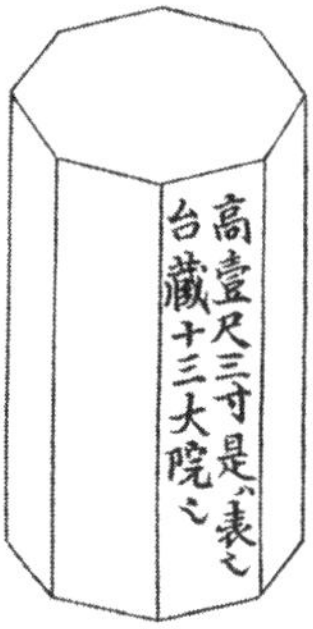

図4－30　八角形・御璽《ぎよじ》箱
『天台密教の本』学習研究社より

2）　八角形・御璽《ぎよじ》外箱

ご神体である御璽《ぎよじ》箱を包む箱は、八角形の筒《つつ》型をしています（図4－30）。

この八角形の御璽《ぎよじ》外箱は、天皇即位式で使用される、八角形の高御座《たかみくら》、あるいは八角形天皇陵を想像させられます。

八角形は、家康が天皇の位として葬《ほうむ》られたことの、証左《しょうさ》となります。

3）　御璽《ぎよじ》内箱

御璽《ぎよじ》内箱は、家康のご神体といわれています。この御璽《ぎよじ》内箱には、梵字《ぼんじ》で、三種の神器《じんぎ》の文言《もんごん》が書かれています。まさに、天皇として葬《ほうむ》られたことを示す証拠です（図4－31）。

（4）　極秘敷曼陀羅《ごくひしきまんだら》―自説の正しさを証明

御璽《ぎよじ》内箱には、「極秘敷曼陀羅《ごくひしきまんだら》」が、敷かれています（図

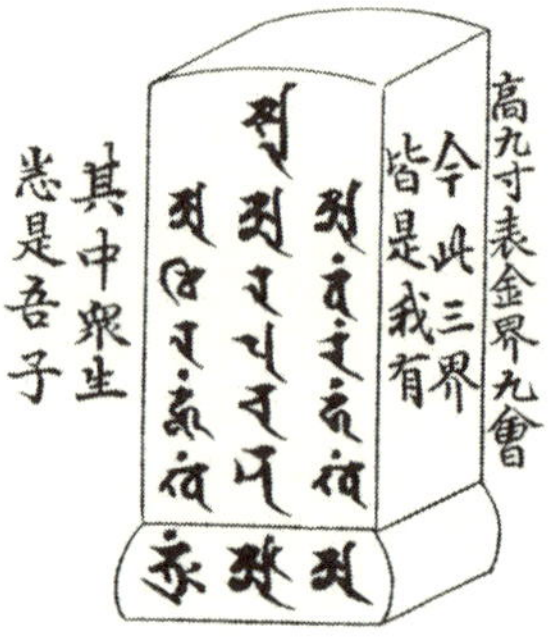

図4－31　御璽《ぎょじ》内箱
『天台密教の本』学習研究社より

図4－32　極秘敷曼陀羅《まんだら》（八卦図）
『天台密教の本』学習研究社より

4－32)。

私は、この極秘敷曼陀羅《まんだら》の八卦《はっか》紋様を見て、喜びを爆発させました。

この八卦紋様は、私の説の正しさを証明する紋様だったのです!!

まさか、八卦紋様が、直接出てくるとは思いませんでした!!

しかも、極秘敷曼陀羅《ごくひしきまんだら》の敷は、ズバリ、天地の、地の八卦《はっか》を証明するものです!!

これで、私の《日光東照宮は、「北極星（太陽・太極）北斗八星（八州・八卦《はっか》）」を描いている》という発見は、証明されたのです。

この呪術は、天武天皇が考え出した、世界最強の呪術なのです。

（５）日光東照宮の呪術的グランドデザイン（自説の正しさの証明）

日光東照宮の［北極星（太陽・太極）北斗八星（八州・八卦）］のグランドデザイン図を、紹介します（図４－33）。

なぜ、このデザインが成立しているかの説明は、割愛《かつあい》させていただきます。

※詳しくは『古代天皇家「八」の暗号』（ヒカルランド）に記してあります。

日光東照宮も、結局、天皇（北極星）の問題なのです。

大嘗祭も、天皇（北極星）の問題である、ということを気づかない限り、本質は語れないのです。

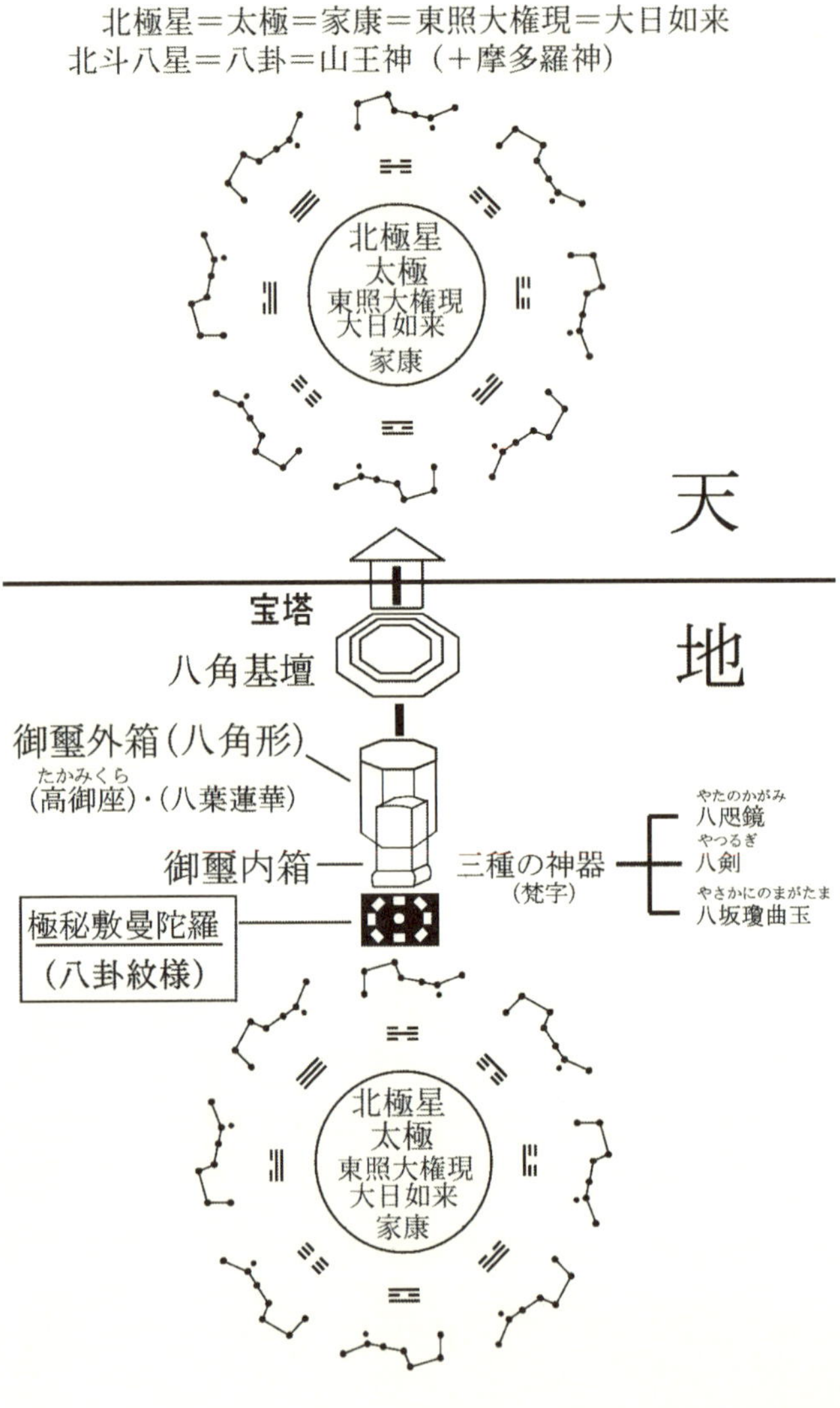

図4－33　日光東照宮・天地［太極（北極星）八卦（北斗八星）］図

5　大嘗祭解明の前提条件④——八角形天皇陵の意義を知ること（大嘗祭の呪術と共通）

天皇が崩御《ほうぎょ》してのち葬《ほうむ》られる「八角形天皇陵」について、知っていただきたいのです。

天皇の誕生を意味する即位式は、八角形の「高御座《たかみくら》」でなされます。

「天皇の誕生と死」が、八角形で表現されているのです。

大嘗祭を創設した天武天皇（持統天皇）は、八角形「高御座《たかみくら》」で即位（誕生）したと推定出来ます。

そして八角形天皇陵に葬られ（死）たのは、確実です。

我々は、八角形天皇陵の持つ意味深さに気づく必要があるのです。

（1）八角形墳《はっかつけいふん》陵《りょう》の出現と一覧

7世紀の中頃、畿内《きない》の特定の地域に、日本のオリジナル形式である八角形の墳丘が、突如出現します。いずれも天皇陵《てんのうりょう》クラス、と考えられます。

この畿内の八角形墳は、舒明《じょめい》天皇陵（６４３年）が最初と言われ、その後、代々の天皇に受け継がれ、文武《もんむ》天皇陵（７０７年）によって終わります。

但し、孝徳《こうとく》天皇陵だけは、円墳と言われています。

しかし、聖徳太子《しょうとくたいし》の墓であったとされる叡福寺《えいふくじ》北古墳が孝徳天皇陵であり、八角形墳ではなかろうか、と推測する説もあります（今尾文昭《いまおふみあき》・説）。

八角形墳陵を一覧すると、次の通りです。

① 段《だん》ノ塚《づか》古墳（奈良県桜井市・舒明《じょめい》天皇陵）
② 牽牛子《けんごし》塚古墳（奈良県明日香村・斉明《さいめい》天皇陵の可能性有り）
③ 御廟野《ごびょうの》古墳（京都市・天智《てんち》天皇陵）
④ 野口《のぐち》王墓《おうのはか》古墳（奈良県・明日香村・天武《てんむ》・持統《じとう》天皇合葬陵）
⑤ 束明神《つかみょうじん》古墳（奈良県高取町・草壁皇子《くさかべのみこ》の伝承あり）
⑥ 中尾山《なかおやま》古墳（奈良県・明日香村・文武《もんむ》天皇陵推定）
⑦ 岩屋山《いわややま》古墳（奈良県明日香村・斉明《さいめい》天皇陵の可能性有り）

幸いなことに、次のような八角形陵墓図を、示すことができます。

※八角形の古墳は、畿内地方以外にも存在します。しかし、その造りは、天皇陵に比べ貧弱です。

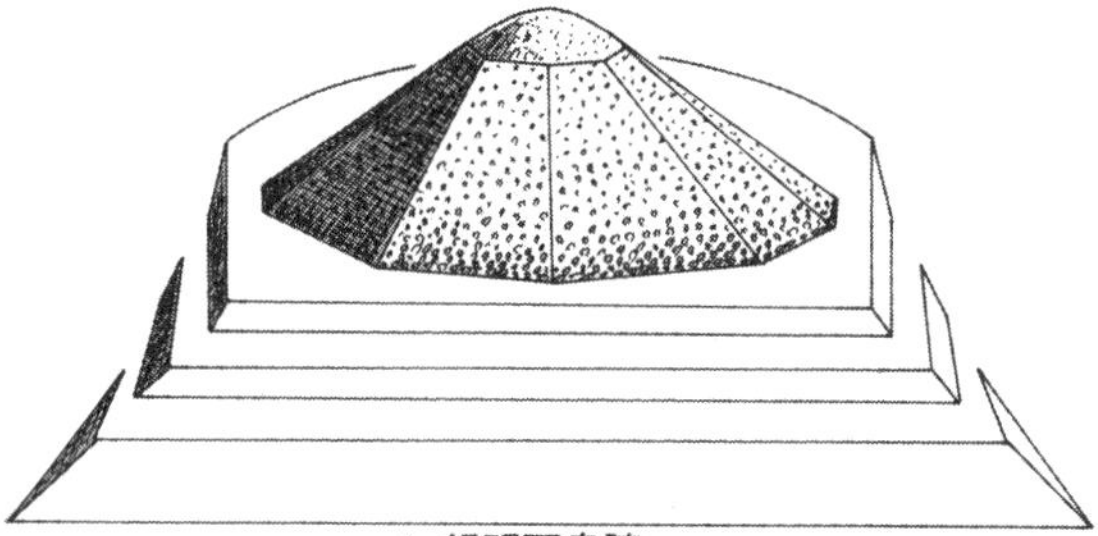

1. 舒明天皇陵

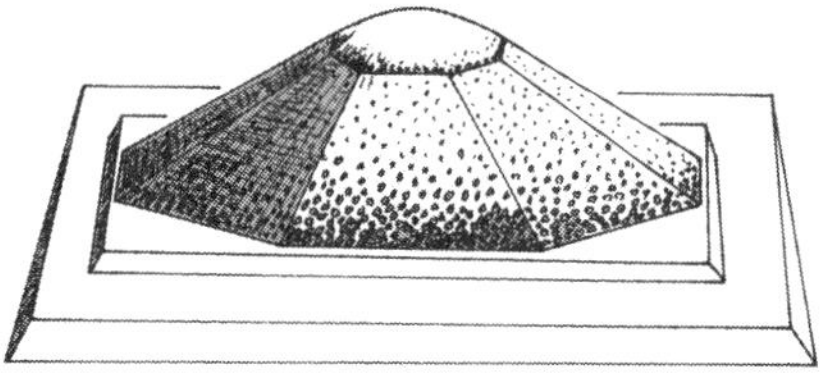

2. 天智天皇陵

3. 天武・持統天皇陵（絵. 松本百合子 部分）

4. 中尾山古墳（推定文武天皇陵）
（絵. 松本百合子 部分）

図４－34　八角形天皇陵・想像図
（『歴史検証天皇陵』・別冊歴史読本 78・新人物往来社／河上邦彦ほか『飛鳥学総論』1996・人文書院）

（2）なぜ、八角形なのか？　［北極星（太陽・太極《たいきょく》）北斗八星（八州・八卦《はっか》）］説

なぜ、八角形なのか、色々な説があります。仏教説と道教説《どうきょう》などです。

私は、道教的な影響を受けた日本独自の八角形天皇陵形式だと思います。

私の知る限り、中国において一件の八角形のお墓が見られるのみですから、日本独自の八角形天皇陵と言ってもいいのでは、と思います。

前方後円墳は日本のオリジナルですが、八角形天皇陵も日本独自なのです。

天皇陵の八角形は、呪術的にどのような意味を持っているのでしょうか？

八角形天皇陵は、日本独自の［北極星（太陽・太極《たいきょく》）北斗八星（八州・八卦《はっか》）］の呪術なのでしょうか。

1）「皇極・斉明」の名称は、北極星、太極、北斗星の意味

日本において、八角形天皇陵が初めて造られたのは舒明《じょめい》天皇ですが、その皇后である皇極《こうぎょく》天皇（重祚《ちょうそ》・斉明《さいめい》天皇）の陵も八角形です。

皇極《こうぎょく》天皇と斉明《さいめい》天皇の名称から、驚くべき事が推定出来るのです。

皇極《こうぎょく》天皇の皇極は、皇で北極星を表現しており、極で太極を表現している、と解釈できます。

また、皇極天皇は重祚《ちょうそ》して斉明《さいめい》天皇となりますが、斉明は、北斗七星（八星）をも意味していると

言われています（吉野裕子《ひろこ》・説）。

後の淡海三船《おうみのみふね》が作った漢風諡号《かんふうしごう》とはいえ、あまりにも意味深い。

淡海三船《おうみのみふね》が付けた「皇極《こうぎょく》」と「斉明《さいめい》」の諡号《しごう》の意味に忖度《そんたく》するならば、皇極天皇（斉明天皇）は、北極星＝太極、という呪術、そして北斗星という呪術に興味を持っていたということになります。

八角形天皇陵のことを勘案するならば、八角形＝八卦＝北斗八星、の呪術の存在が推定出来ます。

「北極星（太陽・太極《たいきょく》）北斗八星（八州・八卦《はっか》）」の呪術は、天武天皇が天皇の証明をするために始めた呪術だと思っていましたが、それ以前にあったことになります。

2) さらに、重大な意味も含んでいる……日本独自の呪術

八角形天皇陵の意味するところは、これだけではありません。

案外、これから述べることが、大切な意味になっている、と思われます。

◎ 八角形は、一辺、あるいは一角が一州を表しています。そして、八辺と八角で、八州《はっしゅう》、即ち八《や》州《しま》（日本）をイメージしています。

◎ 八角形天皇陵は、八州《やしま》（日本）の八方を知ろしめす意味です。「八隅知之《やすみしし》大君（天皇）」の意味をも含んでいます。

よって、八角形天皇陵の呪術内容の骨格は、次の通りです（図４－36）。

北極星＝太極＝天皇大帝（天皇）＝八隅知之大君《やすみしし》

北斗八星＝八卦《はっか》＝八辺・八角＝八州《やしま》（日本）

ならば、皇極《こうぎょく》（北極星）天皇と、斉明《さいめい》（北斗八星）天皇の諡号《しごう》の意味は、八角形天皇陵を作った初めての天皇、という意味にもなります。

初めての八角形天皇陵は舒明《じょめい》天皇ですが、作ったのは、皇極《こうぎょく》天皇（斉明《さいめい》天皇）の強い意志であろうと推測できるのです（舒明天皇陵は皇極朝に八角形墳に改葬されています）。

八角形天皇陵が作られたということは、舒明《じょめい》天皇の頃から「北極星（太陽・太極《たいきょく》）北斗八星（八州・八卦《はっか》）」の哲理は存在していたことになり、「天皇号」を称《しょう》する状況は、既にあった、との推察が可能です。

以上のことから、天武天皇以前に、天皇号は慣用的に称されていたのであろう、と思われます。

しかし、制度として、正式に天皇号を採用したのは、天武天皇であると確信しています。

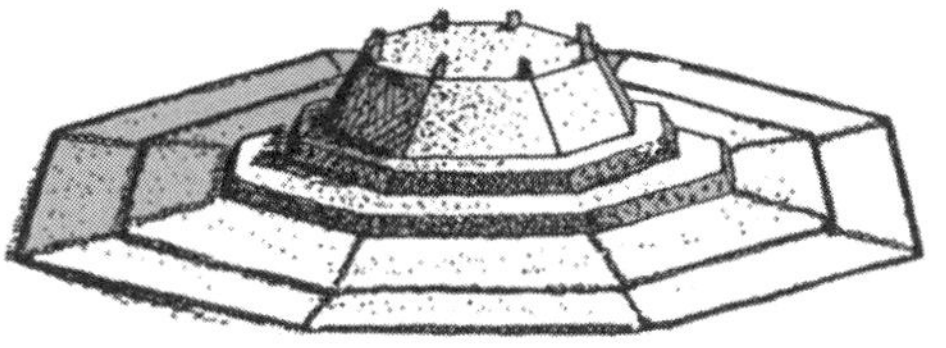

図４－35　中尾山古墳・八角形陵（図４－34に記載の図を転載）

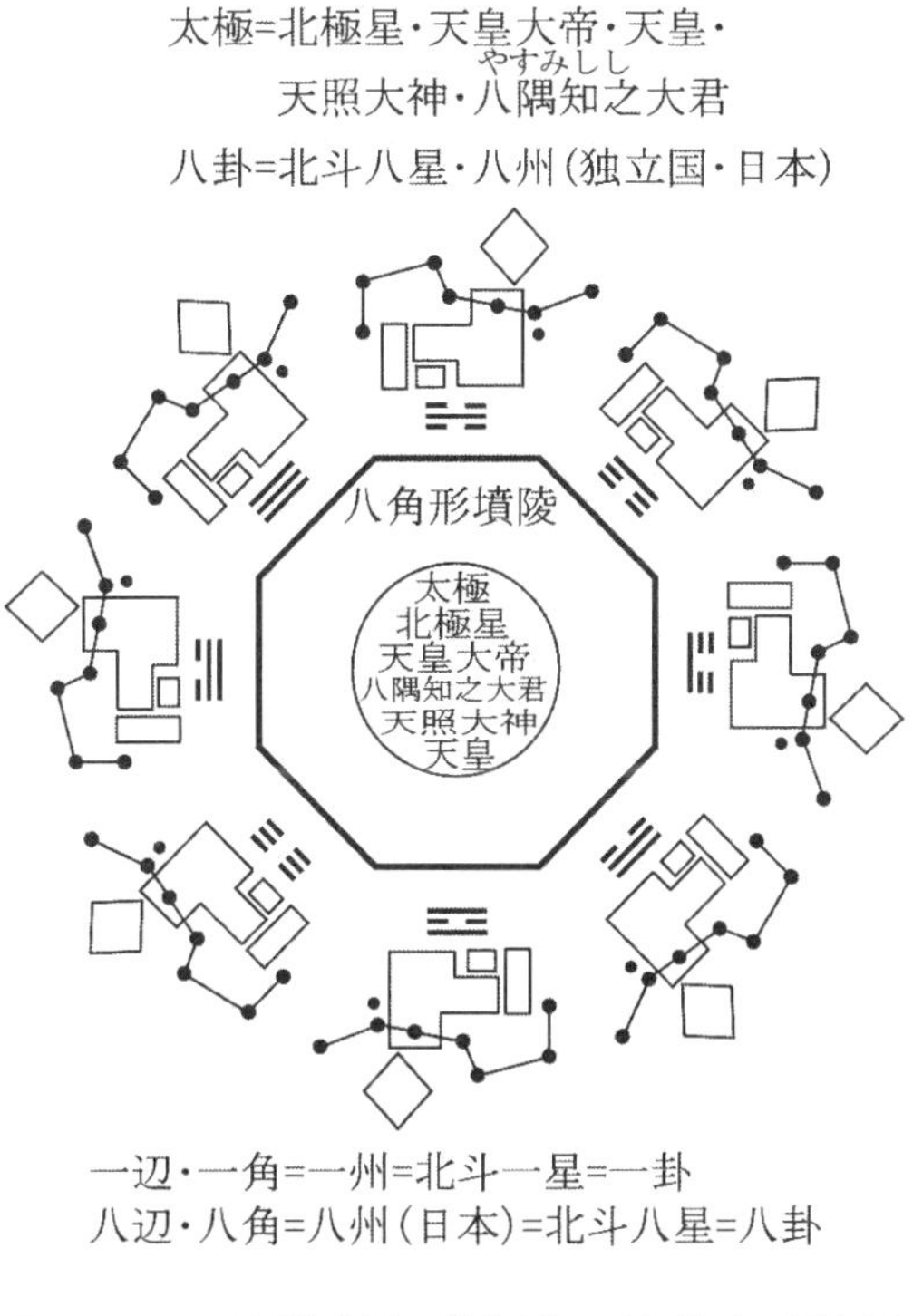

図４－36　八角形陵「太極（北極星）八卦（北斗八星）」図

中国の道教文化を採り入れ、日本独自に作り替えたのが、八角形天皇陵であったのです。

6　大嘗祭解明の前提条件⑤――八角形・高御座《たかみくら》の意義を知ること（大嘗祭の呪術と共通）

高御座《たかみくら》とは、即位式などに用いられる天皇の玉座《ぎょくざ》のことです。現在は、京都御所《ごしょ》の紫宸殿に置かれています（図4－37）。

大嘗祭についていえば、辰日節会《たつのひのせちえ》の時に、天神寿詞《あまつかみのよごと》の奏上がありますが、その中に、「天都《あまつ》日嗣《ひつぎ》の天都《あまつ》高御座《たかみくら》に御坐《おはしま》して」との文言があります。

高御座《たかみくら》とは、高天原《たかあまはら》の天照大神の霊威を引き継ぐ天皇が即位する玉座《ぎょくざ》ということになります。

『日本書紀』の雄略《ゆうりやく》天皇即位記事には、「壇《たかみくら》」と記されていますが、八角形の「壇《たかみくら》」ではないと思われます。

では、八角形・高御座《たかみくら》がいつ頃使われたのでしょうか？

おそらく、「八角形天皇陵」が造られたときと同時に「八角形・高御座《たかみくら》」は造られたのではないでしょうか。

舒明《じょめい》天皇の陵墓は改葬されて八角形天皇陵となりましたから、おそらく、皇極天皇の即位のときから八角形・高御座《たかみくら》になったのでは、と思われます。

前述しているように、皇極《こうぎょく》天皇（重祚《ちょうそ》・斉明《さいめい》天皇）の諡号《しごう》は、「皇極（斉明）」ですから、「八角形天皇陵」と同様、「八角形・高御座《たかみくら》」も「北極星（太陽・太極《たいきょく》）北斗八星（八州・八卦《はっか》）」の呪術が施《ほどこ》されていると見ることが出来るのです。

勿論、八角形には八州《やしま》の意味も含まれます。

よって、八角形・高御座《たかみくら》は、八角形天皇陵と同じ呪術となります。

北極星＝太極＝天皇大帝（天皇）＝八隅知之大君《やすみしし》

北斗八星＝八卦《はっか》＝八辺・八角＝八州《やしま》（日本）

天武天皇は、八角形高御座《たかみくら》で、日《ひ》の御子《みこ》、北極星、太極、八州の八隅知之《やすみしし》大君、総神主の長（祭祀王）として、即位したと推測できます。

・高御座《たかみくら》の中に八重畳《やえだたみ》があった？

今日の高御座は、御椅子（ごいし）に着御《ちゃくぎょ》されますが、かつては、畳であったと思われます。実際、中が畳になっていて、坐るようにデザインされた高御座の図があります（図4－38）。

もし、畳であったならば。その畳は、八重畳《やえだたみ》、と称されていたと、推測可能です。

かつて、「大嘗祭の八重畳《やえだたみ》」と、「高御座《たかみくら》の八重畳」、が存在していた、という状況があったのではないでしょうか。

図4－37　高御座《たかみくら》　『国史大辞典』より転載

図4－38　『御即位之絵図』附録より、国立公文書館所蔵・『天皇と中国皇帝』沈才彬・六興出版

7　大嘗祭解明の前提条件⑥——高松塚古墳の呪術を知ること（大嘗祭の呪術と共通）

最後に、もう一点、是非、知っていただきたいことがあります。高松塚古墳の呪術についてです。なぜならば、高松塚古墳の呪術は、今まで取り上げてきた「北極星（太陽・太極《たいきょく》）北斗八星（八州・八卦《はっか》）」と、共通であるからです。

さらに、もう一つ、高松塚古墳と大嘗祭との共通点があります。

それは、「北斗八星・帝車」です。

大嘗祭も、この「北斗八星・帝車」の呪術を活用しているのです。

大嘗祭と高松塚古墳は、後ほど述べますが「北斗八星・帝車」ということでも、繋《つな》がっているのです。

誰も述べていない説ですが、「北斗八星・帝車」の呪術は、かくの如く意味深いのです。

高松塚古墳は、奈良県高市《たかいち》郡明日香《あすか》村に位置します。

昭和四十七年（1972年）、高松塚古墳を発掘調査して壁画古墳であることが分かりました。

高松塚古墳の壁画には、天体図、日月図、四神図、が描かれており、それは「完全天皇表現図」といえます。また、八人ずつの男女が描かれています。

北極星（天皇）は、天井のど真ん中に描かれているのですが、なぜか北斗八星が描かれていないのです。

普通には、100％と言ってよいほど、あり得ない事なのです（キトラ古墳の天文図には、北極星と北斗八星が描かれています）。

（1）高松塚古墳には、なぜ、北斗星（八星）が描かれていなかったのか？

何故、北斗星は描かれていないのでしょうか？

この疑問を解いたのは、吉野裕子氏でした。

それは、北斗八星を描かないことで、墓全体を北斗八星としたのです。

そして、その北斗八星を意味しているのが、八人ずつの男女です。

1）「完全天皇表現図」を描けたのは、天皇崇敬護持の気持ちがあったから

壁画の「完全天皇表現図」は、天皇でもない者が無断で描いたら大逆罪になります。

高松塚古墳は、天皇の陵墓で無いことは、規模、仕様で明らかです。

ならば、なぜ、天皇でもない者が「完全天皇表現図」を描けたのでしょうか？

素朴な、当たり前の疑問ではないでしょうか？

しかし、不思議なことに、この件に関して、誰もが疑問にさえ思わなかったのです。

「天皇図」を描けた理由は、被葬者が死後も天皇（北極星）を永遠に守護していく、という天皇崇敬護持の強い気持ちと、その気概があったからです。

被葬者は、臣下最高位・左大臣正二《しょう》位の地位にあった、石上麻呂《いそのかみのまろ》です（追贈・従《じゅ》一位、薨去・717年）。

2）　北斗八星となり、天皇（文武天皇）を永遠に守護

北極星は北斗八星（七星）を必要とします（これが道教哲理です）。

北斗八星は、一日一周しながら、北極星を守護しているのです。

天皇とは、北極星のことです。ならば、天皇（北極星）は、北斗八星を必要としていることになります。

その北斗八星になって、天皇（北極星）を死後も永遠にお守りしようとしたのが、石上麻呂《いそのかみのまろ》なのです。

天井に描かれている天体図のど真ん中に北極星が描かれています。

この北極星は、文武天皇です（あるいはお仕えしたすべての天皇）。

墓全体が北斗八星で、八人ずつの男女は陰陽の北斗八星を表現していて、石上麻呂《いそのかみのまろ》も、この八人ずつの男女に擬《なぞら》えられています。

北極星＝文武天皇＝天井に描かれた北極星
北斗八星＝石上麻呂＝高松塚古墳全体＝八人ずつの男女（陰陽）

3) 驚きの「北極星古墳」と「北斗八星古墳」の存在

さらに驚くべき事があるのです。

高松塚古墳のほぼ真北約２００M先に、文武天皇陵と言われている、八角形の中尾山古墳（７０７年）があります（図４－35）。

すべての学者が、中尾山古墳が文武天皇の陵である、と比定《ひてい》しています（八角形の立派な作りであり、天皇陵に間違いありません）。

ならば、次のように言えます。

中尾山古墳は天皇陵でありますから、「北極星古墳」であると。

そして、高松塚古墳は、北斗八星を表現していますから「北斗八星古墳」。

「北斗八星古墳」である、高松塚古墳（被葬者・石上麻呂《いそのかみのまろ》）は、「北極星古墳」である中尾山古墳（文武天皇）を、永遠に守護している、と言えるのです（図４－39）（図４－40）。

（２）秋山日出雄氏の陪塚《ばいちょう》説

高松塚古墳の発掘調査に参加した一人であった故・秋山日出雄氏は、『末永先生米壽《べいじゅ》記念獻呈《けんてい》論文集』のなかで、大変興味深いことを記しています。

高松塚古墳は、中尾山古墳（文武天皇）の陪塚《ばいちょう》にあたると考えられる、と記しているのです。
※陪塚《ばいちょう》とは、主人の墓に伴う従者の墓の意。

1）　高松塚古墳は「北斗八星陪塚《ばいちょう》」だった

ならば、高松塚古墳（石上麻呂《いそのかみのまろ》）は「北斗八星古墳」ですから、「北極星古墳」の中尾山古墳（文武天皇）の陪塚《ばいちょう》に、大変、相応《ふさわ》しい、といえます。

高松塚古墳は、高度な呪術を施《ほどこ》した「北斗八星陪塚《ばいちょう》」であることが、これで証明できたのです（図

4－39）（図4－40）。

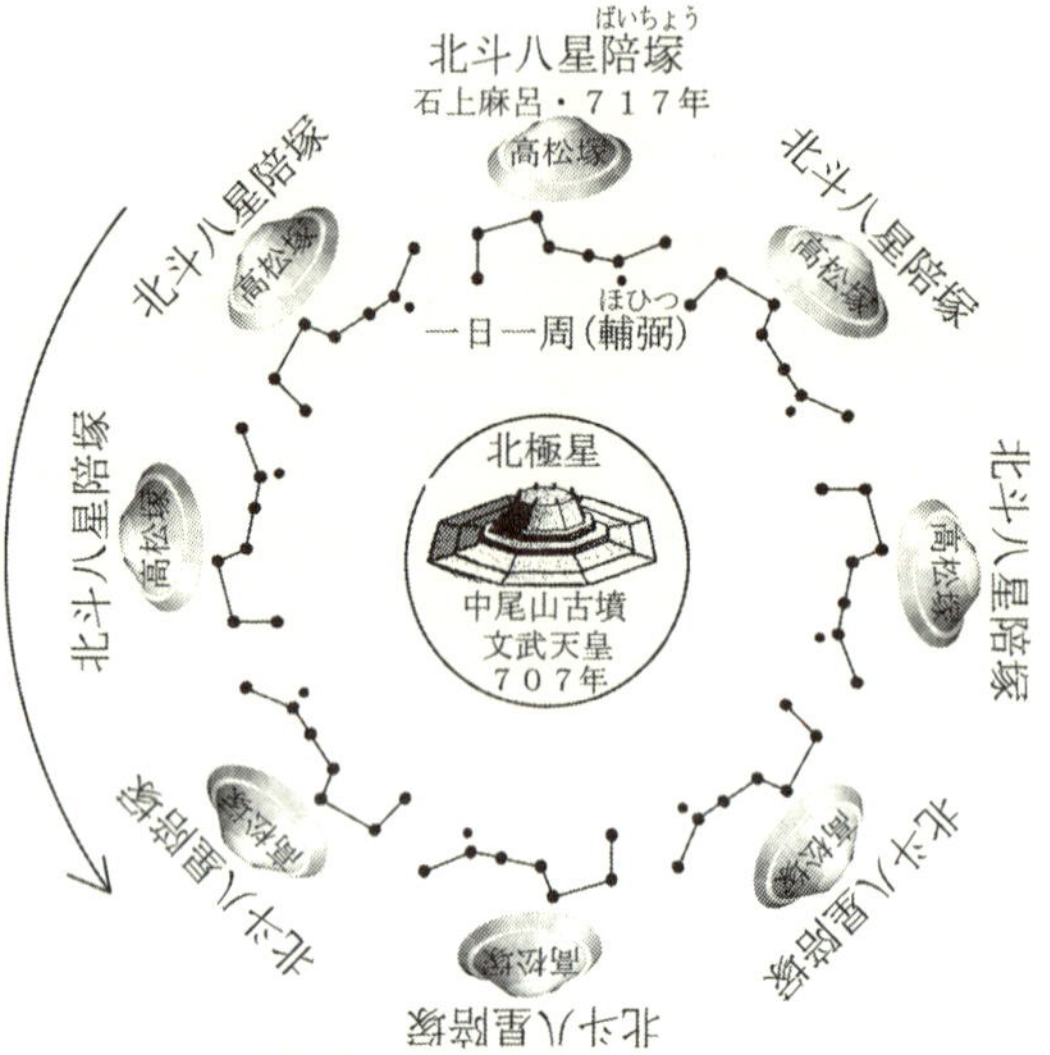

図4－39　高松塚・北斗八星陪塚《ばいちょう》グランドデザイン
※　中尾山古墳の絵・松本百合子・部分

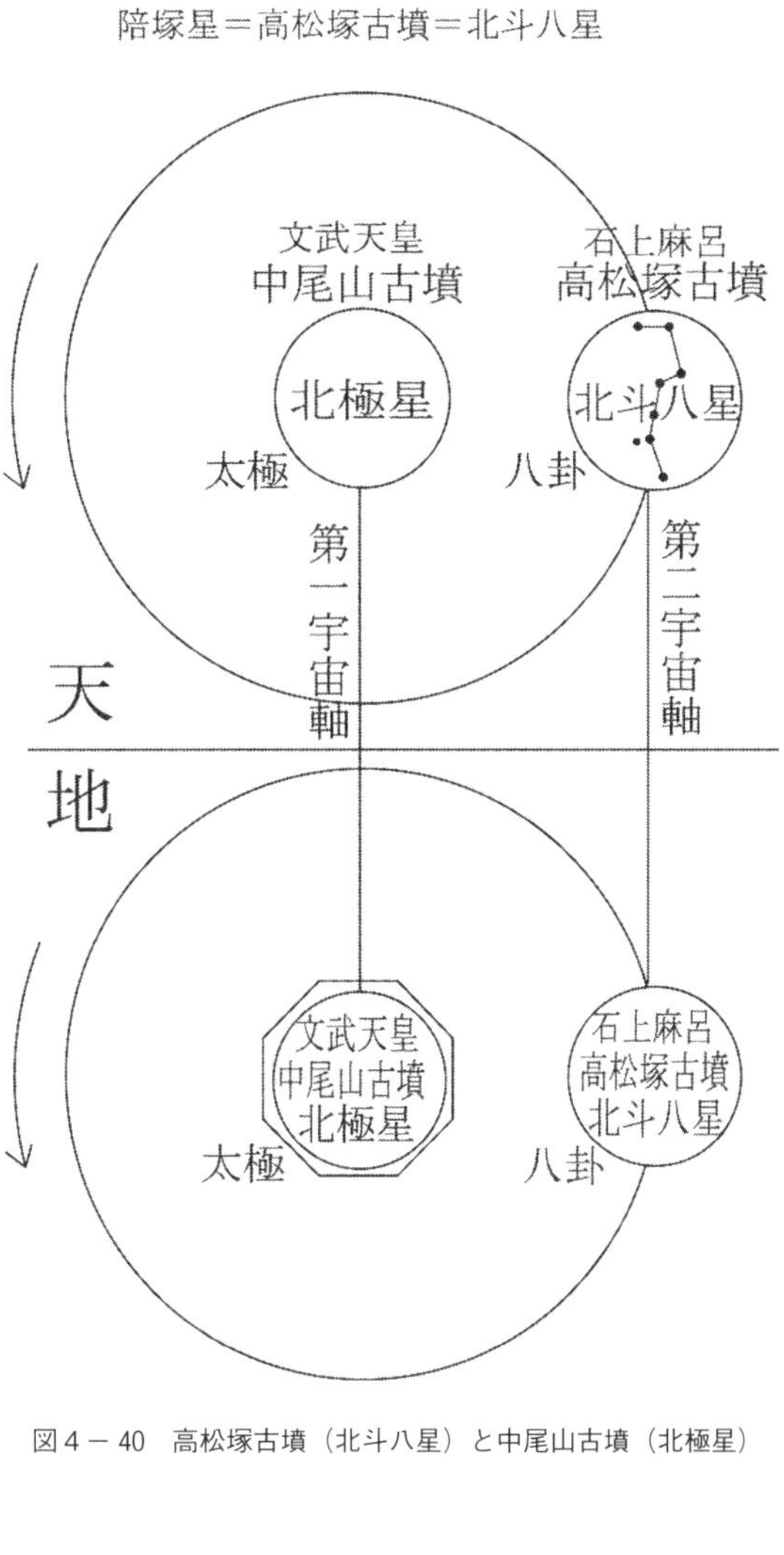

図４－40　高松塚古墳（北斗八星）と中尾山古墳（北極星）

(3) 高松塚古墳壁画は、「北斗八星帝車」に乗って外出する「天皇出向図《しゅっこうず》」……世界一美的な出向図

来村多加史《きたむらたかし》氏は、『高松塚とキトラ』（講談社）のなかで、高松塚古墳の人物画は、外出を意味する、「出向図《しゅっこうず》」であると記しています。

秋山日出雄氏も、「出向図」の可能性を示唆しています。

※中国の古墳壁画には、被葬者が古墳からお供を連れて外出する様子を描く「出向図」が描かれている場合があります。古墳の中にずっといたら、息苦しくなるから、時には外出を、と願った壁画です。

では、高松塚古墳の場合、どのような「出向図《しゅっこうず》」なのでしょうか?

北斗八星＝帝車、ということは既に説明しています。

北極星は、北斗八星という帝車に乗って、宇宙を駆け巡る、という古代中国の伝承がありますが、高松塚古墳は、この呪術を使っているのです。

高松塚古墳の壁画は、

《帝車（＝北斗八星＝八人ずつの男女＝被葬者・石上麻呂《いそのかみのまろ》＝八卦《はっか》）として、天井に描かれている北極星である文武天皇をお乗せし、飛鳥《あすか》を、そして宇宙を優雅に遊覧しましょう、という「北斗八星陪《ばい》塚《ちょう》・天皇乗車出向図《しゅっこうず》」》

なのです（図４―41）。

高松塚古墳壁画の場合の出向図は、高松塚古墳石室の南側から出ていく様子を描いているのです。八人ずつの男女は、北斗八星の帝車を描いているのです。

天井に描かれている北極星（文武天皇）は、北斗八星帝車にお乗りになって、外出するのです。

これほど格調高く優雅な「北斗八星陪塚《ばいちょう》・天皇乗車出向図《しゅっこうず》」は、どこにも例がありません。勿論、中国にも見あたらないと思います。まさに、世界一格調の高い、出向図といえるのです。

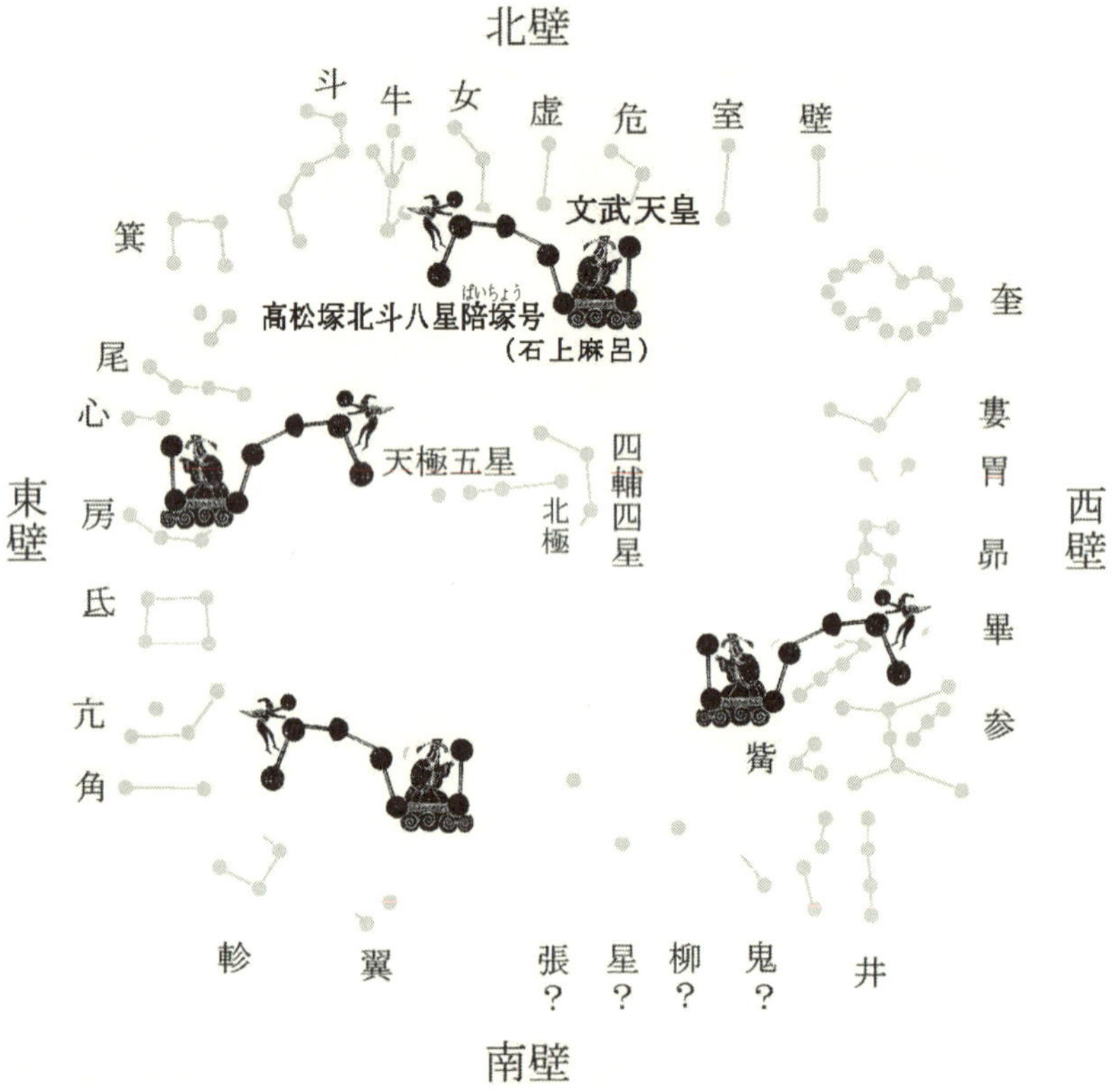

図4－41　天皇出向《しゅつこう》宇宙遊覧図

（４）大発見―八人ずつの男女像の立ち位置から、北斗八星が描ける

何度も述べていますが、高松塚古墳壁画に描かれている八人ずつの男女は、天井に描かれていない北斗八星を意味しています。

ならば、描かれている八人ずつの男女に、北斗八星であることの証拠なり形が、見られるのではないでしょうか？

このような目で観察したところ、牽強付会《けんきょうふかい》と思われるかもしれませんが、北斗八星図が描けたのです!!

まずは、（図４－42）（図４－43）を見ていただきたい。

東壁の八人（男女）と、西壁の八人（男女）は、それぞれ北斗八星に擬《なぞら》えられます。

一人一星と見立てて、その立ち位置を線で繋《つな》いでいくと、北斗八星らしきものが出現します。

つまり、男女合同の「北斗八星・帝車」が二つ表現できるのです!!　陰陽の帝車です。

※（図４－42）（図４－43）は、男子群像と女子群像の距離は近付けてあります。また、青龍と白虎は、少し大きく描いてあります。日月図も大きく、近付けています。

図4－42　高松塚・八人の男女の立ち位置と北斗八星表現・東壁

図4－43　高松塚・八人の男女の立ち位置と北斗八星表現・西壁

（５）昼夜運行の北斗八星・帝車

更なる考察をしてみましょう。
東壁と西壁には、日像《じつぞう》と月像《がつぞう》が描かれています。
この日像と月像を加えて、全体を考えてみると、高度な呪術が明らかになります。

呪術的には、日像《じつぞう》は陽、月像《がつぞう》は陰を意味します。
そして、日像は昼、月像は夜を表現しています。
ならば、次のように言えます。

東壁の北斗八星は、陰陽の陽の帝車であり、昼運行の帝車。
西壁の北斗八星は、陰陽の陰の帝車であり、夜運行の帝車。

両方合わせて、陰陽・昼夜運行の北斗八星・帝車、となります。

この呪術の完璧さ、その素晴らしさを、何と表現したら良いのか。
あまりにも美的であり、最高級難度の呪術であり、ただ、ただ、驚愕、歓喜するのみです。

文武《もんむ》天皇（北極星・中尾山古墳、そして天井に描かれている北極星）は、このような北斗八星・帝車（高松塚古墳・石上麻呂《いそのかみのまろ》・八人ずつの男女）に乗り、出向し、天を遊覧しているのです。

何と、美しい光景であることか!!

以上のことから、八人ずつの男女は、その立ち位置から、北斗八星に擬《なぞら》えられている、と推察できるのです。

なぜ、女子群像は、整列していないのか？

この件は、従来から、たびたび指摘されてきました。納得のいく答えは、いまだにありませんでした。

しかし、この疑問は、これで氷解した、のです。

皆さんは、どのように感じられたでしょうか？

この出向図《しゅっこうず》を中国人に説明したら、驚愕《きょうがく》し、そして魂消《たまげ》てしまうことでしょう。

中国の皇帝は、天子である。皇帝は、ときには天帝の意味に使われるときもありますが、あくまでも、皇帝は天帝の子、天子です。

それは、易姓革命《えきせいかくめい》の原理ともなっています。

中国皇帝は、厳密に言えば、このような出向図は描けないのです。

※易姓革命《えきせいかくめい》……徳を失った現在の王朝に天が見切りをつけたとき、革命（天命を革《あらた》める）が起きるとされた。王朝交代。

万世一系《ばんせいいっけい》の天皇（北極星）であるからこそ描ける、「北斗八星陪塚《ばいちょう》・天皇乗車出向図」なのです。

中国で描かれている出向図壁画は、儀仗隊《ぎじょうたい》に先導されるなどして、威儀を正して出かける様子を羨道《せんどう》に描き、現実の範囲内で描いています。

高松塚古墳の場合は、宇宙への出向図なのです。

中国の出向図と比べ、壁画の絵の大きさは、あまりにも小さい。だが、内容のスケールは、比べものにならないほど大きいのです。

◎この「北斗八星・帝車」の呪術が、大嘗祭にも使われています。

大嘗祭において、この道教哲理、つまり「北斗八星・帝車」の呪術が、活用されています。

この北斗八星・帝車の呪術を知らずして、大嘗祭は、語れないのです。

その一つの事例として、主役の神様である天照大神と北極星を、どのようにして高天原《たかあまはら》の悠紀《ゆき》殿・

主基殿《すき》にお招きするのか、その重大な方法を、語った者はいません。

私見ながら、天照大神と北極星は、「北斗八星・帝車」に乗って、第一の神座「八重畳《やえだたみ》」に移動するのだと、推測しています。

また、天皇は、廻立殿《かいりゆうでん》から、悠紀殿《ゆき》・主基殿《すき》に渡御《とぎよ》しますが、その方法が、誰もが驚く方法なのです。

天皇専用の道として、葉薦《はごも》が前方に展《の》べられ、そしてその歩みにつれて後方ではこの葉薦《はごも》は端から巻き収められるのです。

この所作は、何を物語っているのでしょうか？　すべての人が、この渡御《とぎよ》方法に興味を示すはずです。そして、そこにこそ、大嘗祭の真実が隠されていると。

私は、閃《ひらめ》いたのです。

この仕草は、高松塚古墳壁画に描かれている「北斗八星・帝車」の呪術と同じであると。

天皇は、「北斗八星・帝車」に乗って、高天原《たかあまはら》の悠紀殿《ゆき》・主基殿《すき》に渡御《とぎよ》するのです。

第5章

冬至の呪術が分からずして、大嘗祭は語れない——大嘗祭解明

随分と回り道しましたが、やっと、大嘗祭の呪術を本格的に解く章にたどり着きました。
大嘗祭においても、伊勢神宮同様、天武天皇の世界最強の呪術公式、つまり国家の呪術暗号とも言える
《「北極星（太陽・太極）北斗八星（八州《やしま》・八卦《はっか》）」》
の呪術が施《ほどこ》されているのです。
伊勢神宮は大嘗祭とセットですから、勿論、のことです。

大嘗祭は、冬至祭《とうじ》です。

この冬至祭ということが、北極星（天皇大帝《てんこう》・天皇）の祭であることの証明になるのです。

しかし、大嘗祭は冬至祭である、ということを本格的に論じている本は、あまりにも少ない。

折口信夫氏に代わって、今や國學院大學の顔とも言える岡田莊司《しょうじ》氏も、『大嘗祭と古代の祭祀』（吉川弘文館、２０１９）の本の中では、不思議なことに、冬至のことは全く論じていません。

なぜ、大嘗祭は冬至祭なのか、についてアプローチをしなくては、天照大神（太陽）の内面は語れないはず、と思うのですが。

1　大嘗祭は、冬至祭……北極星(天皇)の最も長時間輝いている日

（1）冬至とは

大嘗祭は、冬至の日を想定して行われます。実際は、冬至の日とは限りませんが、十一月の下の卯《う》の日（卯日《うのひ》が三回の時は中卯）に行われます。

では、冬至とは、どのような意味を持っているのでしょうか？

冬至とは「日短きこと至る（きわまる）」を意味します。

冬至は一年間で最も日照時間の短い日で太陽の力が一番弱った日です。しかし、冬至を境に日照時間が長くなります。よって、太陽が力を取り戻してくるので、冬至は「太陽復活の日」とされました。

中国の易経《えききょう》の世界では、陰極まれば万物みな衰《おとろ》えて死に、太陽の帰り来るということから「一陽《いちよう》来復《らいふく》」とも言われています。

北欧に伝わる古い冬至祭は「ユール（Yule）」とよばれ、太陽の神が再び力を取り戻す日とされて

います。現在では「クリスマス」の意味で用いられるようです。

太陽の衰えと連動するような形で、太陽神・天照大神の皇孫《すめみま》である天皇の力も衰える、というふうに考えられたのです。

そこで天皇の力をもう一度新たに復活させ、奮い立たせるために大嘗祭（新嘗祭）を行った、とも言えるのです。

大嘗祭は、太陽の力が最も弱った冬至の日に、つまり、太陽復活の日に、太陽の恵みによって育った新穀を、天照大神（太陽）と共に食べるという行為によって天照大神の霊威を身につけ、天皇の威力を取り戻す、ということであったのです。

つまり、大嘗祭は、冬至祭、であったのです。

（2）冬至は、北極星（天皇）の最も長時間輝いている日

冬至の日は、一年間で最も日照時間の短い日で太陽の力が一番弱った日、ということで、太陽ばかりが注目されがちです。

これまでの大嘗祭の本を読んでいますと、ほとんどが、太陽の衰えと復活にばかり触れています。不思議なことに、星については、ほとんど触れられていないのです。

一年のうちで、太陽が最も短く空に見えている冬至の日ということは、最も長く星空（北極星）が

輝いている日、ということです。

ならば、北極星が最強になった日が冬至、ともいえるのです。

大嘗祭の最も重要な神事は、夜に行われます。

太陽（天照大神）だけの神事でしたら、昼間行われるべきです。

このように考えますと、冬至の日（想定して）の夜、つまり、北極星最強の日に、天皇親祭として行われる大嘗祭において、「天皇＝北極星」であることを無視してお祭をすることは、不可能なことが分かります。

よって、大嘗祭は、「太陽（天照大神）祭」と「北極星（天皇）祭」になるのが、最もふさわしい形といえるのです。

これが、冬至の日からみた、太陽（天照大神）と北極星（天皇）の関係です。

大嘗祭においても、天皇（北極星）存在の証明は、冬至祭とすることで、合理的に説明できるのです。

2　大嘗祭は冬至祭であり天皇祭でもある……『周礼《しゅらい》』における天皇(北極星)の証明

(1)『続日本後紀《しょくにほんこうき》』の中の「禋祀《いんし》」の記述は、天照大神(太陽)と北極星(昊天《こうてん》上帝・天皇大帝《てんこうたいてい》・天皇)の習合《しゅうごう》を証明

第1章で、既に記しましたが、仁明《にんみよう》天皇(在位833～850)の大嘗祭の時の史料『続《しょく》日本後紀』により、大嘗祭は、中国の「禋祀《いんし》」として執《と》り行われたことが分かりました。

「禋祀《いんし》」について、再び記します。

「禋祀《いんし》」は、『周礼《しゅらい》』に出てくる言葉です。

春官《しゅんかん》・大宗伯《たいそうはく》、曰《いわ》く「禋祀《いんし》を以て昊天上帝《こうてんじょうてい》を祀《まつ》る、実柴《じっさい》を以て日月星辰を祀《まつ》る」

『続《しょく》日本後紀』により、大嘗祭において、仁明《にんみよう》天皇は「昊天《こうてん》上帝＝北極星＝天皇」を祀ったことが

分かりました。

勿論、大嘗祭において、天照大神を祀《まつ》らなければならないことは、第1章で記しています。『古事記』には「日の御子《みこ》」という言葉を持つ歌謡が五首あり、天皇は天照大神の子孫であることを強調しながら讃《たた》えています。

また、大嘗祭は伊勢神宮とセットですので、天照大神は祀られていて当然なのです。よって、大嘗祭において、天照大神と北極星（天皇）が祀られたことが推定できるのです。

このことは、私が今まで主張してきた、伊勢神宮同様、大嘗祭においても天照大神（太陽）と北極星（天皇）は習合している、ことの証明になったのです。

（2）中国皇帝の祭と北極星（天皇）

さらに、中国皇帝の冬至祭と、昊天《こうてん》上帝（天皇）の事例を、もう少し述べてみます。

1）中国皇帝の冬至祭には、昊天《こうてん》上帝（天皇《てんこう》大帝・天皇）を祀《まつ》った

「天皇」という言葉は、『周礼《しゆらい》』の中にも出てきます。

『周礼《しゅらい》』とは、中国、最古の礼書の一つで、『礼記《らいき》』『儀礼《ぎらい》』とあわせ「三礼《さんらい》」ともいいます。周公《しゅうこう》の撰《せん》と伝えられ、周王朝（紀元前１０４６年頃～紀元前２５６年）の行政制度を記述したものです。

その巻十八に「宗伯礼官之職《そうはくれいかんのしょく》」という祭祀を司《つかさ》どる官僚の仕事内容について書いた箇所があります。漢代に、鄭玄《じょうげん》という大学者が、この『周礼《しゅらい》』に注釈をつけて、「昊天上帝《こうてんじょうてい》」について、次のように記しています。

《玄《げん》（鄭玄《じょうげん》）謂《い》う。昊天上帝《こうてんじょうてい》とは、冬至に圜丘《えんきゅう》（円丘のこと。王が冬至に天を祀る丘）に於《お》いて、祀《まつ》るところの天皇大帝《てんこうたいてい》なり》（周礼巻十八）

この鄭玄《じょうげん》の注によって、冬至において圜丘《えんきゅう》に昊天上帝《こうてんじょうてい》を祀るというのは、天皇《てんこう》大帝を祀ることだとする考え方がはっきりでています。

つまり昊天《こうてん》上帝＝天皇《てんこう》大帝＝天皇＝北極星、なのです。

王（この時代皇帝は存在しなかった）は、冬至の日に、「昊天《こうてん》上帝＝天皇」を祭っていたことになります。

2) 天子が天帝（昊天《こうてん》上帝・天皇）を祭る「禘《てい》」

また、『周礼《しゅらい》』における別の鄭玄《じょうげん》の注には、次のようなことも記されています。

《圜丘《えんきゅう》での天神祭祀《てんじんさいし》、方丘での地祇《ちぎ》祭祀、宗廟《そうびょう》での祖先祭祀、の三祭祀を、「禘《てい》」の大祭なり》

※「禘《てい》」とは、中国古代の祭名で、天子が帝（上帝・天帝）をまつる大祭のことであり、
　また、天帝を中心に祖先神を配して執り行う大祭のこと。

圜丘《えんきゅう》での天神祭祀とは、中国皇帝が行う冬至祭（例外あり）であり、南郊・郊祀《こうし》でもあるのです。

（３）大嘗祭の歌舞も中国「禘《てい》」の祭の影響を受けている

『史記封禅《ほうぜん》書』に見える冬至に関して次のように記されています。

《『周官《しゅうかん》（周礼《しゅらい》）』に曰《いわ》く。冬の日至《にっし》に天を南郊に祀り、長日に至るを迎う。夏の日に地祇《ちぎ》を祭る。
皆、舞楽を用う》と。

ここで注目していただきたいのは、皆、「舞楽を用う」、と記しているところです。

廣畑輔雄氏は、『大嘗祭の久米舞と中国禘《てい》祭の大武』において、久米舞《くめまい》の神武天皇の英雄譚《えいゆうたん》は、中国禘《てい》祭の影響を受けていると記しています。

また、隼人《はやと》の舞も、服従的な要素を持っているのも、中国禘《てい》祭の影響を受けていると述べています。誰もアプローチしなかった、納得のいく面白い視点だと思います。

大嘗祭には、国栖《くず》歌舞、隼人《はやと》の歌舞、悠紀《ゆき》・主基《すき》の歌舞、等々が、用いられています。このことも、中国皇帝祭祀の何らかの影響があるのでは、と廣畑氏は述べています。

3　旧暦の基準は、冬至を尾指《おざ》す北斗八星による──大嘗祭と重大な関係

大嘗祭の時間経過とともに、夜空に描く北斗八星の位置関係が、大変意味深く表現されており、このことは是非とも知っていただきたいのです。

このことにより、大嘗祭は、冬至の星祭であることが分かります。

その前に、基本となることから紹介いたします。

※初めにお断りしておきますが、私の呪術方法は、北斗七星ではなく北斗八星ですので、あえて北斗八星に統一して記します。

（1）旧暦は、北斗八星の位置で決めた

旧暦は、何を基準として作られたかと言いますと、冬至を基準にして作られました。

北斗八星の「柄（尾）」に当たる部分は、季節によって方向性を示します。

そこで、真下に向ける北斗八星の柄（尾）を基準にして、各月の名前を十二支に振り分けたのです。

北斗八星の柄の方向で、月の名前を決めたのです。

具体的に言いますと、冬至を含む月（子《ね》の刻・午前零時）には、北斗八星の柄（尾）の先が真下（北の方角）を指します。（垂直に立つ）

この月を十二支の最初である「建《けん》子《し》月《げつ》」としたのです。（図5－1）

それが、月建《げつけん》です。

北斗八星の柄（尾）は、季節と暦を示す、天の大時計の針と位置付けたのです。

北半球の天空に一年中見えている北斗八星は、古代中国では天の大時計として、重要な星座と考えられていたのです。

※2019年12月23日午前零時、「子の刻」の北斗八星の位置です。北斗八星の尾の先は、ほぼ、真下を示しています。

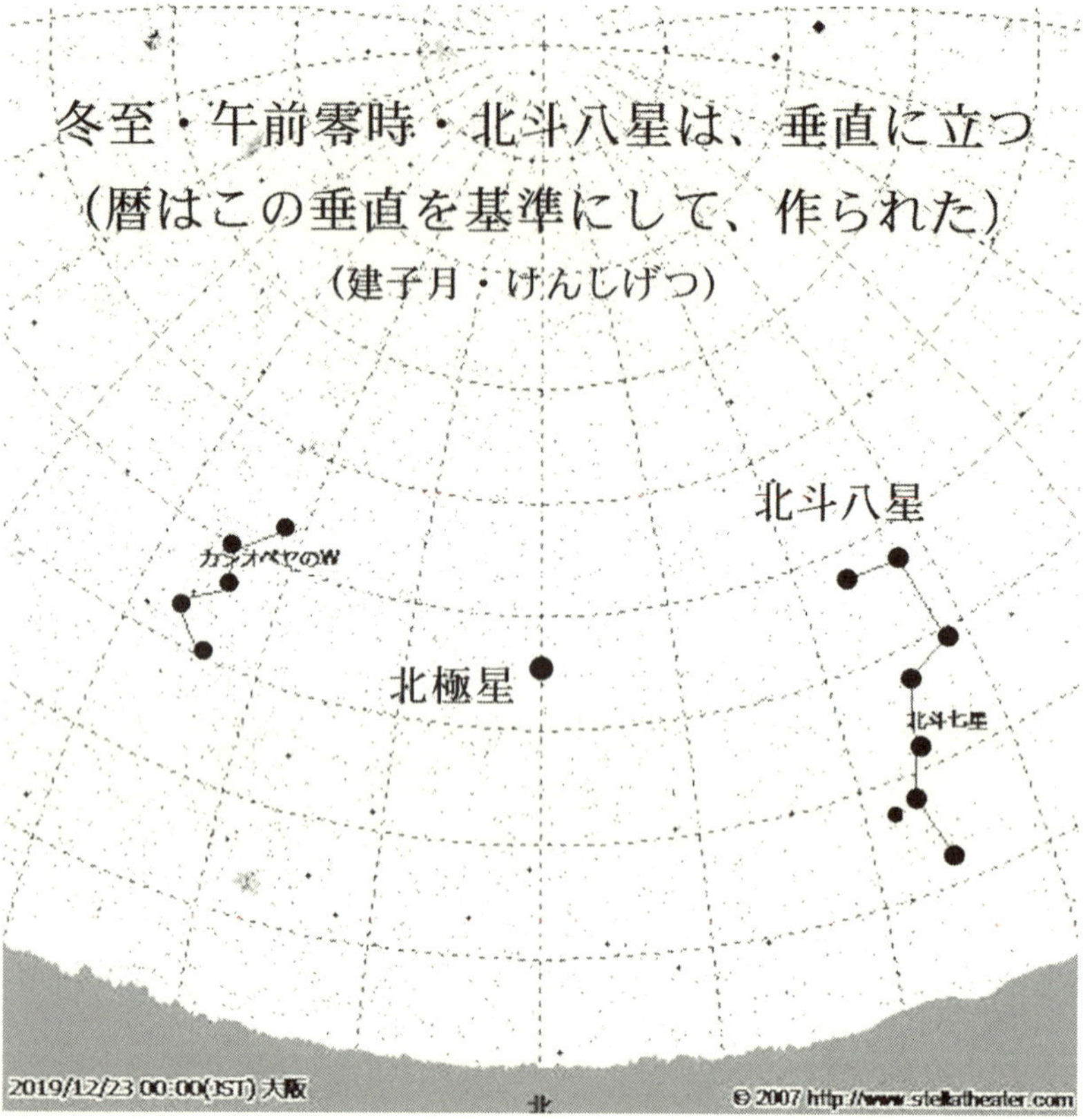

図5－1　冬至の日・午前零時の北斗八星の位置／「星図　Stella Theater Pro（http://www.toxsoft.com)」参考

（2）「建《おざす》」とは、北極星の尾の方向を示すこと……それぞれの月名

「建」とはなんでしょうか？

この「建」は、「おざす」と読みます。「おざす」とは「尾指す」の意味。この「尾」は北斗八星の柄の部分を意味しています。

この北斗八星の尾が指す方向が、「建〇月」、となります。

旧暦の十二ヶ月の名前は、次のようになります。

陰暦一月→建寅《けんいん》月、陰暦二月→建卯《けんぼう》月、陰暦三月→建辰《けんしん》月、陰暦四月→建巳《けんし》月、陰暦五月→建午《けんご》月、
陰暦六月→建未《けんび》月、陰暦七月→建申《けんしん》月、陰暦八月→建酉《けんゆう》月、陰暦九月→建戌《けんじゅつ》月、陰暦十月→建亥《けんがい》月、
陰暦十一月→建子《けんし》月、陰暦十二月→建丑《けんちゅう》月

ならば、旧歴は、最初に冬至を意識して決めた、ということになります。

しかし、疑問が湧いてきます。

十二支の最初は「子」だからです。正月の一月が「建子《けんし》月」とすれば、すっきりします。しかし、正月の一月は「建寅《けんいん》月」。

冬至のある月を正月の一月にしたら、何が問題なの？　とも考えられます。

実際、中国では、古代の三つの王朝、夏《か》・殷《いん》・周《しゅう》はそれぞれ違った正月を採用していました。

　夏の時代は、「建寅《けんいん》月が正月」　殷の時代は「建丑《けんちゅう》月が正月」

　周の時代は「建子《けんし》月が正月」

漢時代以後の暦は、夏《か》の時代の暦（一部に例外はある）を標準とするようになり現在に至ります。

太陰太陽暦は、立春付近に正月をおく暦だと思われがちですが、実際は、冬至を中心に考えられた太陰太陽暦なのです。

（3）季節による北斗八星の位置……天の季節時計

季節による北斗八星の位置を確認しましょう。

北斗八星は、北極星を一日に一周しますので、見る時間を固定しなければなりません。

日付の変わる午前零時（子の刻）を基準にしますと、この向きは、季節によって変化します。

それはなぜかと言いますと、北斗八星は、北極星を中心に反時計回りに一日約一度ずつずれて動いています。地球は太陽の周りを自転しながら三六五日で一周します。このために生じる現象です。

この「ずれ」が、季節を表すのです。一日に約一度、一ヶ月で約三〇度という計算になります。よって、三〇度×十二ヶ月で三六〇度になります。

ちなみに、北斗八星は一日に一周しますから、一時間で一五度動きます。

時刻については日付の変わる午前零時（子《ね》の刻）に固定して、季節による向きの変化を記録していくと、北斗八星の尾は、春分の頃は真横（東の方角）、夏至には真上（南の方角）、秋には真横（西の方角）を指します。

大嘗祭も、この北斗八星の動きと連動しているのです。

後ほど、具体例を挙げて説明いたします。

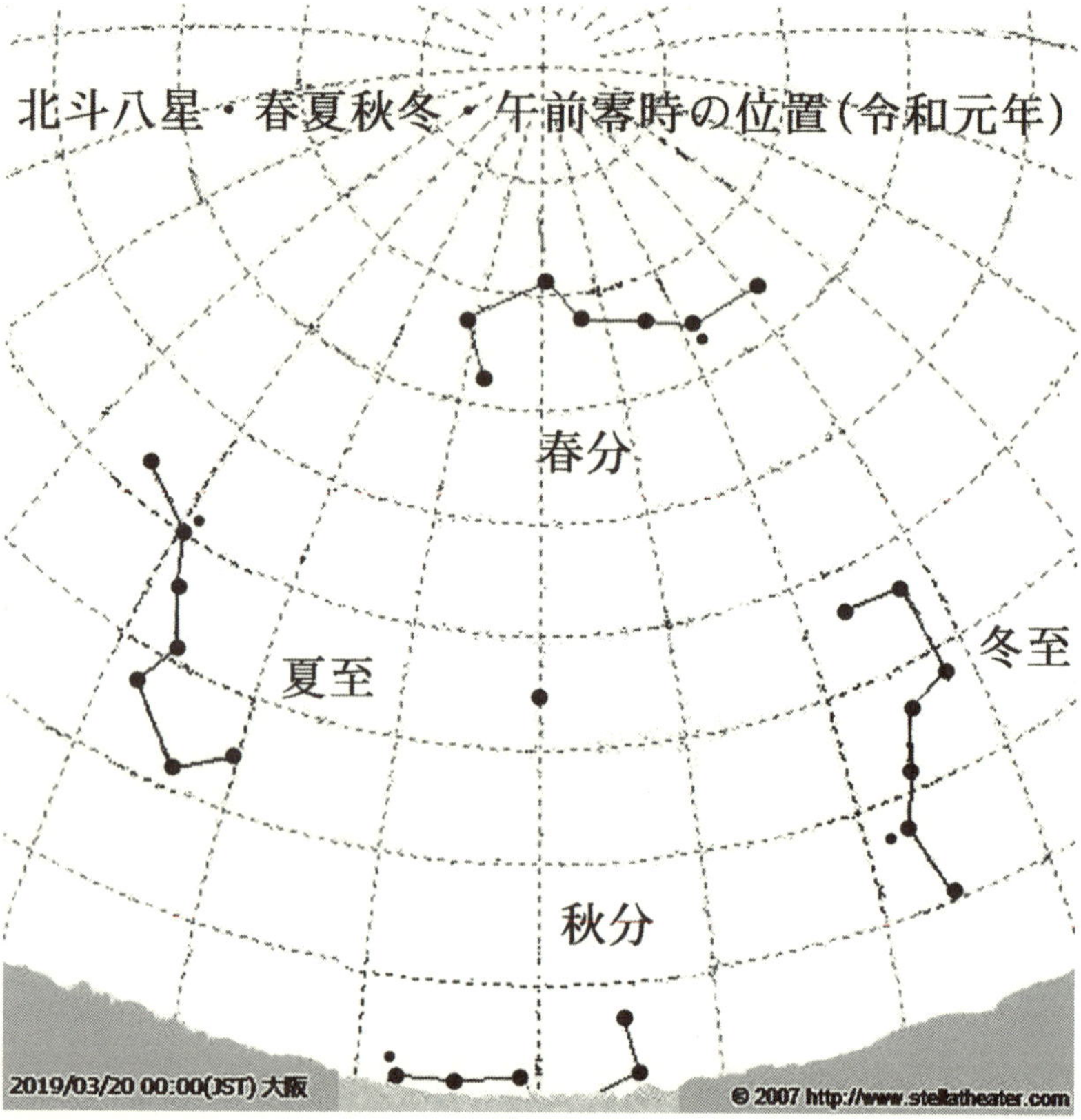

図5－2　冬至・春分・夏至・秋分の午前零時の北斗八星の位置／「星図　Stella Theater Pro (http://www.toxsoft.com)」参考／場所・大阪

4　大嘗祭における八重畳《やえだたみ》は、天照大神と北極星の習合《しゅうごう》場所

（1）大嘗祭と伊勢神宮において、北極星の存在は明確

伊勢神宮の場合、北極星の証拠は、「太一《たいいつ》」と書いた幟旗《のぼりばた》が掲示されることで、北極星の存在が、明らかになっています。太一とは、「たいいつ」「たいつ」とも呼ばれ、北極星のことです。

また、内宮《ないくう》の北に位置している別宮である荒祭宮《あらまつりのみや》は、北極星を象徴しています。このことにより、太陽神・天照大神は、北極星と習合《しゅうごう》していることになります。

つまり、内宮が、習合した「天照大神と北極星」となっているのです。

外宮は、内宮（天照大神・北極星）を輔弼《ほひつ》する北斗八星（豊受大神）となっています。

また、内宮の心御柱《しんのみはしら》（天照大神）は、真上にある八咫鏡《やたのかがみ》を貫き、北極星と繋がっており、天照大神と北極星が習合している証拠となります（図４－26）。

大嘗祭の場合は、北極星の証拠である「太一《たいいつ》」の文字がどこにも表現されていません。悠紀国《ゆきこく》・主基国《すきこく》から京都の斎場に神饌《しんせん》となる大事な稲を運びますが、そのとき「太一《たいいつ》」と記した幟旗《のぼりばた》を掲げて、行進してもまったくおかしくはありません。

なぜ、そうしないのだろうか、と不思議に思います。大嘗祭と伊勢神宮はセットですから。

多分、大嘗祭の場合、御膳《みけ》八神（北斗八星）に守護されているということを強調したかったのだろうと、解釈しています。

しかし、今まで見てきたように、中国皇帝の冬至祭を検討することによって、大嘗祭も北極星が祀られていることは、確実となりました。

確実な事例は、前述していますが、仁明《にんみょう》天皇（在位833〜850）の大嘗祭です。昊天《こうてん》上帝（北極星）を祭る「禋祀《いんし》」を執《と》り行ったと、『続《しょく》日本後紀』に記してあるからです。

そして、大嘗祭の呪術は、伊勢神宮の呪術と同じであると推定出来ることは、今まで何度も述べてきました。

大嘗祭と伊勢神宮は、共通の呪術によって、天皇の証明、つまり天皇は北極星であることの証明がなされているのです。

勿論、この北極星と天照大神（太陽）は習合しています。

この呪術形式は、天武天皇が考案した、呪術公式（国家の呪術暗号）です。

何度も記述していますが、次の通りです。

《「北極星（太陽・太極）北斗八星（八州《やしま》・八卦《はっか》）」》

つまり、北極星＝太陽＝太極　北斗八星＝八州《やしま》＝八卦《はっか》　です。

この基本呪術が、どのように大嘗祭に施《ほどこ》されているのでしょうか？

まず問題になるのは、大嘗祭において、北極星は、どこに存在しているのか、です。

（2）八重畳《やえだたみ》が北極星と北斗八星を表現している……八角形・高御座《たかみくら》と同様

呪術《じゅじゅつ》のスペシャリストである天武《てんむ》天皇は、大嘗祭において、北極星の存在をどこに設定したのでしょうか？

ズバリ、「八重畳《やえだたみ》」、であると思います。

私は、大嘗宮《だいじょうきゅう》の悠紀《ゆき》殿・主基《すき》殿のど真ん中に位置していて半分弱の広さを占めている八重畳こそが、天照大神のご休寝の場所であり、そして北極星のご休寝の場所であると思っています。

このことで、天照大神と北極星は、習合されるのです。

習合場所として、この他に、どの場所が考えられましょうか？

八重畳《やえだたみ》は、即位式で使用される、八角形・高御座《たかみくら》と同じ意味を持っていると思います。

つまり、八角形・高御座《たかみくら》の中央が北極星（天照大神・太陽・天皇・太極）を表現しています。ここは、天皇が着座する場所です。

そして、八角形・高御座《たかみくら》の、八角の辺、或いは角は、北斗八星＝八州《やしま》（日本）＝八卦《はっか》を表現しています。

高御座《たかみくら》の中央に位置している天皇は、八辺の「北斗八星＝八州《やしま》（日本）＝八卦《はっか》」によって守護されていることになります。

形は違いますが、八重畳《やえだたみ》も同様であり、八重畳の中央が北極星（天照大神・太陽・天皇・太極）を表現しています。

そして、八重畳の周辺が、北斗八星＝八州（日本）＝八卦を表現しているのです。

意味も無く八重畳《やえだたみ》と称されているのではありません。

古代日本の聖なる数「八《や》」を付けた八重畳にこそ、八角形・高御座《たかみくら》同様、重大な意味が込められているのです。

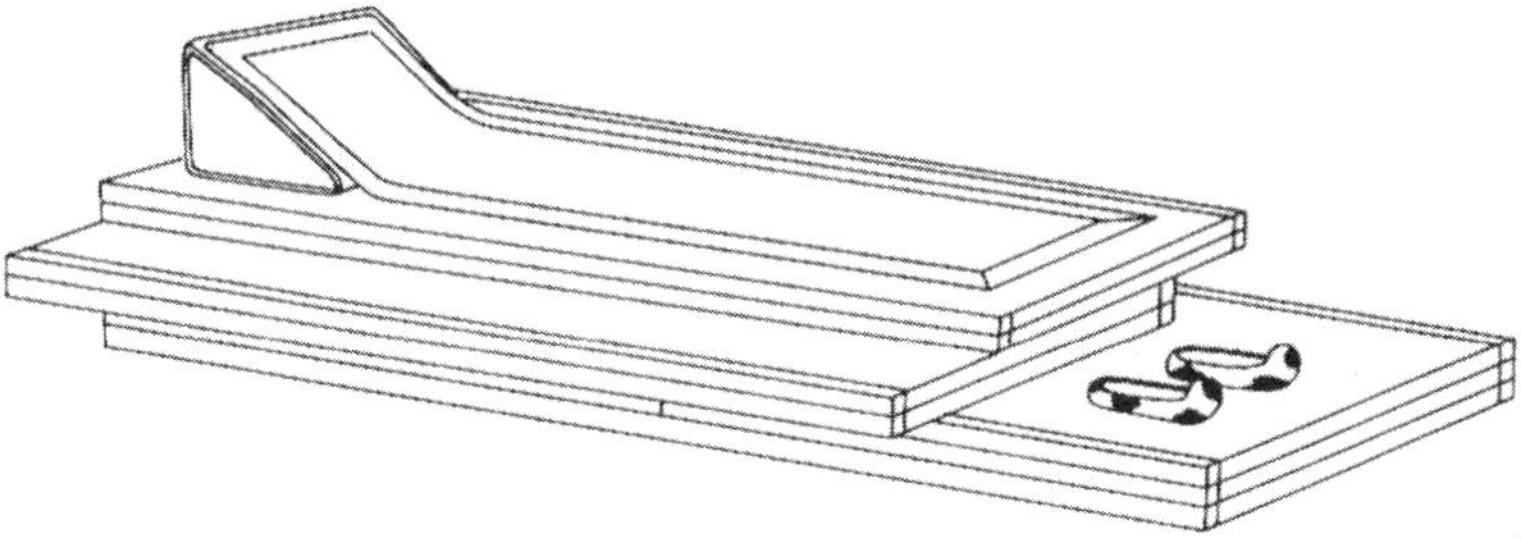

図５－３　八重畳　関根正直「大礼講話」所載の神座（田中初夫『踐祚大嘗祭』木耳社より）

聖数「八」についての重大さは、既に第4章で述べています
し、第7章でも述べます。

（3）八角形天皇陵は、八角形・高御座《たかみくら》と対の意味を持つ

八重畳《やえだたみ》、そして八角形・高御座《たかみくら》と同様な事例を、もう一つ挙げたいと思います。

八角形天皇陵《てんのうりょう》です。

八角形天皇陵については既に述べていますが、高御座《たかみくら》と同様な意味を持っています。

つまり、八角形天皇陵の中心が、北極星（天照大神・太陽・天皇・太極）を表現しています。ここに天皇は埋葬されます。

そして、八角の辺、或いは角は、「北斗八星＝八州《やしま》（日本）＝八卦《はっか》」を表現しています。

天皇は、「北斗八星＝八州（日本）＝八卦」によって、守護されているのです。

八角形高御座《たかみくら》は、天皇の「誕生」を意味しています。

八角形天皇陵は、天皇の「死」を意味しています。

何と、八角形は、天皇の「誕生」と「死」を表現しているのです。

では、八重畳《やえだたみ》は、何を表現しているのでしょうか？

（4）ついに解明される……八重畳は、天照大神（太陽）と北極星の習合場所である……天皇の証明

第一の神座《しんざ》（寝座）である八重畳《やえだたみ》は、大嘗祭において最も重要な舗設物《ほせつ》であろうと、誰もが思っています。

谷川健一氏は、第一の神座（寝座）・八重畳について次のように述べています。


問題は、そこに設けられた第一の神座である。

頭の方に坂枕《さかまくら》、足許には御沓《くつ》が脱いで置かれてある。

また御衾《おふすま》も御単《おんひとえ》も用意してあるのだから、そこは誰かの休寝する場所であったことは疑い得ない。

ではそこに休寝するのは誰なのか。大嘗祭の秘儀はおそらくこの一点にかかっている。


極端なことをいえば、この件を語れるからこそ、小生は、大嘗祭についての本の出版を試みたと、言えるのです。

今まで、誰も論じなかった、結論を先に言います。

大嘗祭における、第一の神座（寝座）・八重畳《やえだたみ》とは、天照大神（太陽）と北極星がご休寝し習合する場所、であったのです。

天武天皇は、伊勢神宮においても、天照大神（太陽）と北極星を習合《しゅうごう》させています。伊勢神宮の場合は、荒祭宮《あらまつりのみや》を創り、また、心御柱《しんのみはしら》の存在によって、天照大神と北極星を習合させましたが、大嘗祭においては、このような手段・方法によって、習合させたのです。

大嘗祭におけるこの説は、誰も述べていません。

私は、天武天皇の思考回路になるべく近づこうとしました。天武天皇の呪術を考えるならば、このような演出をしたと確信しています。

この第一の神座（寝座）・八重畳《やえだたみ》の東に天皇の御座《ぎょざ》が置かれます（図５－４）。

さらに東に第二神座である短帖《たんちょう》が敷かれます。

第二の神座・短帖は、神様がお食事をお召し上がりになる場所と考えられています。

短帖の上に神食薦《かみのけこも》および、御食薦《みけこも》を敷き、そこに神饌《しんせん》が供せられるといわれています。

天皇は、北極星と習合《しゅうごう》した天照大神（太陽）に神饌《しんせん》を自ら捧《ささ》げ、そしてご一緒に召し上がります

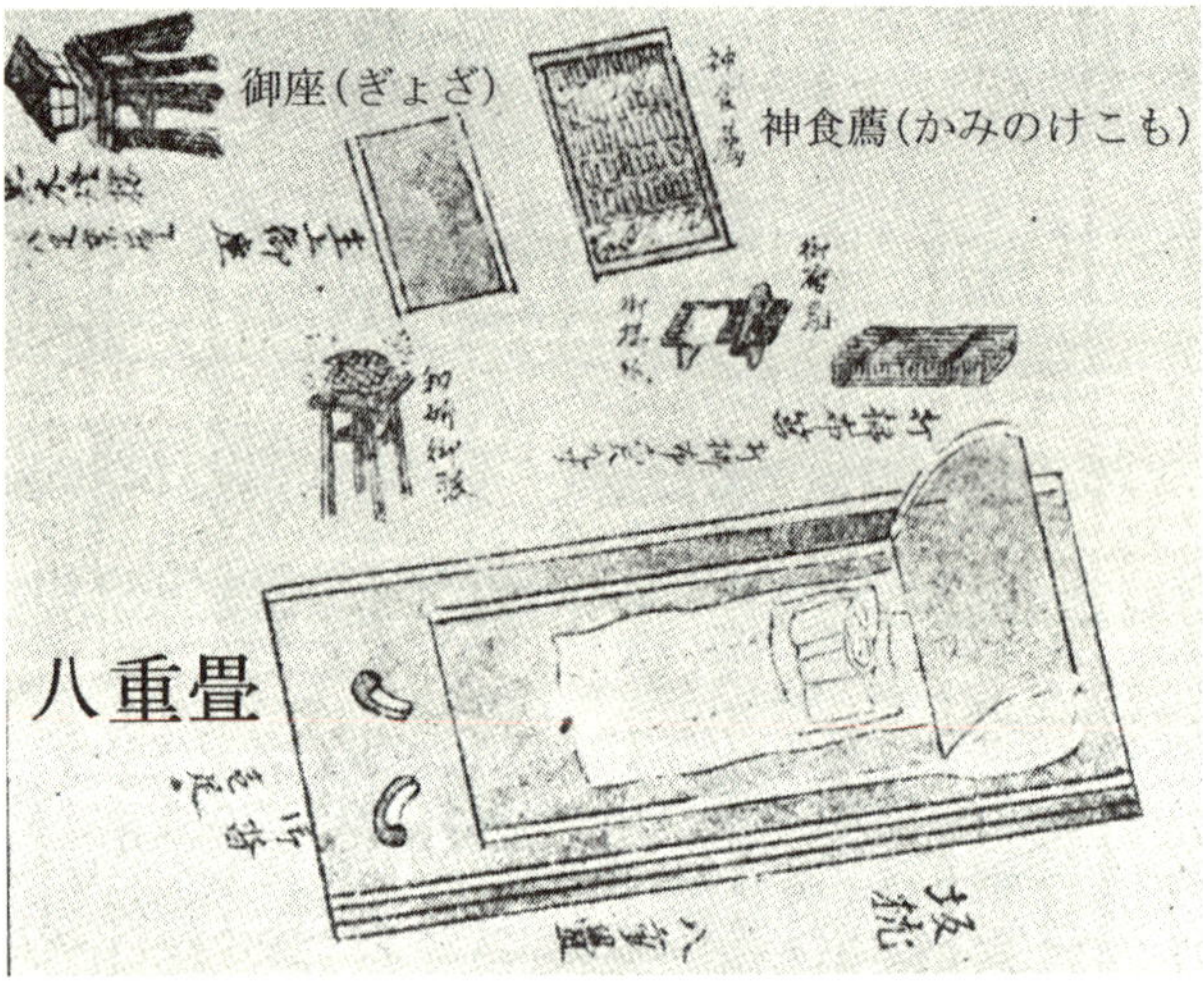

図5－4　大嘗會悠紀殿内平面略図（「太陽」御大禮盛儀号所載）（田中初夫『踐祚大嘗祭』木耳社より）

（ご相伴《しょうばん》の神として御膳《みけ》八神が加わります）。

この行為により、天皇は、天照大神の霊威を身に付け、日《ひ》の御子《みこ》になります。そして、北極星の霊威を身に付け北極星そのものになります。

このことで、天皇は天皇の継承資格を得て天皇になられるのです。

よって、八重畳《やえだたみ》同様、第二の神座、天皇の御座、両方とも、北極星（太陽・太極）として位置付けられます。

では、第一の神座（寝座）・八重畳に、どのようにして、天照大神（太陽）と北極星を導くのでしょうか？
神様を降ろす神籬《ひもろぎ》が、どこにも無いのです。
また、大嘗宮は、高天原《たかあまはら》にあるものとして、作られたと想像できますが、その呪術的根拠とは？

（５）八重畳《やえだたみ》と「やすみしし」わが大王《おおきみ》

やすみししわが大君《おおきみ》（大王）……という表現が『古事記』４例、『日本書紀』４例、そして『萬葉集』には27例あります。

やすみしし……という言葉は、大王を修飾する枕詞《まくらことば》です。

やすみししの漢字表現は、「八隅知之《やすみしし》」と「安見知之《やすみしし》」にほぼ分かれます。
八隅知之《やすみしし》は、国の隅々まで知らしめす（治める）、という意味です。
安見知之《やすみしし》は、安らかに知らしめす（治める）、という意味です。

『萬葉集』では、八隅知之が20例……国の隅々まで知らしめす。
安見知之が６例……安らかに知らしめす。
安美知之が１例……安らかに知らしめす。

大嘗祭における神座・八重畳《やえだたみ》は、天照大神（太陽）、北極星（天皇大帝《てんこう》）が、お休みになる場所でありますす。

その八重畳ですが、二つの「やすみしし」の意味を持っていると推測できます。

つまり、八隅知之《やすみしし》（国々の隅まで八方知らしめす）の意味と、安見知之《やすみしし》（八重畳の中に入ることで、安らかにしらしめす）の意味です。

つまり、八重畳は、神座であるとともに寝座でもありますから、両方の意味があっても不思議ではないのです。

5　大嘗祭における北斗八星は、悠紀《ゆき》殿・主基《すき》殿、御膳《みけ》八神、豊受大神《とようけのおおかみ》である

大嘗祭における、北極星（太陽・太極）の存在場所は、第一神座・八重畳、第二神座、そして御座《ぎょざ》、でした。

八重畳は、その中心を北極星、周辺を北斗八星としていますが、それは、小宇宙です。

では、全体的な北斗八星の存在場所は、どこでしょうか？

（1）悠紀《ゆき》殿・主基《すき》殿を北斗八星とした

吉野裕子《ひろこ》氏は、廻立殿《かいりゅうでん》を北極星（太極）とし、悠紀殿《ゆきでん》を北斗七星、主基殿《すきでん》を南斗《なんと》六星、としました。

大匙《おおさじ》の形をしている北斗七星（悠紀《ゆき》殿）経由で、神饌《しんせん》が天照大神と太一《たいいつ》（北極星）に届けられるとしました。

また、小匙《こさじ》の形をしている南斗六星（主基《すき》殿）経由で、神饌が天照大神と太一《たいいつ》（北極星）に届けられるとしました

とてもすっきりと纏《まと》まっている説ですが、南斗六星は、冬至の時期には夜空にまったく姿を現さないのです。

姿を現さないと、南斗六星経由で、天照大神と太一《たいいつ》（北極星）に神饌《しんせん》が届けられません。

よって、私は、悠紀殿《ゆきでん》も主基殿《すきでん》も、北斗八星を表現しているものと、推測します。

すなわち、「北斗八星＝悠紀殿《ゆきでん》＝主基殿《すきでん》」ということです。

伊勢神宮は、内宮《ないくう》を北極星とし、外宮《げくう》を北斗八星としました。

そして、大嘗祭においては、八重畳（＋第二神座と御座）を北極星とし、悠紀《ゆき》殿・主基《すき》殿の大嘗《だいじよう》宮《きゆう》を北斗八星としたのです。

あえて言えば、陰陽の、北斗八星の悠紀《ゆき》殿・主基《すき》殿です。

悠紀《ゆき》国・主基《すき》国の民は、北斗八星の八州人《やしまびと》（日本人）に象徴されています。

しかも、北斗八星・御膳《みけ》八神（八神殿）に守護された人々……その人達によって悠紀《ゆき》殿・主基《すき》殿は作られているのです。

天上の大嘗宮（北斗八星）は、「北斗八星＝八州」を代表する人々によって作られるのが相応しいのです。

大嘗宮の悠紀《ゆき》殿・主基《すき》殿は高天原《たかあまはら》にあり、廻立殿《かいりゆうでん》は、地上にある建物です。

地上にある廻立殿は、天皇（北極星）の臣下の官僚の人達によって作られます。

吉野裕子氏の説ですと、廻立殿は、北極星（太極）です。

地上に住む天皇の住まわれる宮城には、紫宸殿《ししんでん》・大極殿《だいごくでん》とも称されている建物があります。まさしく、北極星（天皇）を表現しています。

そのようなことを考えれば、廻立殿《かいりゆうでん》は、高天原の悠紀《ゆき》殿（北斗八星）・主基《すき》殿（北斗八星）に対して、地上の北極星（太極・天皇）を表現しているとも、考えられます。

（2）大嘗祭の御膳《みけ》八神（八神殿）は、外宮の豊受大神（北斗八星・八天女）である

大嘗祭における御膳《みけ》八神（八神殿）の役割は何なのか？

御膳《みけ》八神（八神殿）は、大嘗祭の史料に記されている確実に存在する神様です。

御膳《みけ》八神（八神殿）は、第一の神座・「八重畳」（＋第二神座・御座）の次に重要であることは、誰の目から見ても明らかです。

最初から最後まで大嘗祭の諸事を守護していて、これほど頻繁に現れる神様は、他にないからです。

御膳《みけ》八神（八神殿）には、天照大神と並ぶほどの、高御産巣日神《たかみむすひのかみ》が入っていて、グレードの高さは、申し分が無いのです。

1）御膳《みけ》八神とはどんな神様？

御膳《みけ》八神とは、八柱の神様の集まりで、名称からして、「御膳《みけ》」を司《つかさど》り、守護していると思われます。

御膳《みけ》八神の名称はそれぞれ、〈御歳《みとし》神、高御魂《たかみむすひ》神、庭高日《にはたかひ》神、大御食《おほみけ》神、大宮女《おほみやのめ》神、事代主《ことしろぬし》神、阿《あ》須《す》波《は》神、波比伎《はひき》神〉です。

大嘗祭においては、亀卜《きぼく》によって、斎田・斎場の場所が決められ、その斎場には、御膳八神《みけはっしん》を祀《まつ》る

八神殿《はっしんでん》が建てられます。

御膳《みけ》八神の登場は、これだけではありません。

大嘗祭の一連の神事には、御膳《みけ》八神《はっしん》（八神殿）が三度登場します。

① 一度目は前述したように、悠紀《ゆき》・主基《すき》の御田《みた》に祀る御膳《みけ》八神（八神殿）として（八月頃）。

② 二度目は、京の北野の斎場に移ったとき、そこに設けた悠紀と主基の内院にそれぞれ祀る御膳《みけ》八神（八神殿）として（九月下旬）。

③ 三度目は、大嘗祭の神事が終わった（十一月）後、悠紀《ゆき》・主基《すき》の国の御田《みた》に再び祀る御膳《みけ》八神（八神殿）として（十二月上旬）。

大嘗祭の儀礼の眼目《がんもく》は、天照大神（北極星と習合している）と天皇が新穀を共食することにあります（ご相伴《しょうばん》の神は御膳《みけ》八神）。

その新穀の御饌《みけ》は、御膳《みけ》八神《はっしん》（八神殿）によってお供《そな》えを保証されているのです。

2）御膳《みけ》八神（八神殿）＝外宮の豊受大神（北斗八星・八天女）……天照大神と北極星（天皇）の守護は、八柱の神様が相応《ふさわ》しい

御膳《みけ》八神（八神殿）の存在で気になることは、なぜ八柱の神様なのか、ということです。やはり、八の世界と関係してきます。

事例を挙げてみましょう。

①　同じ八柱の神様である、宮中八神（御巫《みかんなぎ》八神）は、天皇を守護する神様です。その神様が八柱の神様なのです。

②　八隅知之《やすみしし》たる吾が大君を守護する神様は、「八」という共通項がある事で、八柱の神様が、相応《ふさわ》しいことが分かります。

③　天皇は、八角形の高御座《たかみくら》で即位します。そして、飛鳥時代の天皇は、崩御《ほうぎょ》して後、八角形の天皇陵に葬られています。
天皇の誕生と死が、八角形で表現されているのです。

④　大嘗祭において八重畳《やえだたみ》は、天照大神と北極星の習合《しゅうごう》場所となり、天皇が天皇（北極星）たらんとしたことが、ここで実現します。

⑤　伊勢神宮においては、太陽（天照大神）と北極星（天皇・太極）である内宮を守護しているのが、

外宮の北斗八星である豊受大神《とようけのおおかみ》（八天女・八卦）です。

やはり、ここでも、しっかりと「八」の世界で、天照大神と北極星（天皇）を守護しているのです。

まさに、天照大神と北極星（天皇）の呪術的守護は、「八」限定と言って良いでしょう。

以上のことを考えますと、大嘗祭において、御膳《みけ》八神（八神殿）は、天照大神と北極星（天皇）を守護するに相応《ふさわ》しい神様ということになります。

北斗八星は、多くの意味を持っていますから、次のように整理できます。

御膳《みけ》八神（八神殿）＝北斗八星＝御饌《みけつ》津神八神・豊受大神・外宮＝八天女
＝八州《やしま》（日本）＝八卦《はつか》＝北斗八星帝車《ていしや》＝北斗八星大匙《おおさじ》＝八束穂《やつかほ》
＝八乙女

つまり、「御膳《みけ》八神は＝北斗八星（御饌《みけつ》津神・豊受大神・外宮・八天女）」、といえるのです。

以上のように理解しますと、濃い霧によってまったく見えなかった、大嘗祭の骨組みや、本義が、

図５－５　標の山・『即位禮と大嘗祭』三浦周行・神社新報社より

霧が晴れるかのように、分かってしまうのです。

（３）「標《ひょう》の山」は、作り物（山車《だし》・曳山《ひきやま》・山鉾《やまぼこ》）の元祖であり、神（御膳《みけ》八神）の依代《よりしろ》……北斗八星を象徴

大嘗祭の当日（卯日）の午前十時頃、北野の斎場を出発し、宮廷内の朝堂院に設けられた大嘗宮まで、供物《くもつ》の品々が運ばれます。

わざわざ回り道をして、人々に行列の華やかさを披露したのです。その数五千人とも言われています。悠紀《ゆき》・主基《すき》の国の参加者にとっては、格別な晴れがましいパレードだったことでしょう。（図２－５）

この行列で注目されるのは、「標《ひょう》の山」です。

大嘗祭の標《ひょう》の山は、作り物（山車《だし》・曳山《ひきやま》・山鉾《やまぼこ》）の元祖と云われています。

その大きさは、分からないのですが、標の山を製作する場所の建物の大きさは、方四丈、高さ三丈八尺ほどであった（『儀式』）といわれています。しかし、時代によって大

きさは違うようです。

祇園祭《ぎおんまつり》の山鉾《やまぼこ》は、この標の山がルーツであろうとの見解もあります。

標の山は、山形に作り、榊《さかき》・木綿《ゆう》などの装飾を施したものでしたが、だんだんと華美になっていき、支那の神仙や麒麟《きりん》の作り物など、大陸風な趣向もこらしていたようです。

しかし、いつ頃、標の山が作られるようになったのかは、はっきりしません。

1) 標《ひょう》の山には、御膳《みけ》八神が降臨—その理由

「標の山」ですが、大嘗祭・祭神の依代《よりしろ》としている説と、ただ単に、儀式などにおける人や物の目印としての標であるとの説に分かれます。


私は、標の山には、御膳《みけ》八神が降臨していると推測しています。

その理由は、次の通りです。


御稲《みしね》を収穫する悠紀《ゆき》田・主基《すき》田には、八神殿（御膳《みけ》八神）が建てられ、そして御稲《みしね》等を保管している京の北野の斎場にも八神殿（御膳八神）が建てられます。

このように御稲《みしね》を代表とする供物《くもつ》は、八神殿（御膳《みけ》八神）に守護されているのです。

ならば、北野の斎場から、大嘗宮までの供物《くもつ》の品々が、五千人の人達の行列によって運ばれますが、御膳《みけ》八神に守られていて当然なのです。

よって、悠紀《ゆき》・主基《すき》国から運ばれてきた供物《くもつ》が北野の斎場を経て、最終目的地である大嘗宮にまで、御膳《みけ》八神がずっと守護し見守ってきた、と推察できます。

八神殿（御膳《みけ》八神）は、悠紀《ゆき》田・主基《すき》田と北野の斎場には作られていますが、肝腎な大嘗宮《だいじょうきゅう》には八神殿（御膳八神）が作られていません。

それは、なぜなのでしょうか？

私見ながら、標《ひょう》の山が、八神殿の役割をしていると思われます。

標の山は、基本的に榊《さかき》で作られています。榊でつくられた標の山は、祭神・御膳八神の依代《よりしろ》であるのです。

『日本後紀』光仁十四年（823年）、右大臣冬嗣《ふゆつぐ》の奏言によって、作り山に栽《う》える樹には榊を用い、榊に木綿《ゆう》を垂れ、橘の実を飾り、その梢に、悠紀・主基の文字をかかげる清楚なものに改めた、とあります。

中国風に華美になった標の山を、質素なつくりにしようということでしたが、再び、華麗な作り物となったのです。

会昌門《かいしょうもん》内の斎庭《ゆにわ》に入るのは、神供と祭具類の列だけであり、標の山は中に入れない、と『儀式』、『北山抄』には記してあります。

しかし、『中右記《ちゆうゆうき》』『江記《ごうき》』には、標の山も、会昌門《かいしょうもん》内に入ったと思われる記事に接することが出来ます。

このことは、大嘗宮内の斎場に入って安置されたことを物語るものであり、標の山の意味（御膳《みけ》八神）からすると、当然なことと思われます。

「標の山の意義については、まさしく、神の依代《よりしろ》と考えて良いであろう」と川出清彦氏は述べており、折口信夫氏も標の山に降臨する神は、御膳八神、と述べています。

2) 御膳《みけ》八神は、御饌津車《みけつしや》（北斗八星）

御稲《みしね》を主とする供物《くもつ》は、御膳《みけ》八神に守護され、悠紀《ゆき》国・主基《すき》国の斎田斎場から京の北野の斎場を経て、大嘗宮へと無事運ばれることとなります。

大胆な仮説を述べます。

御膳《みけ》八神は、豊受大神《とようけのおおかみ》と北斗八星を意味していることは、既に述べています。

そればかりか、北斗八星は、多くの意味を持っているのです。

伊勢神宮においては、北斗八星である豊受大神は、天照大神（北極星と習合）に神饌《しんせん》を届ける役目を負っています。

北斗八星という大匙《おおさじ》で、北極星と習合している天照大神に、神饌を届けているのです。

また、北斗八星は、北極星（天帝・天皇）を乗せる帝車《ていしゃ》でもあります。

私は、この神饌を届ける大匙《おおさじ》を帝車と合わせ、「御饌津車《みけつしゃ》」と名づけたいと思います。

伊勢神宮においては、御饌津車《みけつしゃ》、つまり北斗八星の豊受大神によって、神饌を、天照大神（北極星）に届けられるのです。

大嘗祭においては、御饌津車《みけつしゃ》、つまり北斗八星の御膳《みけ》八神（豊受大神）によって、神饌《しんせん》・供物《くもつ》を大嘗宮の天照大神（北極星と習合）に届けられるのです。

御膳《みけ》八神は、悠紀《ゆき》田・主基《すき》田の御稲《みしね》の穀霊となり、またその御稲《みしね》を守護し祀っているのではないでしょうか。

3）造酒童女《さかつこ》は、御膳《みけ》八神（北斗八星・豊受大神）を象徴している

造酒童女《さかつこ》の存在ですが、御膳《みけ》八神を象徴していると思われます。

造酒童女《さかつこ》は、悠紀《ゆき》田・主基《すき》田から北野の斎場、そして北野の斎場から大嘗宮においても、「輿《こし》」に

乗って移動します。ずっと、輿《こし》に乗って移動するのです。
輿《こし》に乗る人物は、造酒童女《さかつこ》のみです。

豊受大神（北斗八星）は、丹波国の真名井《まない》に舞い降りた八天女の中の一人であって、酒造りの上手な天女を象徴しています。

酒造りの件からしても、造酒童女《さかつこ》は、豊受大神（北斗八星・御膳《みけ》八神）と関係が深いといわざるを得ません。

私は、御膳《みけ》八神（八神殿）が、つまり北斗八星（豊受大神）が御饌津車《みけつしや》となり、そして、造酒童女《さかつこ》を象徴して、御稲《みしね》・供物《くもつ》を運ぶ役目を負っていると見ます。

大嘗祭において、神饌供物《しんせんくもつ》を運ぶ、移動するという役目も、御膳《みけ》八神、つまり北斗八星が負っていると思われるのです。

6　北斗八星は、宇宙の帝車であり、天照大神と北極星（天皇）をお乗せして、八重畳までお招きする

（1）悠紀殿《ゆきでん》・主基殿《すきでん》は、高天原《たかあまはら》に存在

大嘗祭の神事は、『古事記』『日本書紀』に出てくる高天原《たかあまはら》神話の再現です。

よって、大嘗祭の神事は、高天原《たかあまはら》にある、大嘗宮の悠紀《ゆき》殿・主基《すき》殿の中で行われているのです。

では、高天原《たかあまはら》は、天上のどこに存在するのでしょうか？

「高天原《たかあまはら》論争」がありますが、高天原は地上にある、という説はとりません。

『古事記』と『天神寿詞《あまつかみのよごと》』を読むかぎり、天上界にあります。

よって、「高天原《たかあまはら》は神の住まう場所であるから、天上や天より高い宇宙に決まっており、それ以外の場所を考えるのは不遜である」とする本居宣長《もとおりのりなが》の説も、納得がいくものです。呪術からみても、それが正しいと思われます。

大嘗祭における高天原とは、少なくとも、北極星を中心として一日一周している北斗八星を含めた内側であると想像しています。

そして、大嘗宮の悠紀《ゆき》殿・主基《すき》殿は、古代中国天文学でいうところの、天帝の一族が住んでいると言われている北極星の周りを指す「紫微垣《しびえん》」に相当すると考えています。

それは、大嘗祭は冬至祭であり、北極星の祭でもあるからです。

また、大嘗祭と伊勢神宮の呪術は、セットである、と考えられるからです。

つまり、北極星（内宮・天照大神・天皇大帝《てんこう》）と北斗八星（外宮・豊受大神）の存在です。

大嘗宮の悠紀《ゆき》殿・主基《すき》殿は、高天原《たかあまはら》の北極星に近い、紫微垣《しびえん》に相当する場所であり、そこで、天照大神（太陽）と北極星の習合《しゅうごう》が行われるのです。

悠紀《ゆき》殿と主基《すき》殿は、神事が終わると、すぐさま壊却《えきやく》されます。

これは、高天原《たかあまはら》にあった建物として考えられていたことの証拠であろうと思います。

（2）日没とともに出現する北斗八星の位置が大嘗祭の神事の始まり

大嘗祭の神事は、夜の午後八時頃、廻立殿《かいりゅうでん》に天皇が御《ぎょ》され、それから悠紀《ゆき》殿に渡御《とぎょ》され、午後九時半頃から始まります。

しかし、その前に、暗くなり始めた午後六時頃から、造酒童女《さかつこ》が稲を舂《つ》き、酒波《さかなみ》以下が皆で舂《つ》き終わります。舂《つ》き終わると、御飯を炊《た》きます。御飯は、整えられた他の神饌《しんせん》とともに、膳屋《かしわや》の盛殿《もりどの》に準備されます。

午後六時（酉《とり》の刻）、大嘗宮に燈《あかり》と庭燎《にわび》がつけられます。

午後六時頃、北斗八星は、地平線上に姿を現します。

北斗八星は、北半球の奈良・京都の緯度《いど》では、夜になればいつでも見られます。

冬至（十二月二十二日頃）の日没後の北斗八星は、地平線に、枡《ます》（魁《さきがけ》）の部分を見せていて、地上に最も近づきます（図5－6）。

まさに、北斗八星が地上の最も近いところから、スタートし、上に昇っていく姿です。

それは、これから大嘗祭が始まることを示しているようです。

午前零時で、北斗八星の尾の位置は、まっすぐに立ち、北（垂直・大地）を示しています（建子月《けんしげつ》の冬至を示している）。

神事が終わり、明け方近くなる頃、卯の刻・六時過ぎ頃は、北斗八星の尾が東（卯）の方向を向いています（図5－7）。

・卯日《うのひ》、卯刻《うのこく》の意味

大嘗祭のみならず、上卯の相嘗祭《あいなめさい》、下卯の新嘗祭《にいなめさい》というふうに、ことさら「卯の日」に規定したのはなぜでしょうか？

「卯」は、十二支の第四位で、方位は正東を示し、月では二月を意味します。

時刻は午前六時を意味します（午前五時から七時）。

二月となると陽気が地中から出て草木が芽吹き出し茂りだす。

五行説では「木」を意味します。

悠紀《ゆき》・主基《すき》の神事が終わる頃は、空も明るくなり始めています。太陽が昇り始めています。

北斗八星の柄（尾指《おざ》す）も、太陽の昇る方向の東（卯）を向いていて、時刻も卯の刻を示していま

す。（図5－7）

そして大嘗祭の「主基《すき》の大御饌《おおみけ》」神事が終わった夜明け前の北斗八星は、枡《ます》（魁《さきがけ》）が下の方向に

なり、枡《ます》の中身は空になったとの意味付けも出来ます。

（3）北斗八星（帝車《ていしや》）が、天照大神と北極星を高天原《たかあまはら》の八重畳《やえだたみ》に運ぶ……八重畳で習合

高天原《たかあまはら》の悠紀《ゆき》・主基《すき》両殿の八重畳《やえだたみ》に、天照大神（太陽）と北極星がお休みになられるのですが、ど

のようにして、神様に来ていただくのでしょうか？

大嘗宮には、神様を降ろす神籬《ひもろぎ》がありません。

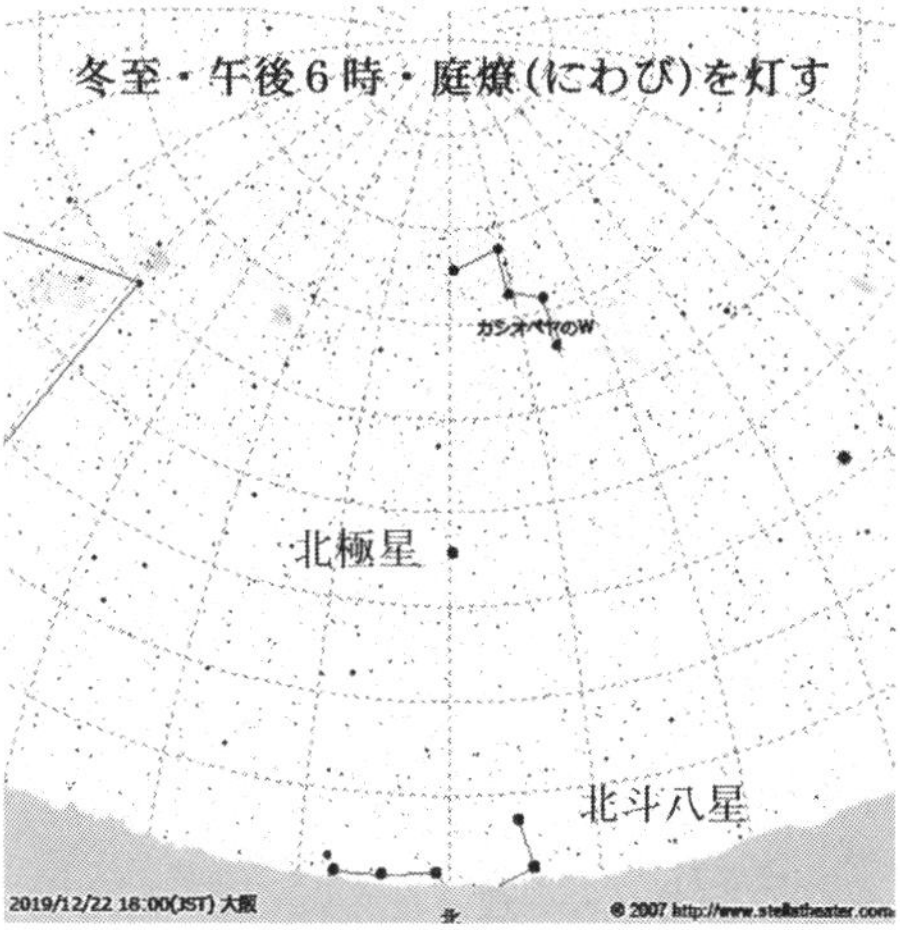

図5－6　庭燎《にわび》のともる卯刻・午後6時頃の北斗八星の位置／「星図　Stella Theater Pro (http://www.toxsoft.com)」参考

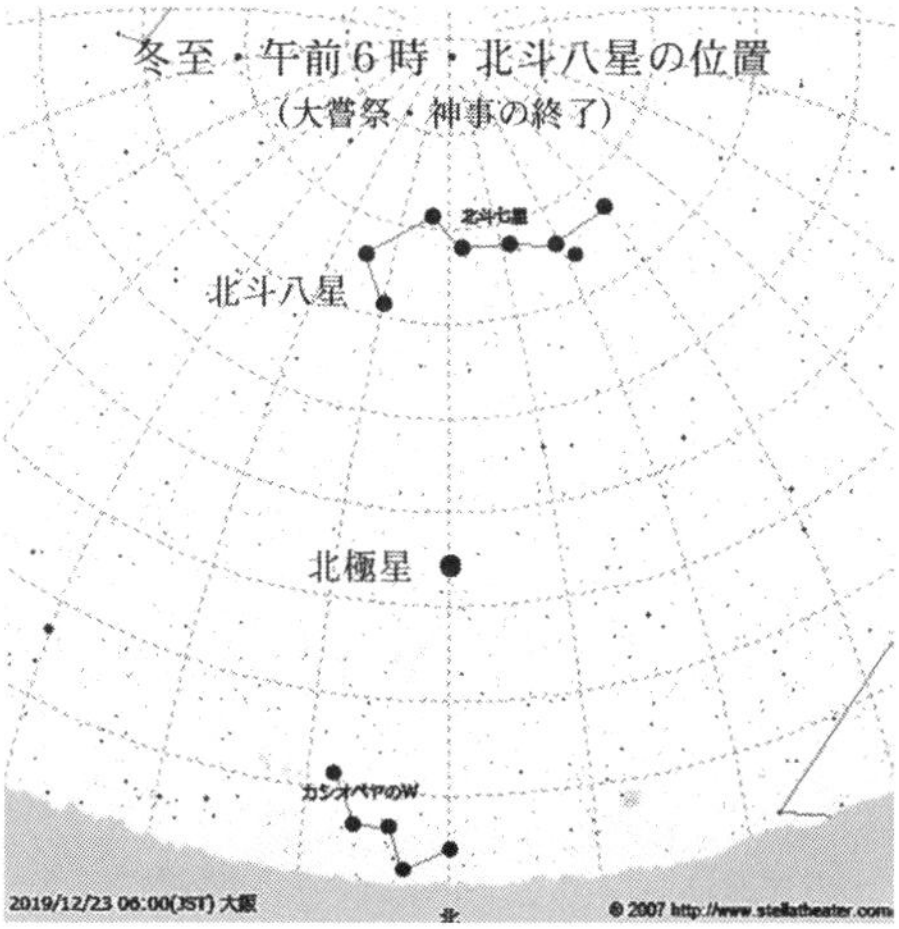

図5－7　大嘗祭神事の終了する午前6時頃の北斗八星の位置／「星図　Stella Theater Pro (http://www.toxsoft.com)」参考

神様をどのようにして迎《むか》え入《い》れるのか、の疑問に対して、多分、いままで誰も回答をした人はいません。

大嘗祭の場合は、大変、特殊でありまして、神様を帝車《ていしゃ》（北斗八星）にお乗せして、八重畳《やえだたみ》までお運びするのです。

帝車（北斗八星）については、既に、第4章で述べていますが、再度、述べます。

北斗八星は、中国の伝承によれば、天帝（北極星）の乗り物・帝車です。

北斗八星は、北極星（天帝・天皇大帝・天皇《てんこう》）をお乗せし、宇宙を駆け巡ることが出来るのです。

帝車（北斗八星）は、宇宙を自由に運行できる宇宙船なのです。

つまり、帝車（北斗八星）は、天照大神（太陽）をお乗せして、八重畳まで運ぶのです。

そして、北極星も、帝車（北斗八星）にお乗せして八重畳まで運ぶのです。

それが、北斗八星（帝車）の役目なのです。

八重畳《やえだたみ》は、いつ、悠紀《ゆき》殿・主基《すき》殿に舗設《ほせつ》されるのでしょうか？

酉《とり》の刻は日暮れの午後六時頃、掃部《かもん》寮《りよう》の者が設置します。

八重畳の舗設が完了する頃には、北斗八星も、姿を現しています（図5-6）。

帝車（北斗八星）は、地平線下に沈んだ天照大神（太陽）を、帝車（北斗八星）にお乗せして、高《たか》天原《あまはら》の大嘗宮の悠紀殿に鋪設《ほせつ》してある八重畳にお届けするのです。

そして、神事が始まるまで、八重畳の中で休んでいただくのです。

冬至の日、北斗八星の位置が最も大地に近づくのは、太陽が没して、夜が始まる頃です。大地の地下に没した太陽を北斗八星が掬《すく》い上げて高天原《たかあまはら》の悠紀《ゆき》殿の八重畳にお届けする、という状況がピッタリと表現されているのです（図５－６）。

北斗八星（帝車）は、北極星に対しても、天照大神（太陽）と同様、北斗八星（帝車）にお乗せして、高天原《たかあまはら》の悠紀《ゆき》殿の八重畳にお届けするのです。

天照大神（太陽）と北極星は、神事が始まるまで、八重畳の中で御休寝していただきます……これが天照大神（太陽）と北極星の習合です。

そして、悠紀殿での神事が終われば、天照大神（太陽）と北極星は、北斗八星・帝車に乗って、お隣の主基殿《すきでん》の八重畳《やえだたみ》に移っていただき、御休寝なされるのです。

主基《すき》殿の神事に対しては、また同じことを繰り返すのです。

八重畳は単なる八重畳ではないことが、お分かりいただけたと思います。

（4）高松塚古墳と北斗八星・帝車

北斗八星（帝車）が、天照大神（太陽）と北極星をお乗せして、大嘗宮の八重畳にお届けすることを記しました。

天照大神（太陽）ではありませんが、北斗八星が北極星（天皇）をお乗せして、宇宙を駆け巡るという、事例があります。

それが、高松塚古墳壁画です。

既に第4章で述べていますが、大嘗祭の八重畳の事例の証拠となりますので、あえて再び記します。

私見ながら、奈良時代の717年、高松塚古墳（被葬者《ひそうしゃ》・石上麻呂《いそのかみのまろ》）は造られました。

高松塚古墳壁画は、北斗八星（八人ずつの男女・石上麻呂《いそのかみのまろ》）が、天井に描かれた北極星（文武《もんむ》天皇）をお乗せして、宇宙遊覧をしていただくという、趣向を込めた、いわゆる出向図《しゅっこうず》を表現したものでした。

当時は、このように、北斗八星は北極星（天皇）をお乗せする帝車でもあるという哲理があったのです（『古代天皇家の謎は「北斗八星」で解ける』徳間書店・畑アカラ）。

※出向図《しゅっこうず》とは、古代中国古墳壁画に描かれたもので、被葬者が墓から出て、息抜きをするという意味合いを持っています。

※高松塚古墳には北斗星は描かれていませんが、墓全体が、北斗八星を意味しています。

高松塚古墳壁画の事例からも、大嘗祭において、北斗八星（帝車）の役目は、天照大神と北極星をお乗せして、八重畳にお届けすることであった、ということが推察できるのです（図４－42、図４－43）。

7　天皇はどうして高天原《たかあまはら》の悠紀《ゆき》殿・主基《すき》殿に行くことができるのか？

では、天皇は、高天原《たかあまはら》の大嘗宮の悠紀《ゆき》殿・主基《すき》殿に、どのようにして行くことができるのでしょうか？

その答えのヒントは、二つあります。

一つは、廻立殿《かいりゅうでん》で天皇は天《あめ》の羽衣《はごろも》を着て沐浴《もくよく》しますが、その天《あめ》の羽衣《はごろも》の意味を解明することで分かります。

二つ目は、天皇は、廻立殿《かいりゅうでん》から悠紀殿《ゆきでん》・主基殿《すきでん》に渡御《とぎょ》しますが、その渡御《とぎょ》の仕方が、大変特殊であり、この特殊性を解明することで分かります。

(1) 天《あめ》の羽衣《はごろも》の意味

天皇は、廻立殿《かいりゅうでん》で沐浴《もくよく》したあと、悠紀殿《ゆき》・主基殿《すき》に、渡御《とぎょ》されますが、沐浴の仕方が独特なのです。

沐浴《もくよく》するとき、「天《あめ》の羽衣《はごろも》」と言われる御帷《おんかたびら》を召されて、御槽《ふね》の中に入られ、湯の中に衣を脱ぎ捨ててお出になられるのです。

この所作は、何を意味しているのでしょうか?

意味も無くこのようなことをするとは、考えられません。

「天《あめ》の羽衣《はごろも》」といえば、外宮の豊受大神《とようけのおおかみ》が浮かんできます。

豊受大神は、丹後国風土記《たんごのくにふどき》に出てくる八天女伝説の中の一人です。

水浴中に羽衣を隠されたので、天に上がれなくなって、地上に残った天女です。

私は、「天《あめ》の羽衣《はごろも》」は、豊受大神（北斗八星・八天女・帝車）を象徴していて、天に昇る力を持っていると推測します。

なぜなら、天女は、羽衣《はごろも》があってこそ天に舞うことが出来るのです。そして天界と地上を行き来できるのです。

しかし、天皇は、天《あめ》の羽衣《はごろも》をお召しになって沐浴《もくよく》した後、天の羽衣を脱ぎ捨てています。

このことは、どのように理解したらいいのでしょうか？

天の羽衣を身に付けていなかったら、天に達することが出来ません。

天皇は、いったん、天《あめ》の羽衣《はごろも》を身につけたことで、八天女（豊受大神・北斗八星・御膳《みけ》八神）によって、守護される身になったと解釈します。

ではどうしたら、天皇は高天原《たかあまはら》に行くことが出来るのでしょうか？

そのヒントは、天皇が廻立殿《かいりゅうでん》から悠紀《ゆき》・主基《すき》両殿に渡る、その渡御《とぎょ》の儀式形式にあります。

渡御《とぎょ》について検証します。

（２）渡御《とぎょ》は、天皇が帝車に乗って高天原《たかあまはら》の悠紀《ゆき》殿・主基《すき》殿にいく姿

天皇が、廻立殿《かいりゅうでん》から、悠紀《ゆき》殿・主基《すき》殿に渡御《とぎょ》する所作《しょさ》が、尋常《じんじょう》ではありません。

この特異さは、重大な意味を含んでいると思わせるに充分です。

廻立殿《かいりゅうでん》から大嘗宮への渡御《とぎょ》の方法ですが、御巫《みかんなぎ》、猿女《さるめ》、中臣《なかとみ》、忌部《いんべ》が左右に前行し、大臣が天皇の直前を歩行します。

天皇は菅蓋《すげかさ》を差し掛けられ、脂燭《ししょく》で足元が照らされる中を、徒跣《とせん》（素足で歩くこと）で葉薦《はごも》の上を進みなされます。

天皇専用の道として葉薦《はごも》が前方に展《の》べられていきます。そしてその歩みにつれて後方ではこの葉薦《はごも》は端から巻き収められるのです。

なぜ、このような驚くべき変則的な儀礼所作《しょさ》があるのでしょうか？

この儀礼は何を意味しているのでしょうか？

これは天武《てんむ》・持統《じとう》天皇の呪術です。

大嘗祭を創設した天武・持統両天皇の呪術を理解するほかないのです。

この特殊性の中にこそ、大嘗祭の本義が隠されているのです。

私見ながら、天皇の渡御《とぎょ》は、地上の廻立殿《かいりゅうでん》から、北斗八星の帝車《ていしゃ》に乗って、高天原《たかあまはら》の悠紀《ゆき》殿、主《す》基《き》殿に昇天していく姿を表現していると、思われます。

ならば、敷いて巻き上げていく葉薦《はごも》は、北斗八星（帝車）であると、推測可能です

葉薦《はごも》＝北斗八星・帝車《ていしゃ》（八天女・豊受大神）です。

天《あめ》の羽衣《はごろも》をお召しになったことで、八天女（北斗八星）の力を借りることが出来るようになったのです。

よって、天皇は、北斗八星（帝車）を、地上の廻立殿《かいりゅうでん》まで迎えに来させることが出来るのです。

もし、渡御《とぎょ》の姿が、天皇が帝車に乗っている姿だとしたら、このように考えられます。

わざわざ、葉薦《はごも》を敷いて巻き上げていく、この不思議な重労働な行為は、呪術であって、右のような意味を持っていると思われます。

天皇が渡御《とぎょ》される廻立殿《かいりゅうでん》から悠紀殿《ゆきでん》までの道筋に、大蔵省が二幅の布単《ふたん》を敷く。布単とは単《ひとえ》の布のことである。

中古までは、柴垣内の地面に八幅の布単八条が敷かれた。

（『大嘗祭』鳥越憲三郎・角川書店）

「八幅の布単《ふたん》八条」は、聖数「八」の意味を含むことは勿論のこと、「八州《やしま》（独立国・日本・北斗八星）」の意味も含み、八州の君主として「八州のロード」を歩むことをも、象徴していたのではないでしょうか。

この渡御《とぎょ》の意味を解かなければ、大嘗祭の本義を解いたことには、ならないのでは、と思わせるほどの重大な儀礼所作《しょさ》だと思います。

新天皇が渡御《とぎょ》される姿は、北極星（天皇）所有の自家用車（帝車・宇宙船）に乗って、地上の廻《かい》立殿《りゅうでん》から高天原《たかあまはら》の悠紀《ゆき》殿・主基《すき》殿に行く姿を表現しているのです（図５－９）。

高松塚古墳壁画の出向図《しゅっこうず》の姿と、似ていますね。同じ呪術を使っているのです。わざわざ、高松塚古墳の呪術を記したのも、この呪術の証明のためです。同じ帝車の事例があるのです。

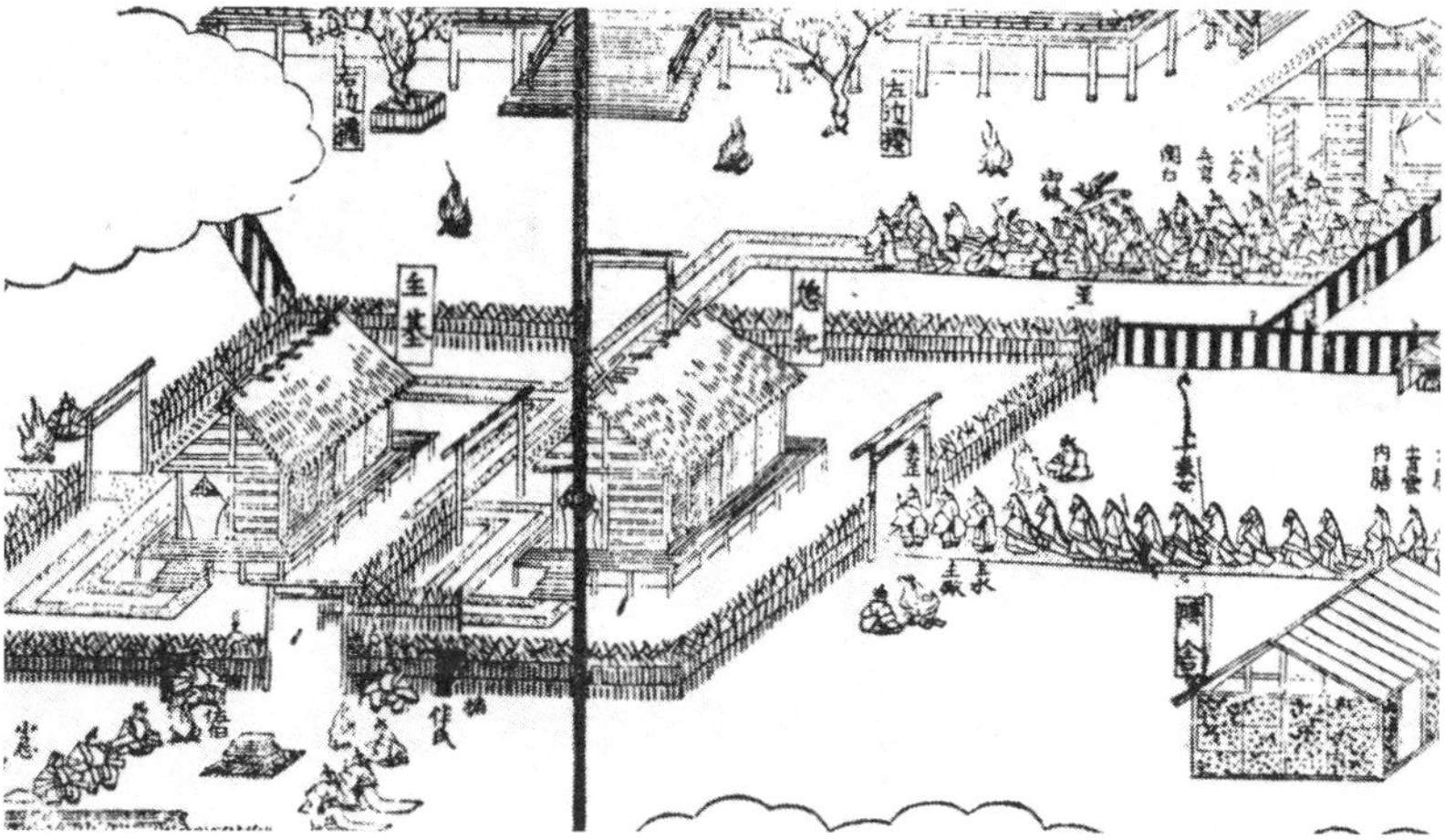

図５－８　大嘗会南庭上・悠紀・主基殿図（嘉永元年版御代始鈔口絵）（田中初夫『践祚大嘗祭』木耳社より）

図５－９　北斗八星・帝車に乗る天皇

第6章　神話と神饌《しんせん》御《ご》供進《きょうしん》神事

1　神饌御供《ごきょう》進神事《しんじ》

第5章において、高天原《たかあまはら》に存在する悠紀《ゆき》殿・主基《すき》殿の八重畳《やえだたみ》において行われる、天照大神（太陽）と北極星の習合《しゅうごう》について記しました。

天皇は、地上の廻立殿《かいりゅうでん》から、北斗八星（帝車）に乗って高天原《たかあまはら》の悠紀殿・主基殿へ渡御《とぎょ》し、八重畳で休寝（習合）している、「天照大神と北極星」に合流します。

そして、天皇は、「習合した天照大神と習合した北極星」と一緒に、新穀・神饌を召し上がります（ご相伴《しょうばん》の神として御膳《みけ》八神）。

この共食によって、天皇は、天皇の資格を得るわけです。

そして、天孫降臨《てんそんこうりん》（帰りの渡御《とぎょ》・還御《かんぎょ》）をして、地上の廻立殿《かいりゅうでん》に戻って来るのです。

天皇が神様とご一緒に共食をなさる前に、神饌《しんせん》を悠紀《ゆき》・主基《すき》殿に運ぶ、神饌行立《しんせんぎょうりゅう》の神事があります。

（1）神饌行立《しんせんぎょうりゅう》は北斗八星によって、運ばれる

神饌行立《しんせんぎょうりゅう》とは、卯《う》の日の午後九時半頃（亥《い》の一刻）、膳屋《かしわや》を出発し、安曇《あずみ》・高橋両氏が内膳司《ないぜんし》の官人と采女《うねめ》を率いて松明《たいまつ》を先頭に神饌《しんせん》を納めた筥《はこ》などを悠紀《ゆき》殿に運びこみますが、その事を言います（主基《すき》殿は午前三時半頃）。

その神饌《しんせん》と行列は以下の通りです（図6－1）（図6－2）。

①脂燭《しそく》（伴造《とものみやつこ》）
②削木《けずりぎ》（采女朝臣《うねめあそん》）。警蹕《けいひつ》を発する
③竹杖《たけのつえ》（宮主卜部《みやじうらべ》）
④海老鰭槽《えびのはたふね》（水取連《もいとりのむらじ》）
⑤多志良加《たしらか》（手水用の水を入れ、注ぐ器。水取部《もいとりべ》）
⑥楊枝筥《ようじばこ》（典水采女《もいとりのすけうねめ》）
⑦御巾筥《おんたなごいばこ》（典水采女《もいとりのすけうねめ》）
⑧神食薦《かみのすごも》（陪膳采女《ばいぜんうねめ》）
⑨御食薦《みすごも》（後取《しんどり》采女）
⑩枚手筥《ひらてばこ》（手長《てなが》采女）
⑪箸筥（手長采女）
⑫御飯《ごはん》筥（手長采女）
⑬生魚《なまもの》筥（手長采女）
⑭干魚《からもの》筥（手長采女）
⑮菓子《このみ》筥（手長采女）
⑯蚫汁漬《あわびのしるづけ》（高橋朝臣《あそん》）
⑰海藻汁漬《めのしるづけ》（安曇宿祢《すくね》）
⑱空盞《こうさん》（盃。膳部《かしわでべ》二人）
⑲御羹《おんあつもの》八足机《はっそくのつくえ》（膳部二人）
⑳御酒《みき》八足机《はっそくのつくえ》（酒部《さかべ》二人）
㉑御酒《みき》御直会《おなおらい》八足机《はっそくのつくえ》（酒部二人）

以上の順にて行列し、殿の南戸口にて、一旦停止します。この時、先頭の采女朝臣《うねめあそん》がオーシーと長く警蹕《けいひつ》（先払いの声）を唱えます。

天皇は、この声を聞かれて中戸に入り、御座《ぎょざ》に着御《ちゃくぎょ》されます。
このようにして、神饌《しんせん》は、地上の膳屋《かしわや》から、高天原《たかあまはら》の悠紀《ゆき》殿・主基《すき》殿に運び込まれます。
私見ながら、神饌《しんせん》は、北斗八星（大匙《おおさじ》・豊受大神《とようけのおおかみ》・御膳《みけ》八神）を通して、高天原《たかあまはら》の悠紀殿・主基殿に運び込まれると推察します。

この場合、北斗八星（大匙《おおさじ》・豊受大神・御膳《みけ》八神）に当たるものは、整然と威儀《いぎ》を正して運ぶ、安《あ》曇《ずみ》・高橋両氏に率いられる官人と采女《うねめ》であろうと、思われます。
「神饌行立《ぎょうりゅう》の行列＝北斗八星＝大匙《おおさじ》＝帝車」により、天照大神と北極星に届くのです。

伊勢神宮においては、外宮《げくう》の豊受大神（北斗八星）を通して天照大神に神饌が送られます。豊受大神（北斗八星）の任務は、そこにあります。

このことが、大嘗祭の呪術にも採用されていると思われます。
天皇の渡御《とぎょ》のように、葉薦《はごも》の上を進みなされることはないですが、膳屋《かしわや》から悠紀《ゆき》殿・主基《すき》殿へと神《しん》饌行立《せんぎょうりゅう》される道は、地上の膳屋《かしわや》から高天原《たかあまはら》に続く道であると思われます。

すなわち、神饌は、神饌行立《ぎょうりゅう》の行列＝北斗八星（大匙《おおさじ》・豊受大神・御膳《みけ》八神・帝車）によって、地上の膳屋《かしわや》から、高天原《たかあまはら》の悠紀《ゆき》殿・主基《すき》殿へと運ばれるのです。

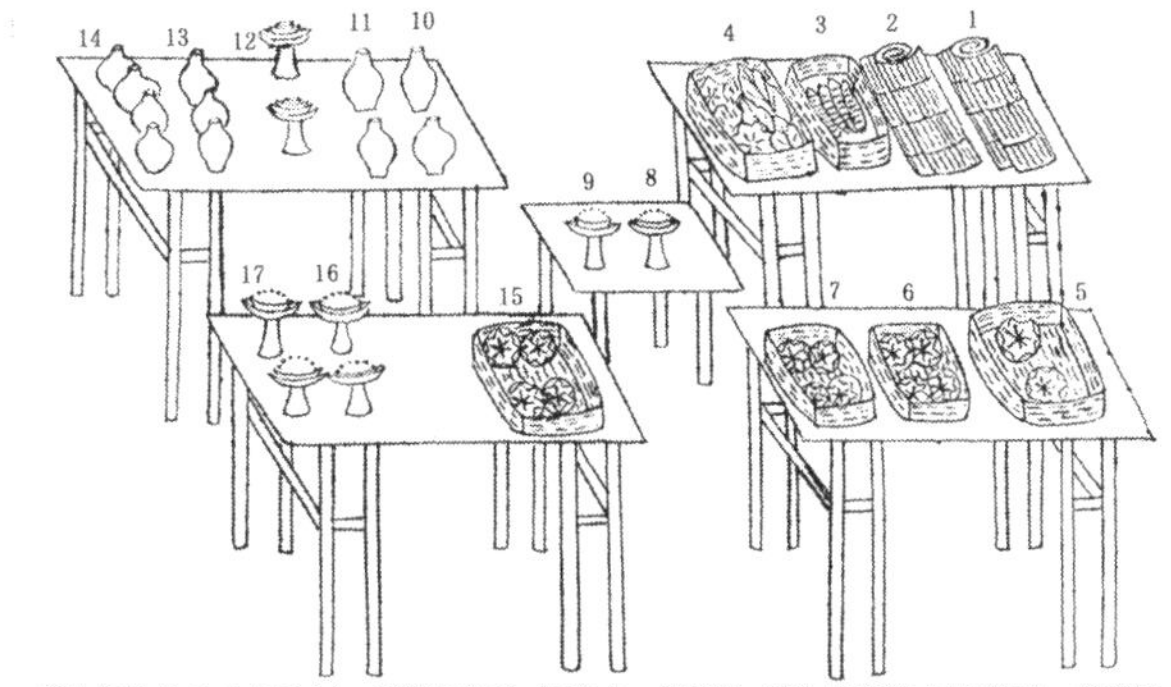

①神食薦(かみのすごも)　②御食薦(みすごも)　③御箸　④枚手筥(ひらてばこ)　⑤御飯
⑥鮮物(なまもの)　⑦干物(からもの)　⑧和布羹(わかめのあつもの)
⑨鮑羹(あわびのあつもの)　⑩白酒(しろき)　⑪黒酒(くろき)　⑫御酒　⑬白酒
⑭黒酒　⑮菓子(このみ)　⑯米御粥　⑰粟御粥

図６－１　『即位禮と大嘗祭』・三浦周行・神社新報社より

図６－２　新嘗祭の図・神饌行立・『大嘗祭』真弓常忠・図書刊行会・（宮内庁書陵部蔵・『図説・宮中行事』同盟通信社刊）合成

イメージとしては、神饌《しんせん》は、北斗八星の枡《ます》の中に入れられて、運ばれます。

神饌行立《ぎょうりゅう》の最後の列に、⑲御羹《おんあつもの》八足机（膳部二人）⑳御酒《みき》八足机（酒部《さかべ》二人）㉑御酒《みき》御直会《おなおらい》八足机（酒部二人）とあるのは、八足机《はっそくのつくえ》が、北斗八星・帝車を象徴していると、深読みも出来ます。

神饌行《ぎょうりゅう》立ですが、采女《うねめ》氏が前方に立ち、「オーシー」という警蹕《けいひつ》（周囲を戒《いまし》め先払いする声）をかけながら進みます。

このことにより、神饌行立は、神や天皇の移動に準じた態勢であることが分かります。

（2）神饌御供《ごきょうしん》進次第

前述したように、神饌は、北斗八星（大彪《おおさじ》・豊受大神）によって、高天原《たかあまはら》の悠紀《ゆき》殿・主基《すき》殿の内陣に整えられます。

悠紀・主基両殿の内陣の中央には、第一の神座《しんざ》（寝座）・八重畳《やえだたみ》が設置されています（図6－3）。

この第一の神座の東に天皇の御座《ぎょざ》が置かれます。

さらに東に第二神座である短帖《たんじょう》が敷かれています。

第一の神座・八重畳《やえだたみ》には、天照大神（太陽）と北極星が、先に招かれ、一緒に休寝なさっておいでです。ここで習合《しゅうごう》したことになります。

第二の神座・短帖は、「習合した天照大神と習合した北極星」が、神饌をお召し上がりになる場所と考えられます。そして御膳《みけ》八神もご相伴《しょうばん》されていると思われます。

内陣においては最姫《もひめ》（陪膳女官《ばいぜん》）、次姫《つぎひめ》（後取女官《しんどり》）の奉仕によって、御親供《ごしんく》が行われますが、これは大嘗祭における最も神秘的な儀式で、その詳細は、いずれも秘伝、口伝《くでん》とされています。それでも、ある程度の資料は残っていますので簡単に述べると、次のように神事は行われます。

陪膳《ばいぜん》（最姫《もひめ》）と後取《しんどり》の采女《うねめ》が、神食薦《かみのけこも》、御食薦《みけこも》を敷きます。

そして、采女《うねめ》十姫が殿内に入り、中戸口前まで進んで、二列に雁列して控え、その他は殿外にとどまります。

次に、典水采女《もいとりのすけうねめ》二人が内陣に入り、御座《ぎょざ》に着いて御手水《おちょうず》を供します。

この後、後取采女《しんどりうねめ》は、中戸口の所で、枚手筥《ひらてばこ》以下を順次、手長采女《うねめ》から受けて陪膳《ばいぜん》（最姫《もひめ》）に渡します。

更に、南戸口において、手長采女《てながうねめ》は高橋朝臣や膳部《かしわでべ》など内膳の十男から交互に汁漬《しるづけ》以下を受けて後《しん》取采女《どりうねめ》に渡します。

天皇は、陪膳《ばいぜん》（最姫《もひめ》）と称する采女《うねめ》の一人から渡された「八葉盤《やひらで》」（柏の葉などを重ねて作った皿状の食器）の上に、米と粟の御飯《ごはん》その他を盛り、陪膳《ばいぜん》（最姫《もひめ》）がそれを「神食薦《かみのけこも》」の上に載せます。

それに箸を立てたのち、肴《こう》と菓子《このみ》を重ね、白酒《しろき》・黒酒《くろき》を四度そそぎます。

これを十回行います。

次には御食薦《みけこも》（天皇用）の上に御飯を置き、箸を立てます。

これに三箸だけ口をつけて、白酒《しろき》四度・黒酒《くろき》四度の杯をとります（八の世界ですね）。

天皇がまず神に対してお食事を差し上げ、次に御自分が同じものを受けて召し上がります。

御飯を召し上がるときも、御酒《みき》を召し上がるときも、その都度、拍手《かしわで》、称唯《いしょう》される、とされています。

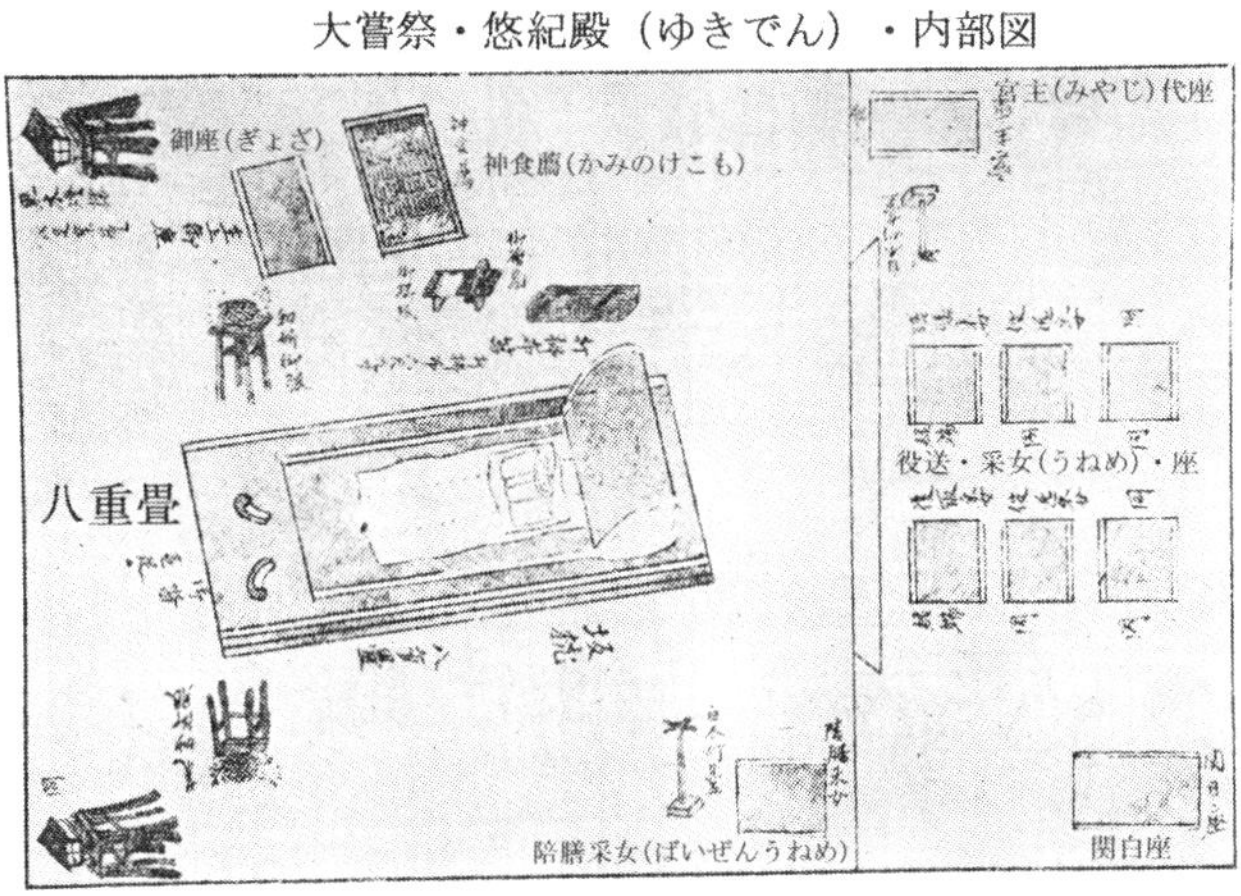

図６－３　大嘗會悠紀殿内平面略図（「太陽」御大禮盛儀号所載）／（田中初夫『踐祚大嘗祭』木耳社）

称唯《いしょう》は、非常に畏《かしこ》まって「ハハーッ」ということ（一説には「おお」の意）だともいわれています。

※拍手称唯《かしわでいしょう》は、目上の方から物を戴き受ける時の上代の作法です。

以上が供膳《きょうぜん》の儀です。

御親供《ごしんく》は文字通りの親供《しんく》で、御親《みずか》らお箸をとって、これを枚手《ひらて》（柏の葉の皿）に御盛りになさるのです。

※「親供《しんく》」とは、天皇がみずから神に供《く》物《もつ》を献ずること、です。

直会《なおらい》が終わると、再び御手水《おちょうず》があり、天皇は廻《かい》立殿《りゅうでん》に還御《かんぎょ》なされ、悠紀《ゆき》殿の儀は終了となります。この還御《かんぎょ》は亥《い》四刻（午後十一時頃）です。

引き続き主基《すき》の儀となり、神祇官人は内膳《ないぜん》の膳部《かしわでべ》などを率いて主基の膳屋《かしわや》に移り、悠紀と同様に稲舂《いねつき》より始めて神膳を調理します。

天皇は丑《うし》四刻（午前三時頃）に主基《すき》殿に渡御《とぎょ》なされ、悠紀《ゆき》と同じ次第で御儀《おんぎ》をなされ、寅《とら》四刻（午前五時頃）の日の出に近い時刻に終了します。

（3）共食神事の意義

『宮主《みやじ》秘事口伝《くでん》』に「大嘗祭は神膳の供進第一の大事なり。秘事なり」と記されています。「秘事」とされてきた、天皇と神様との共食神事は、どのような意味を持っているのでしょうか？

その前に、率直な感想を述べさせていただきますと、一緒に食事することの、意味深さですね。天皇自らが、お箸をとって柏の葉に新穀をお盛りになり、神様に差し上げ、そしてご一緒に召し上がるという行為、この一点に大嘗祭の大儀・本義があるわけです。

実に、単純な行為です。ただそれだけです。

しかし、この共食に、多くの意味が凝縮されているのです。

時と場所、そして神様のことを考えれば、今まで検証してきたように、いかに、はかり知れない宇宙的な深い意味を持っているかが、分かります。

①　なぜ、時は冬至の日として設定していたのか？

②　なぜ、場所は高天原《たかあまはら》なのか？

③　なぜ、一緒に召し上がる神様は天照大神（太陽）と北極星、そして御膳《みけ》八神なのか？

この三点の疑問に対し、私なりに論じてきました。

天皇が、一緒にお食事なさる主たる神様は、天照大神（太陽）と北極星です。しかし、この二神は、習合しているのです。

そして、ご相伴する形で、一緒にお食事する神様は、御膳《みけ》八神です。御膳八神は、最初の抜穂神事から、最後の後始末神事まで、ずっと見守っている神様です。

では、天皇と御膳《みけ》八神との共食の意味は、何でしょうか？

天皇は、御膳八神と一緒に神饌をお召しになることによって、穀霊を身に付けるのではないでしょうか？

斎庭《ゆにわ》の穂《いなほ》は、御膳《みけ》八神に象徴されます。

御膳《みけ》八神は、稲魂《いなだま》そのものであり、また、その稲魂を守護する御膳八神である、と推察できます。となると、祀る神であり祀られる神でもあるのです。天皇と似ています。

天皇は、天照大神（太陽）と共食することにより、天照大神（太陽）の霊威を身に付け、「日《ひ》の御《み》子《こ》」になります。

そして、同時に、北極星の霊威を身に付け、北極星そのものになります。

そしてさらに、斎庭《ゆにわ》の穂《いなほ》の穀霊そのものであると同時にそれを育て守っていく御膳《みけ》八神の霊威を身に付け、総神主の長となります。

これらが揃って、万世一系の天皇の継承者となります。

これで終わりではありません。

もう一つ大事な問題があります。「天孫降臨《てんそんこうりん》」と「真床覆衾《まとこおふすま》」についてです。

この件は、「柏の葉、お箸、粟、お酒」について述べた後に記します。

(4) 柏の葉、お箸、粟、お酒

1) 古代日本のロマン・柏の葉の食器

大嘗祭を調べて驚いたことは、食器に柏の葉が使われていることでした。

天皇が自らが御箸をおとりになって神饌を盛る器が、何と柏の葉、なのです。柏の葉で作られた神饌の容器は、上古より形を変えず今日に受け継がれています。

我々の祖先は、柏の葉を食器代わりに用いていました。

食膳をつかさどる者を、古語で「かしわで」(膳夫)ともいいました。

柏の葉は新芽が出ないと古い葉が落ちません。これを「子が生まれるまで親は死なない」つまり「家系が途絶える事なし」という風に縁起を担ぎ子孫の繁栄を願ったのです。

天武《てんむ》・持統《じとう》天皇は、神代《かみよ》の時代から伝わる日本の歴史や文化を大切にしていたことが、このことでも分かります。

大嘗祭の節会《せちえ》は三日間あります。

序で既に記していますが、再度記します。

最後の節会《せちえ》である豊明節会《とよあかりのせちえ》のフィナーレには、人々に柏の葉を配ります。

人々は柏の葉で黒酒《くろき》・白酒《しろき》を飲み干し、その柏の葉を頭に着けて舞います。

豊明かりの「明かり」は、お酒を飲んで顔が赤くなるところから、そのようにいわれているという説があります。

飲み干した柏の葉を頭に付け、つやつやと顔を赤くして、舞っている姿が想像され、何と優雅なことよ、何とロマン溢れることよ、と感動します。

◎　御枚手《ひらて》は、細かく割った竹を以て骨とし、槲《かしわ》の葉を折り曲げて更にこれを竹に綴《と》じ合わせて皿の如くしたものです。

◎　枚手《ひらて》は、葉盤とも書き、窪手《くぼて》に対するものです。皿の用をなす外に、或いは蓋《ふた》となり、掻敷《かいしき》ともなります。

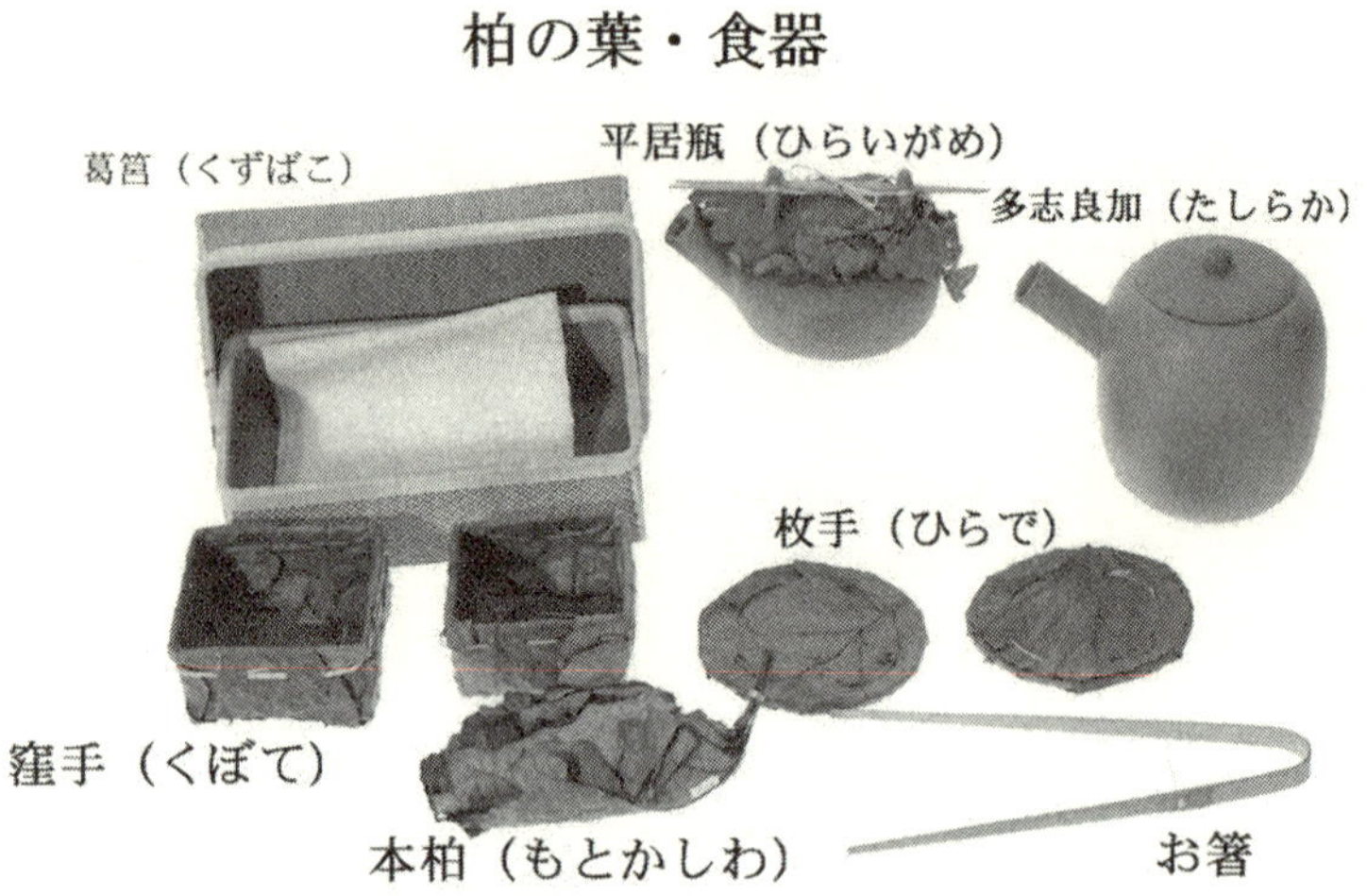

図６－４　『資料で見る大嘗祭』國學院大學学術資料センター篇（國學院大學博物館）より

◎　窪手《くぼて》は、枚手《ひらて》に比し、深く凹めるもので、葉腕とも書いています。これも細かく割った竹を骨とし、槲《かしわ》の葉を折り曲げて綴《と》じ、重箱の如き形に造ったものです。

2)　お箸は、ピンセット型

お箸の形にも、驚きました。普通の二本のお箸だとばかり思っていました。

大嘗祭神事で使われるお箸は、竹を曲げて木綿《ゆう》にて駐《と》めたもので、ピンセット型です。お箸の長さ八寸です。

お箸の数は六膳です。そのうち五膳は神の料《しろ》として使われ、一膳は天皇御直会《なおらい》の料《しろ》として使われます。

このピンセット型のお箸は、上古よりあったものでしょうか？

箸が文献にはじめて登場するのは、ご存じ、

「八俣《やまた》の大蛇《おろち》」伝説であるという説があります。

高天原《たかあまはら》を追放された須佐之男命《すさのおのみこと》が、出雲国・肥の川（現在の斐伊川《ひい》）に降りてみると、川上から箸が流れてきた……。これが箸の初見だと言われています。

この川流れの箸は、ピンセット型の箸であろうと考えられています。なぜならば、もし二本箸なら木の枝と間違えられ、それと分からなかったであろうという、推理からです。

因《ちな》みに、伊勢神宮で使われる常典御饌《じょうてんみけ》に添えられる御箸は、ピンセット型ではなく普通の形で、長さ一尺二寸（36センチ）もあり、かなり長いものです。軸の形は、何と八角で、両端が少し細くなっています。

箸の形ですが、大嘗祭はピンセット形で八寸、伊勢神宮は八角……箸の世界も、「八の世界」です。

3) 粟《あわ》の存在

大嘗祭において、粟《あわ》の存在感は、無きに等しいと言ってもよいほどです。

しかし、粟も米と同様、「天皇・天照大神（習合された）・北極星（習合された）」に対する神饌となっています（お相伴としての御膳《みけ》八神に対しても）。天皇と神様は、粟を共食されるのです。

これほど大事な神事の対象になっているのに、粟の資料がほとんど見当たらないのです。

稲については、三代神勅《しんちょく》の一つである「斎庭《ゆにわ》の穂《いなほ》の神勅《しんちょく》」を忠実に再現したのが、大嘗祭である、とも言えます。大嘗祭は稲の祭典、と言えるのです。

粟は、大事な神との共食において、ぽつんと、いきなり登場するのです。

この落差は、どのように考えたらよいのでしょうか?


民間の素朴な新嘗祭は、地方によっては、粟の新嘗をしていた所があります。

宮中新嘗祭も、民間の粟の新嘗祭にならい、粟を使っていたと思われます。

宮中新嘗祭は、天武・持統天皇によって創作された大嘗祭とともに、同時に大きく変化しました。

天武・持統天皇は、稲作の普及により日本人の生命を維持しようとしました。日本人の生きる道として、稲作を選択したのです。

天武天皇は、稲の栽培に力を入れたことは、『日本書紀』を読めば分かります。

それなのに、天武・持統天皇は、大嘗祭から粟を外しませんでした。天武・持統天皇は、縄文時代から続いていた粟に敬意をはらっていた、と解釈するほかないのです。

悠紀《ゆき》殿・主基《すき》殿の作りは、丸太をそのまま使った素朴な作りです。

大嘗祭の創作された初期の頃の悠紀殿・主基殿には、床がなく、土の上に蓆《むしろ》を敷いた作りであったとも言われています。

ならば、縄文時代からの形式で神事を行っていたと解釈できるのです。

粟も、縄文時代からの神事を大切に保存しようとした、天武・持統天皇の心意気であったと思われます。

天武・持統天皇の素晴らしさは、中国の呪術や文化を大胆に取り入れながらも、古《いにしえ》の日本文化を大切にした、ということです。

『常陸国風土記《ひたちのくにふどき》』には、初粟《あわ》・初嘗《にひなへ》と記されています。

稲の悠紀田《ゆき》・主基田《すき》とは別に、粟《あわ》を作る畑があったのでしょうか？

谷川健一氏は、「悠紀主基の斎田には米だけでなく粟もつくったことが推定される」と述べています。（『大嘗祭の成立』・小学館）

4）なぜ、聖なる童女がお酒の名前なのか？　造酒童女《さかつこ》

大嘗祭は、食する稲の祭と思っていたのですが、お酒が頻繁に出てきます。稲の次に登場するのがお酒と言っても過言ではありません。

やはり、祭には、古《いにしえ》からお酒が付きものですね。

造酒童女《さかつこ》（造酒児とも）の名前が印象的です。童女にお酒とは、何事かと思われることでしょう。

古来、お酒を造るには、御飯を口でかみ砕いて発酵させて作ったとの説がありますが、かみ砕く役目を童女が担っていたようです。

　このように考えれば、造酒童女《さかつこ》のネーミングも、不思議ではないのかも知れません。

　造酒童女《さかつこ》は、稲春《いねつき》の儀、抜穂《ぬいぼ》の儀、京の斎場の地を鎮める儀、大嘗宮を造る用材を伐《き》る儀、草を刈る儀、御井《みい》を掘る儀、緒儀みなこの造酒童女《さかつこ》が最初に手を下すことになっています。

にもかかわらず、お酒の名を付けています。

　造酒童女《さかつこ》は、宮廷、中央官庁の人物ではありません。造酒童女《さかつこ》は、地方の豪族の未婚の女性……悠紀国と主基国の二人です。


　造酒童女《さかつこ》の特異な点は、大嘗祭前段階における重要な祭儀行事において、常に一貫してあらゆる諸役に先んじて手をくだしている、ということです。

　これは、伊勢神宮の「大物忌《おおものいみ》」という神聖童女と似ています。

　伊勢神宮の「大物忌《おおものいみ》」は、最高神官としての斎内親王《いつきないしんのう》にさえ先んじて祭事に手を付けるほどの神聖性を保持しています。この大物忌《おおものいみ》と造酒童女《さかつこ》がそっくりなのです。

　伊勢神宮と大嘗祭はセットであることが、「大物忌《おおものいみ》」と「造酒童女《さかつこ》」の件からも首肯《しゅこう》できるのです。

　造酒童女《さかつこ》の神聖性をともなう活動状況を表示してみます。

①　九月中旬、悠紀《ゆき》田・主基《すき》殿の抜穂の行事。大嘗祭の生命と言うべき、最も大切な御稲《みしね》を最初に抜き取ります。

②　九月下旬、京に向け出立《しゆったつ》と到着。このとき造酒童女《さかつこ》は「輿《こし》」に乗って移動します。「輿《こし》」に乗るのは、造酒童女《さかつこ》ただ一人です。稲は斎場で乾燥された後、辛櫃《からびつ》と竹籠《たけかご》に納められ、木綿《ゆう》を付けた榊をさして荷擔夫《にかつぎ》三百人が担《かつ》いで京に運びます。

③　九月下旬、京の北野の斎場造営。内院はその到着後、両国の国司によって造営されます。造酒童女《さかつこ》は、まず鋤《すき》をとって穴を掘ります。

④　十月中旬、斎場の御井《みい》を掘る。造酒童女《さかつこ》、最初に御井を掘ります。

⑤　十一月上旬、黒酒《くろき》・白酒《しろき》の酒造。造酒童女《さかつこ》が最初に酒造り用の稲を舂《つ》きます。

⑥　十一月上旬、大嘗宮造営。資材の収集。山に入り山の神を祭り、造酒童女《さかつこ》が最初に斧をとって樹を伐《き》ります。

⑦　十一月上旬、大嘗宮の萱《かや》を取りに行き、野の神様を祭り、造酒童女《さかつこ》が最初に鎌をとって萱《かや》を刈ります。

⑧　十一月大嘗祭の七日前、悠紀殿《ゆき》・主基殿《すき》造営。（1）造酒童女《さかつこ》が、まず庭上に火を鑽《き》りだします。（2）造酒童女《さかつこ》が、宮地の四隅と中央、四方の門とに、食薦《すこも》を敷いて、幣物《へいもつ》（布帛《ふはく》）と神饌を献じます。（3）造酒童女《さかつこ》が木綿を付けた榊を捧《ささ》げ、両殿が建つ四隅と、門が立つところに挿し立てて、斎鍬《いみくわ》で八度、穿《うが》ちます。

⑨　十一月・大嘗祭当日、北野斎場から大嘗宮への供物《くもつ》行列。造酒童女《さかつこ》は、日蔭鬘《ひかげかつら》をつけ、輿《こし》に乗って稲の輿《こし》の前を進みます。参加者の中で輿《こし》に乗るのは造酒童女《さかつこ》のみです。

⑩　十一月・大嘗祭当日、悠紀殿《ゆき》で供御《くご》の御稲《みしね》が舂《つ》き始められます。まず造酒童女《さかつこ》が稲を舂《つ》き、酒波《さかなみ》以下が皆で舂《つ》き終わります。主基殿《すき》も同様。

この一覧表に見られるように、大嘗祭前の神事は、ことごとく造酒童女《さかつこ》の手によって始められています。

造酒童女《さかつこ》は、大嘗祭の祭神に最も近い存在である事が想像されます。

私見ながら、造酒童女《さかつこ》は、最初からずっと見守っている御膳《みけ》八神の霊威を受けており、御膳《みけ》八神の化身ではないかと、思うほどです。

造酒童女《さかつこ》は神（御膳八神《みけはっしん》）の依代《よりしろ》とされている、と理解可能です。

悠紀《ゆき》田・主基《すき》田で収穫された稲は斎場で乾燥された後、辛櫃《からびつ》と竹籠《たけかご》に納められ、木綿《ゆう》を付けた榊をさして荷擔夫《にかつぎ》三百人が担《かつ》いで京に運びます。

川出清彦氏は、「京への運送の列次が神々の神幸に近似している」と述べています。

私は、木綿《ゆう》を付けた榊には、御膳《みけ》八神が降臨していると思わざるを得ません。

御膳《みけ》八神は、既に述べているように、北斗八星に擬《なぞら》えられます。ならば、北斗八星は、帝車・大《おお》匙《さじ》・御饌津神《みけつかみ》車、に擬《なぞら》えられます。

よって、木綿《ゆう》を付けた榊を刺した御稲《みしね》を納めた辛櫃《からびつ》と竹籠《たけかご》は、北斗八星という帝車《ていしゃ》によって運ばれている姿を表現しているとの見解も可能です。

御膳《みけ》八神は、北斗八星帝車《ていしゃ》となって、御稲《みしね》を代表とする供物《くもつ》を、無事、京の斎場まで届ける役割をしているのではないでしょうか。

悠紀《ゆき》田・主基《すき》田の八神殿は、大嘗祭が終了した後、十二月に再び祀《まつ》られ、そして焼却され、すべてが終了します。

（5）なぜ、悠紀田《ゆき》（殿）と主基田《すき》（殿）の二ヶ所なのか？　なぜ、二食なのか？

1）なぜ、悠紀殿《ゆき》と主基殿《すき》があって、まったく同じ神事を行うのか？

不思議ですね。一箇所でやれば簡単にすむものを、なぜ、二ヶ所に分けて神事を行うのでしょうか？

それは、悠紀国《ゆき》と主基国《すき》で、八州《やしま》（日本）を代表しているからだと思われます。

伊邪那岐命《いざなぎのみこと》と伊邪那美命《いざなみのみこと》の国生み神話によれば、この二神によって、八州《やしま》（日本）が誕生しています。

大嘗祭においては、悠紀国《ゆき》と主基国《すき》で、日本全体を表現しているのです。陰陽（悠紀国《ゆき》と主基国《すき》）で一つの八州（日本）二州（国）で八州《やしま》（日本）を表現しているのです。

よって、大嘗祭においては、悠紀国と主基国の百姓《おおみたから》が、参加・奉仕しますが、それは、八州（日本）の人々を代表して参加・奉仕している、ということになります。

また、悠紀田《ゆき》・主基田《すき》の稲は、八州（日本）を代表する稲、そして八州（日本）の国魂を意味している、と思われます。

さらに言えば、悠紀田・主基田の稲は、高天原《たかあまはら》から地上に降りた「斎庭の穂《ゆにわ いなほ》」の稔《みの》りを意味しているのではなかろうかと、深読みしています。

大嘗祭において、稲作の田は、悠紀《ゆき》田と主基《すき》田の二ヶ所となりますが、二箇所の御田《みた》の神話が『日本書紀』に記されています。

是《こ》の後《のち》に、素戔鳴尊《すさのおのみこと》の爲行《しわざ》、甚《はなは》だ無状《あづきな》し。何《いかに》とならば、天照大神《あまてらすおほみかみ》、天狭田《あめのさなだ》・長田《ながた》を以ちて御田《みた》としたまふ。

（『日本書紀』神代紀・第七段　本文）

時に神吾田鹿葦津姫《かむあたかしつひめ》（木花開耶姫《このはなさくやひめ》）、卜定田《うらへた》を以《もっ》て、号《なづ》けて狭名田《さなだ》と曰《い》ふ。其《そ》の田の稲を以《もっ》て、天甜酒《あめのたむさけ》を醸《か》みて嘗《にひなへ》す。又渟浪田《ぬなた》の稲を用《も》て、飯《いひ》に為《かし》きて嘗《にひなへ》す。

（『日本書紀』神代紀・第九段一書第三）

以上のように、『日本書紀』の神話において、御田《みた》は二ヶ所となっています。このことは、悠紀《ゆき》田と主基《すき》田と符合しているのでは、と推測するのです。

2）なぜ、大嘗祭において、二度の食事なのでしょうか？

古《いにしえ》は、人間は二食であったから、当然、神様も二食、といわれています。

一日の始まりは、日の暮れから、という説があります。

実感としてそのことは信じ難いのですが、柳田国男氏は「我々日本人の昔の一日が、今日の午後六時頃、いはゆる夕日のくだちから始まっていたことは、もう多くの学者が説いている」と述べています。

※くだち（降ち）……日が傾くこと。また、そのころ。

ユダヤ暦も、日没から始まるとも云われています。

よって、大嘗祭においても、宵《よい》の悠紀《ゆき》の大御饌《おおみけ》が先で、暁《あかつき》の主基《すき》の大御饌《おおみけ》が次なのは、日の暮れが一日の始まりであったことを考えれば、何ら不思議ではない、のです。

（6）なぜ、大嘗祭は、建子月《けんしげつ》の卯日《うのひ》、卯刻《うのこく》なのか？　北斗八星の位置

大嘗祭は、冬至の日を想定して行われます。

建子月《けんしげつ》（旧暦十一月）は、冬至の日を基準にして定めますから、必ず冬至の日を含みます。

しかし、旧暦では、冬至の日を何日と特定できません。

よって、大嘗祭は、建子月《けんしげつ》の卯日《うのひ》を冬至の日として想定（実際は冬至とずれている）して、行われました。

前述していますが、なぜ、大嘗祭は建子月《けんしげつ》の卯日《うのひ》としたのでしょうか？

大嘗祭のみならず、上卯の相嘗《あいなめ》祭、下卯の新嘗《にいなめ》祭（卯日《うのひ》が月三回あったら、中卯）というふうに、ことさら「卯日《うのひ》」に規定したのはなぜでしょうか？

「卯」に設定したのは、それなりの理由があるはずです。

卯は、十二支の第四位で、方位は正東を示し、月では二月を意味します。時刻は午前六時を意味します（午前五時から七時）。

二月となると陽気が地中から出て、草木が芽吹き、始まりのときを示します。五行説では「木」を意味します。

主基《すき》殿の神事が終わる頃は、空も明るくなり始めています。太陽が昇り始めています。北斗八星の柄（尾指《おざ》す）も、太陽の昇る方向の東（卯）を向いていて、時刻も卯の刻を示しています。

このように、大嘗祭の神事の終わり時は、太陽が昇り初めようとしている、卯刻《うのこく》（午前五時から七時）であり、しかも、北斗八星の柄（尾指《おざ》す）の位置が、太陽の昇る方向の東（卯）を指していて、卯のダブルとなります。

また、卯は季節では春を示します。

大嘗祭の神事により、「日嗣《ひつぎ》の御子《みこ》」は、天照大神の霊威を継承し、また北極星（天皇）となり、天照大神の「日《ひ》の御子《みこ》」となられ、また穀霊を身に付け、新天皇が誕生したのです。「日の御子《みこ》」となられた天皇の誕生を祝うが如く、卯刻《うのこく》（午前五時から七時）の終わりの頃、太陽（天照大神）が、姿を現すのです。

ここに、建子月《けんしげつ》の卯日《うのひ》とした意味があるのではないでしょうか。

（7）秘儀はどうして伝えられるのか？　リハーサル（習礼《しゅうらい》）

神膳《しんぜん》供進神事の礼式の予行練習、つまり習礼《しゅうらい》（リハーサル）が行われます。

※習礼《しゅうらい》とは、重大な儀式があるとき、その礼式の予行練習を行うことをいいます。

では、秘儀のリハーサル、つまり秘儀習礼《しゅうらい》には、誰が出席するのでしょうか？

中尾瑞樹《みずき》氏の論文『大嘗祭〈本義〉考』（論究日本文学）を参考にして記します。

◎『正安《しょうあん》三年大嘗会記《だいじょうえき》』によりますと、後二条天皇、正安《しょうあん》三年（1301年）の大嘗祭の「習礼《しゅうらい》」の際の臨席者は、上皇、天皇、関白、陪膳采女《ばいぜんうねめ》（最姫《もひめ》）、宮主《みやじ》の五名

◎『延慶大嘗会記《えんきょう》』によりますと、花園《はなぞの》天皇、延慶二年（1309年）の大嘗祭の習礼《しゅうらい》の際の臨席者は、上皇、天皇、摂政《せっしょう》、陪膳采女《ばいぜんうねめ》（最姫《もひめ》）の四名

このように、習礼《しゅうらい》の参加者は、ごく少数の者で行われていて、それ以外の者の参加は、厳重に禁止されていました。

しかもわざわざ夜間を選んで習礼《しゅうらい》が行われていたのです。

神膳供進に関する秘められた知識は、「習礼《しゅうらい》」の場において、陪膳采女《ばいぜんうねめ》（最姫《もひめ》）を通して、そして、関白・摂政《せっしょう》や天皇、上皇との問答を通して実現していったのでした。

八重畳《やえだたみ》のある部屋での神事は、陪膳采女《ばいぜんうねめ》（最姫《もひめ》）が天皇と直接やり取りをしますから、陪膳采女《ばいぜんうねめ》（最姫《もひめ》）が、秘事を取り仕切ることになるのです。

多くの次第書が神膳供進の次第を記し得なかった制度的事情はここにあるのです。なかでも中心的役割を演じたのが陪膳采女《ばいぜんうねめ》（最姫《もひめ》）です。

2　真床覆衾《まとこおふすま》と天孫降臨の儀式をされると思われる、その根拠とは？

第1章の概要において「真床覆衾《まとこおふすま》」と「天孫降臨《てんそんこうりん》」については、既に記していますが、今度はその事例について記します。

『記紀』神話には、御衾《おふすま》にくるまることや、その上に坐《ざ》すことで、皇孫の証拠となる記述があるからです。

岡田荘司氏の説は、ただただ天照大神が休寝なさるところ、という説ですが、私の説は、「休寝説」と「御衾《おふすま》説」の両方です。

私は、何度も述べていますが、大嘗祭において、天照大神と北極星（天皇大帝《てんこう》）が習合する場所が、八重畳《やえだたみ》（神座・寝座）だと思っています。

これこそが、天武・持統天皇が施《ほどこ》した独自の最重要の呪術だと思っています。

（1）真床覆衾《まとこおふすま》説とは

大嘗宮の悠紀《ゆき》殿・主基《すき》殿の内陣中央には、八重畳《やえだたみ》が設置されています。

この部屋の半分弱の場所を占める八重畳の上に、御衾《おふすま》が置いてあります。

この御衾《おふすま》をどう解釈するのか、以前から大変な問題になっていました。

いわゆる「折口信夫《しのぶ》氏の真床覆衾《まとこおふすま》説」です。

大嘗祭について述べるならば、折口信夫《しのぶ》氏の真床覆衾《まとこおふすま》説を避けて通ることは出来ません。

この問題に小生も挑戦します。

前述していますが、折口信夫《しのぶ》氏は、瓊瓊杵尊《ににぎのみこと》が高天原《たかあまはら》から地上に天孫降臨《てんそんこうりん》する際に、真床覆衾《まとこおふすま》にくるまって降りてこられたとする神話と連関させ、新帝が御衾《おふすま》にくるまって天皇としての新たな生命を得る儀式がかつてあったのではないか、と推測したのです。

最近は、大嘗祭において、真床覆衾《まとこおふすま》に関する儀礼所作はないということで、折口氏の真床覆衾《まとこおふすま》説を否定する説「岡田莊司《しょうじ》説」が、注目されています。

つまり、天皇は、八重畳《やえだたみ》の中に入って、御衾《おふすま》に触るような所作はしない、ということです。天皇は、八重畳には、一切触れないというのです。

ただ、真床覆衾《まとこおふすま》の儀礼所作が、大嘗祭の創設からずっと無かったかといいますと、そうとも言い切れません。

大嘗祭の神事は秘儀ゆえ、伝え続けるうちに、最初の頃とは変わってきていると思われます。

もし、天皇が八重畳《やえだたみ》には一切触れないということならば、八重畳を設置してある理由を述べなくてはなりません。

ただ、ただ、八重畳は天照大神が御休寝なさるところ、という解釈もありますが、それならば、なぜ御休寝なさるのか、その理由を述べなくてはなりません。

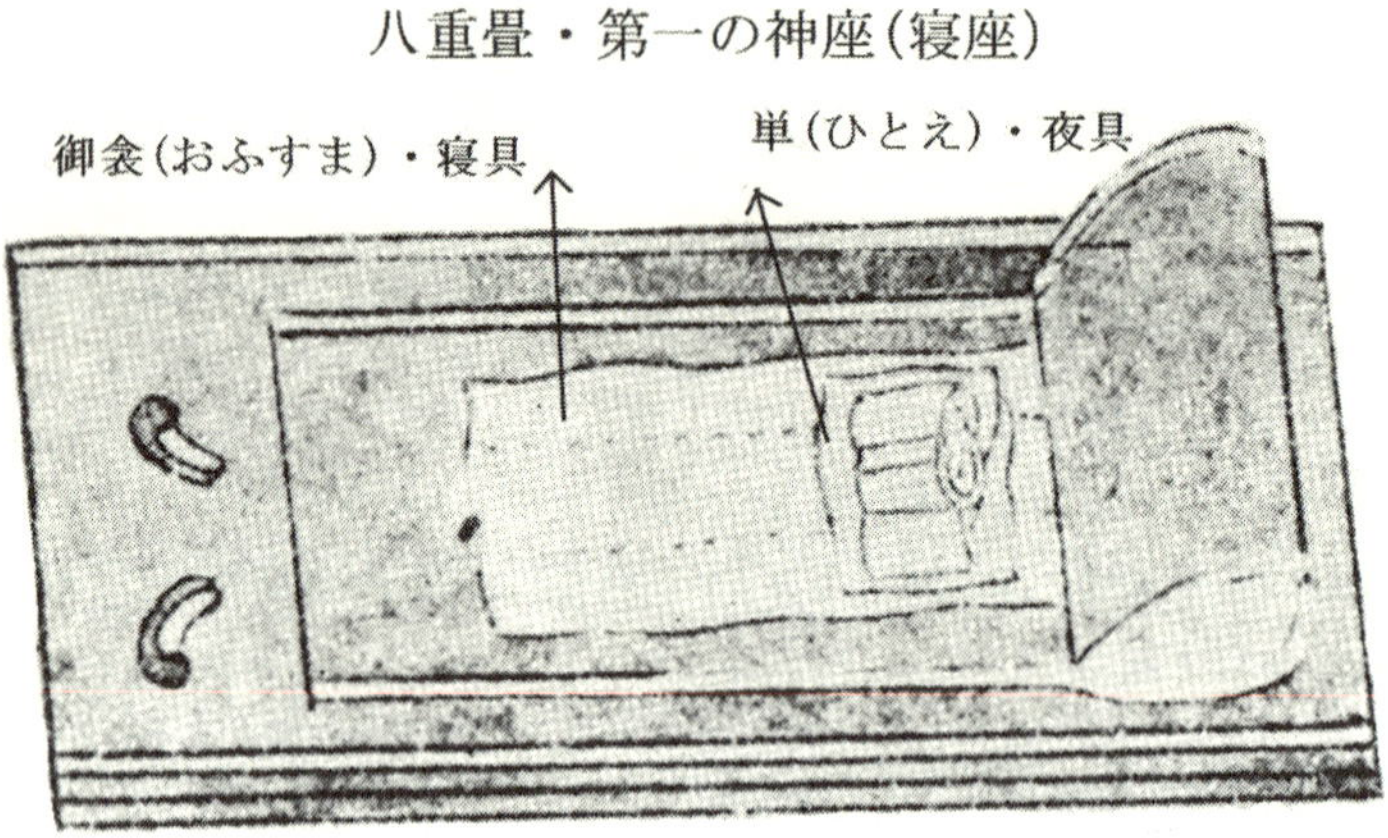

図6－5　大嘗會悠紀殿内平面略図（「太陽」御大禮盛儀号所載）／（田中初夫『踐祚大嘗祭』木耳社）

なにゆえに、この「真床覆衾《まとこおふすま》説」が未だに説得力を持っているのか、その根拠を、文献から示すことが出来ます。

『日本書紀』の三ヶ所の記述から、なるほど、と納得していただけるものと思います。

一ヶ所なら、偶然と思われますが、三ヶ所、三代連続しての御衾《おふすま》の事例ともなれば、この説を無視するわけにはいきません。

しかし、八重畳は、天照大神と北極星が御休寝なさり、習合することのみの役割を持っている、との解釈となれば、天皇は八重畳には触れない、との説も捨てがたいものがあります。

大嘗祭の創設の目的が、天照大神と北極星の習合であり、北極星（天皇）の存在を証明することですから。

正直、この件は、両方の説に揺れ動いてしまう、というのが、私の本音です。

（２）『日本書紀』ニニギノミコトから、三ヶ所、三代連続の真床覆衾《まとこおふすま》の事例

①　天孫降臨《てんそんこうりん》の場面

時に、高皇産霊尊《たかみむすひのみこと》、眞床追衾《まとこおふすま》を以て、皇孫天津彦彦火瓊瓊杵尊《すめみまあまつひこひこほのににぎのみこと》を覆《おお》いて降《あまくだ》りまさしむ。皇孫《すめみま》、乃《すなは》ち天盤座《あまのいはくら》を離《おしはな》ち、且天八重雲《またあめのやへたなぐも》を排《おし》し分《わ》けて、稜威《いつ》の道別《ちわき》に道別《ちわ》きて、日向《ひむか》の襲《そ》の高千穂峯《たかちほのみね》に天降《あまくだ》ります。

（神代紀・第九段本文）

ニニギノミコトが真床覆衾《まとこおふすま》に覆われて、地上（日向《ひゅうが》の高千穂峰《たかちほのみね》）に降りられた事を記しています。いわゆる、天孫降臨の場面に、真床覆衾《まとこおふすま》は使われています。大嘗祭に当てはめて考えるならば、新帝が八重畳の上に置いてある御衾《おふすま》を覆《おお》うことによって、皇孫《すめみま》（天皇）の資格を得るということになります。

②　海神《わたつみのかみ》が、山幸彦《やまさちひこ》（彦火火出見尊《ひこほほでみのみこと》）を招き入れて、真床覆衾《まとこおふすま》を設《しつら》えて様子を見る場面

海神《わたつみのかみ》聞きて曰《いわ》く、「試《こころみ》に之《これ》を察《み》ん」。乃《すなは》ち三床《みつのゆか》を設《ま》けて請《こ》い入れき。

是《ここ》に、天孫《あめみま》、辺《ほとり》の床にしては、其の両足《ふたつのあし》を拭《ぬぐ》ふ。中の床にしては、其の両手《ふたつのて》を拠《お》す。内の床にしては、真床覆衾《まとこおふすま》の上に寛《あぐ》み坐《いま》しき。海神《わたつみ》見て、乃ち是《これ》天神《あまつかみ》の孫《みま》と知りぬ。益《ますます》崇《あがめ》敬《うやま》ことを加う。云云《しかしか》。

（神代紀・第十段一書第四）

ここでいう、天孫《あめみま》は、彦火火出見尊《ひこほほでみのみこと》（山幸彦《やまさちひこ》）のこと。

この子供は、豊玉姫との子である鸕鷀草葺不合尊《うがやふきあえずのみこと》。

彦火火出見尊《ひこほほでみのみこと》（山幸彦《やまさちひこ》）の親は、父が瓊瓊杵尊《ににぎのみこと》、母が木花之佐久夜毘売《このはなさくやひめ》。

《海神それを聞いて「試《こころみ》に之《これ》を察《み》ん」と言う。そりて三床《みつのゆか》を設《ま》けて請《こ》い入れた。

ここに天孫《あめみま》は、ほとりの床にそのふたつの足を拭い、中の床にそのふたつの手を押え、内の床には眞床覆衾《まとこおふすま》の上に寛《あぐ》み坐した（ゆったりと座った）。

海神これを見て、天神の孫と知り得た。益《ますます》崇《あがめ》敬《うやまう》ことを加う、とある》

ここでは、「眞床覆衾《まとこおふすま》＝玉座」としていたことが分かります。

つまり、眞床覆衾《まとこおふすま》の上に坐《すわ》っても、覆《おお》っても、天神の孫、つまり天孫《あめみま》であることの証明となります。

大嘗祭に当てはめて考えるならば、新帝が八重畳の上に置いてある御衾《おふすま》の上に、坐《すわ》るか、それを覆《おお》うことによって、皇孫《すめみま》（天皇）の資格を得るということになります。

ここの記述は、真床覆衾《まとこおふすま》でもって、皇孫《すめみま》（天皇）の資格審査をしています。

③　豊玉姫《とよたまひめ》が、産んだ子・鸕鷀草葺不合尊《うがやふきあえずのみこと》を、真床覆衾《まとこおふすま》に包み、海辺に置いて、海に帰ってしまう場面

豊玉姫《とよたまひめ》、大きに恨《うら》みて曰《い》わく、「吾《やつこ》が言《こと》を用いずして、我《あれ》に屈辱《はぢみ》せつ。故《かれ》、今より以往《ゆくさき》、妾《やつこ》が奴婢《つかいひと》、君が處《もと》に至らば、復《また》な放還《かへ》すこと勿《なか》れ。君が奴婢《つかいひと》、妾《あ》が處《もと》に至らば、亦《ま》た復還《かへ》さじ」といふ。

遂に真床覆衾《まとこおふすま》及び草《かや》を以ちて、其の兒《みこ》を裹《つつ》みて波瀲《なぎさ》に置きて、即《すなわ》ち海《わた》に入りて去《い》ぬ。

（神代紀・第十段一書第四）

この兒《みこ》とは、鸕鷀草葺不合尊《うがやふきあえずのみこと》のことです。鸕鷀草葺不合尊《うがやふきあえずのみこと》の配偶者は、玉依姫《たまよりひめ》であり、その子供の第四子は、神日本磐余彦尊《かむやまといわれびこのみこと》で、のちの神武《じんむ》天皇（初代天皇）です。

『日本書紀』では、豊玉姫《とよたまひめ》が天孫の子を産んだときに、「真床覆衾《まとこおふすま》および草」でその生児をつつんで渚に置いて海に去った、と語っています。

よって、大嘗祭に当てはめて考えるならば、新帝が八重畳の上に置いてある御衾《おふすま》に裹《つつ》まれる所作をすることによって、皇孫《すめみま》（天皇）の資格を得るということになります。

※豊玉姫《とよたまひめ》は、記・紀神話にみえる神。海幸《うみさち》・山幸《やまさち》の物語に登場する海神《わたつみ》の娘。彦火火出見《ひこほほでみの》尊《みこと》（山幸彦）と結婚するが、出産の際、大鰐《おおわに》（「日本書紀」では竜）の姿にもどっているのを夫にのぞかれ、産んだ子（鸕鶿草葺不合尊《うがやふきあえずのみこと》）をのこして海にかえってしまう。「古事記」では豊玉毘売。

（3）なぜ、三代続けて真床覆衾《まとこおふすま》が皇孫《すめみま》の証拠として、記されているのか？（ニニギノ命→山幸彦→鸕鶿草葺不合尊《うがやふきあえずのみこと》）

大嘗祭は、神話の再現儀式祭だとも言われています。

『日本書紀』において、ニニギノミコトから三代続いて真床覆衾《まとこおふすま》の事例が出てくるのは、無視できないことかと、思われます。

この三事例をまとめると次の通りです。

①　瓊瓊杵尊《ににぎのみこと》　真床覆衾《まとこおふすま》に包まれて、降臨

②　瓊瓊杵尊《ににぎのみこと》の子供である彦火火出見尊《ひこほほでみのみこと》（山幸彦《やまさちひこ》）も、真床覆衾《まとこおふすま》に坐り、天孫《あめみま》であることを証明

③　彦火火出見尊《ひこほほでみのみこと》（山幸彦《やまさちひこ》）の子供である鸕鶿草葺不合尊《うがやふきあえずのみこと》も、真床覆衾《まとこおふすま》及び草《かや》を以ちて、裹《つつ》みて波瀲《なぎさ》に置かれる

『日本書紀』においては、真床覆衾《まとこおふすま》は、皇孫《すめみま》であることを証明するものとして、記されています。

大嘗祭は皇位継承の資格獲得儀礼でもあります。

大嘗祭において、最も重要と思われる、神座《しんざ》（寝座）・八重畳《やえだたみ》の上に、皇孫《すめみま》の証拠となる御衾《おふすま》がおいてあることは、どのように解釈したらよいのでしょうか？

皇位継承の象徴である真床覆衾《まとこおふすま》が目の前にある、ということになります。

それなのに、八重畳に置いてある真床覆衾《まとこおふすま》をほったらかしにしておいて、いいものでしょうか？

『日本書紀』においては、真床覆衾《まとこおふすま》に、①くるまわれるか、②坐《すわ》るかによって、皇孫《すめみま》であることの証拠となります。

大嘗祭は、神話の再現演出でもあるのです。三代続いて真床覆衾《まとこおふすま》の事例が続いています。

私は、真床覆衾をほったらかしにしておいてもかまわない、という見解に賛成する勇気？　を持てないのです。

私は、おそらく初期の頃の大嘗祭には、御衾《おふすま》に覆われるか、お坐《すわ》りになるか、の所作があったと確信しています。

大嘗祭の前日に鎮魂祭《ちんこんさい》が行われますが、そのときは、天石屋戸《あまのいわやと》の神話の再現と思われる儀礼所作があります。

ならば、次の日の大嘗祭においても、神話の再現があっても、おかしくないのです。

このことも考え合わせますと、真床覆衾《まとこおふすま》の儀礼所作はあったと推定できます。

(4) 大嘗祭に、おどろおどろしい秘儀は無し

大嘗祭において、新帝が先帝の遺骸《いがい》に添い寝するとか、采女《うねめ》と性的な関係を持つとかいう儀礼は、全く無いと思います。まさに、「秘儀」の独り歩きです。

ただ、古代の日本の民間のニイナメにおいては、稲と添い寝をするという儀礼もあったのでは、という推測は成り立ちます。

八重畳は、いわゆるベッドでありますから、性的な意味合いも含みますから、性的な意味を否定することは出来ません。

しかし、この八重畳の中で、現実として性的な何かをすることは、全くないと思われます。

なぜならば、大嘗祭を創設したのは、天武天皇と持統天皇です。

天皇の系列を記しますと次の通りで、女性が多い時期に大嘗祭は創作改良発展されたと思うからです。

天武《てんむ》天皇↓持統《じとう》天皇（女性）↓文武《もんむ》天皇↓元明《げんめい》天皇（女性）↓元正《げんしょう》天皇（女性）↓聖武《しょうむ》天皇↓孝謙《こうけん》天皇（女性）

大嘗祭は、天武天皇の創設ですが、整理発展させたのは女性の持統天皇です。そして、その後は女性天皇が続く時期です。神事として、女性天皇もお勤めできる範囲であり、洗練された儀礼に進化していったと思われます。


天照大神（太陽）と北極星は、八重畳で休寝することで、習合します。

そのために、天皇が、そして陪膳采女《ばいぜんうねめ》が、何かをすることはありません。

神様が、そっと、八重畳の中で習合するだけです。


オカルト的な話が出てくるのは、大嘗祭を、より古くからあるものとして捉えた結果、遺骸《いがい》との添い寝、采女《うねめ》との聖婚、等々のような秘儀の話が出てきたと思われます。

大嘗祭は、天武天皇と持統天皇が創設したのです。

そして、宮中新嘗祭も同時に、リニューアルされたのです。

（5）「縫殿寮《ぬいどのつかさ》供寝具、天皇御之」の解釈論争……その真実は？

『内裏式《だいりしき》』（弘仁《こうにん》十二年〈821〉成立、天長《てんちょう》十年〈833〉改訂）の「神今食《じんこんじき》」の条に「縫殿寮《ぬいどのつかさ》供寝具、天皇御之」と記されています。

神今食《じんこんじき》は、宮中新嘗祭と共通しています。よって、寝具（八重畳）に関する儀礼所作も、大嘗祭と共通していると推測できます。

「縫殿寮《ぬいどのつかさ》が寝具を供し、天皇がこれを御《ぎょ》す」と、読めますが、「御す」をどのように読むのかが、学者の中で問題となっています。

「御」の意味は幾つかあり、きこしめすと訓《よ》めば、食べるとか身に付けるの意になり、おわすと訓《よ》めば出御《しゅつぎょ》の意となります。

八重畳上の秘儀を想定する説では、縫殿寮《ぬいどのつかさ》が寝具を供し天皇はこれをきこしめすと解釈し、寝具にくるまったとの意にとり、「真床覆衾《まとこおふすま》説」やその他の説の根拠としたのです。

これに対して、岡田荘司氏は、「縫殿寮《ぬいどのつかさ》が寝具を供す」と「天皇がこれを御《ぎょ》す」とは一つの連続した次第では無く二つに分かれ、前者はもっぱら御畳の舗設関係、後者は舗設とは関係なく、天皇が行う中和院神嘉殿《ちゅうかいんしんかでん》へ出御《しゅつぎょ》したことを意味すると解釈したのです。

文章の解釈は、前後の文脈から判断しなければなりません。そうなると、出御ともとれなくもありません。

私は、「真床覆衾《まとこおふすま》」説に基本的に賛成ですので、天皇は寝具をきこしめした、と解釈したいのですが、判断がつきかねますので、論争だけを記しておきます。

（「森田梯・天皇の祭り村の祭り・新人物往来社」を参考にして記しました）

3　日本人は、生きる術《すべ》として、斎庭《ゆにわ》の稲穂を選択した

（1）皇孫《すめみま》に、穂の名が三代続いて入っている

天孫降臨神話の三代の御子《みこ》の名には、「穂」の名がついています。

天照大神の子孫が「斎庭《ゆにわ》の穂《いなほ》」をたずさえて降臨し、地上においても「斎庭《ゆにわ》の穂《いなほ》」を広めようとし

たことが分かります。

天照大神↓アメノ穂《ホ》シミミ（天上の立派な穂のような方）↓ヒコ穂《ホ》ノニニギ（稲穂のニギニギしく稔《みの》った姿・瓊瓊杵尊《ににぎのみこと》）↓ヒコ穂穂《ホホ》デミ（優れた男の人で稲穂が盛んに出るさまを表している・山幸彦）

※『古事記』では、山幸彦《やまさちひこ》は、火遠理命（ほおり　の　みこと）、天津日高日子穂穂手見命（あまつひこ　ひこほほでみ　の　みこと）と記されています。

ヒコ穂《ホ》ノニニギ（稲穂のニギニギしく稔《みの》った姿・瓊瓊杵尊《ににぎのみこと》）は、瑞穂《みずほ》の国の高千穂峯《たかちほのみね》に降臨します。

そして、ニニギノミコトは、木花開耶姫《このはなさくやひめ》と結婚をし、その木花開耶姫《このはなさくやひめ》は、卜定田《うらえた》で稲を作っています。

そのニニギノミコトは、生まれたばかりの嬰児《えいじ》の姿で「真床覆衾《まとこおふすま》」にくるまれて天降《あまくだ》ったとされています。

大嘗祭において、皇孫《すめみま》、すなわち天皇は、ニニギノミコトという名に象徴される稲穂のニギニギしく稔った姿を身に付けられるのです。

その稲は、皇祖・天照大神より授けられた「斎庭《ゆにわ》の穂《いなほ》」です。

斎庭《ゆにわ》の穂《いなほ》には、それは皇祖・天照大神の霊威がこもっているのです。天皇は、これを食することで皇祖の霊威を身につけ、大御神とご一体になられるのです。このことにより、天皇は、日の御子《みこ》になられるのです。

（2）瓊瓊杵尊《ににぎのみこと》の妻である木花開耶姫《このはなさくやひめ》は、斎庭《ゆにわ》の穂《いなほ》を栽培

『日本書紀』に、木花開耶姫《このはなさくやひめ》が稲を栽培する様子が記されています。

時に神吾田鹿葦津姫《かむあたかしつひめ》（木花開耶姫《このはなさくやひめ》）、卜定田《うらへた》を以《もつ》て、号《なづ》けて狭名田《さなだ》と曰《い》ふ。其《そ》の田の稲を以《もつ》て、天甜酒《あめのたむさけ》を醸《か》みて嘗《にひなへ》す。又渟浪田《ぬなた》の稲を用《も》て、飯《いひ》に為《かし》きて嘗《にひなへ》す。

（『日本書紀』・第九段一書第三）

木花開耶姫《このはなさくやひめ》は、卜定田《うらえた》で稲を作っています。つまり、皇祖天照大神よりニニギノミコトに授けられた天上の「斎庭《ゆにわ》の穂《いなほ》」を、地上で栽培していることになります。

卜定田《うらえた》とは、占いによって定められた水田のことです。

大嘗祭では、卜定《ぼくじょう》して悠紀《ゆき》田・主基《すき》田の二つの御田《みた》を決めます。

ニニギノミコトと結婚した木花開耶姫《このはなさくやひめ》も卜定《ぼくじょう》して「狭名田《さなだ》」と「渟浪田《ぬなた》」の御田《みた》を決めています。

そして、「狭名田《さなだ》」で作った稲から天甜酒《あめのたむさけ》をつくり嘗《にいなえ》しています。さらに、「渟浪田《ぬなた》」の稲で飯を炊《た》いて嘗《にいなえ》しています。

木花開耶姫《このはなさくやひめ》は、二ヶ所の田を卜定《ぼくじょう》し、そこで取れた稲を嘗《にいなえ》しています。

しかも、その稲は、天照大神がニニギの命に授けた「斎庭《ゆにわ》の穂」となれば、降臨神話と大嘗祭がピタリと、繋がることになります。

まさに、神話の再現が、大嘗祭なのです。

（3）実りの秋は、赤い稲穂の波

太古《たいこ》の日本は「赤米」を食べていました。

本居宣長《もとおりのりなが》は、「ニニギ」とは、「丹饒《ににぎ》」で、稲の赤らんで稔《みの》った姿をいうものとしています。

赤米は、日本の原種であったのです。従って、古《いにしえ》においては、実りの秋は、黄金色ではなく、赤い穂の波であったのです。

天上の天照大神は、生命《いのち》の糧《かて》として、高天原《たかあまはら》の稲、つまり「斎庭《ゆにわ》の穂《いなほ》」を地上に移し植えて、八州（日本）を、文字通り、稲穂がニギニギしく豊かに稔《みの》る国、大八州瑞穂国《おおやしまみずほのくに》にしようとしたのです。

天照大神の皇孫《すめみま》である天皇は、天照大神のご意志をついで、八州《やしま》（日本）の人々が飢えることのないようにと、生命《いのち》の糧《かて》としている稲の豊作を、ひたすら祈り続けているのです。

真弓常忠《まゆみつねただ》氏は、《稲は、文字通り「いのちの根」であった》と述べています。

※天神寿詞《あまつかみのよごと》にも「赤丹《あかに》の穂に」と記してあります。

4　鎮魂祭

鎮魂祭《ちんこんさい》は、大嘗祭と新嘗祭の前日、つまり旧十一月の下の寅（または中の寅）に行われることになっています。

ということは、鎮魂祭は、大嘗祭・新嘗祭同様、冬至の日と関係ある祭ということです。

冬至は、一年中で日照時間が最も短く、日の光も弱まるこの時期です。

よって、鎮魂祭は、冬至の頃、日の御子《みこ》であらせられる天皇の御魂《みたま》も弱まることとして、その御魂《みたま》をより強力なものに更新させるために行う祭儀です。

鎮魂祭をする場所は宮内《くない》省正庁《せいちょう》です。ここに、八神殿《はっしんでん》の神と大直日神《おおなびのかみ》をお迎えして行われます。

鎮魂祭には、天皇のお出ましはありません。

鎮魂祭は、『記紀』神話の「天石屋戸《あまのいわやと》」がルーツです。

鎮魂祭では、巫女《みこ》が宇気槽《うけふね》を踏んでその上にたち、桙《ほこ》でその槽《ふね》を十回撞《つ》きます。一撞《つ》きごとに神祇《じんぎ》伯《はく》が木綿《ゆう》の糸を結ぶ所作《しょさ》を十回くり返します。

その間、女官が天皇の御衣箱《みははこ》を開いて、これを振り動かします。

この儀礼所作によって、天皇の御魂《みたま》が鎮《しず》まり、さらに奮い立ち、翌日の大嘗祭・新嘗祭に備えることが出来るのです。

この儀礼所作は、天岩屋戸《あまのいわやと》の前で、猨女《さるめ》の祖・天宇受売命《あめのうずめのみこと》が踊った、記紀神話に由来します。

古事記では、次のように記しています。

天《あめ》の岩屋戸《いわやど》に槽《うけ》伏《ふ》せて踏み轟《とどろ》こにし、神懸《がか》りして、胸乳《むなち》をかき出《い》で裳緒《もひも》を陰《ほと》に押し垂《た》れき。ここに高天《たかま》の原動《とよ》みて、八百万《やおよろず》の神共《とも》笑ひき。

※天岩屋戸《あまのいわやと》とは、太陽神である天照大神が洞窟の中に隠れたため、世界が真っ暗になったというその洞窟のことです（『記紀』神話）。

鎮魂祭が、天岩屋戸《あまのいわやと》神話と関係あるとすれば、大嘗祭のご祭神は、天照大神ということになります。

悠紀《ゆき》田・主基《すき》田には、それぞれ八神殿がその脇に作られました。また、京都の斎場の悠紀《ゆき》内院・主《す》基《き》内院にも、八神殿が作られています。この八柱の神様は、「御膳《みけ》八神」と呼ばれています。

そして、鎮魂祭にも、八神殿が登場するのです。

鎮魂祭の場合の八神は、御巫《みかんなぎ》八神、宮中《きゆうちゆう》八神、と称されています。

『日本書紀』天武天皇十四年十一月の条に、次のように記されています。

丙寅《へいいん》に、天皇《すめらみこと》の為《おほみため》に招魂《みたまふり》しき。

初めて、鎮魂祭がこの日から、始まったとも言われています。

5　天神寿詞《あまつかみのよごと》に誇らしく「天皇」と記した

「天神寿詞《あまつかみのよごと》」とは、天つ神が天皇を寿《ことほ》ぎ祝う詞《ことば》の意で、天皇が即位する日、または大嘗祭《だいじょうさい》のときに中臣《なかとみ》氏がこれを読むのがならわしでした。「中臣寿詞《なかとみのよごと》」とも言われています。

(1)天皇号正式採用と独立国の歓びで、誇りを持って「天皇」と記した

ここで紹介する天神寿詞《あまつかみのよごと》は、平安後期の天皇・近衛《このえ》天皇(在位1141~1155)のときのものですから、はたして、天武・持統天皇の時代の文面と同じなのか、それが気になるところです。

天神寿詞《あまつかみのよごと》の出だしは次の通りです。

現御神《あきつみかみ》　と　大八嶋國《おほやしまくに》(日本)　所知食《しろしめ》す(統治されている)　大倭根子天皇《おほやまとねこすめら》

私は、大嘗祭創設の動機は、天皇号の正式採用にあると、何度も述べています。

天皇が天皇（北極星・天皇大帝《てんこう》）たらんとして、伊勢神宮をリニューアルし、大嘗祭を創設したのです。そこに、天皇（北極星・天皇大帝《てんこう》）の証明の呪術を施《ほどこ》したのです。

ならば、大嘗祭が創設されたときの天神寿詞《あまつかみのよごと》には、誇りをもって、そして独立国の気概をもって、奏上文《そうじょう》に初めて「天皇」と記したに違いありません。

読み方は「すめら」ですが、今までの「すめら」ではありません。天の中心、宇宙の中心の「天皇・すめら」であり、昼間の太陽（天照大神）の御子《みこ》（日の御子）、夜の北極星としての「天皇・すめら」なのです。

太陽がこれから勢いを増していく日、そして北極星が最も夜空に輝いている日……この冬至の日に、天皇は、晴れて、天照大神（太陽）の御子《みこ》（日の御子）となり、北極星（天皇大帝《てんこう》）となったのです。そして、天武天皇が天皇号を正式に採用したことで、真の独立国となったのです。

天皇即位（独立国の象徴）のお祝いとして、天神からのお祝いを、歓びの歌として、そして、親王以下、百姓《おおみたから》すべてが「大御代《おおみよ》」の弥栄《いやさか》を言祝《ことほ》ぎ申しあげているという、素朴な喜びを歌いあげたものであることを、中臣氏《なかとみ》が読み上げているのです。

（2）大嘗祭は、「食《た》べする」総合的な祭、である

「天神寿詞《あまつかみのよごと》」には、次のような言葉があります。

又申《またまを》さく　天皇《すめら》が朝廷《みかど》に仕《つか》へ奉《まつ》る（天皇様の朝廷に仕え奉《まつ》る）親王等《みこたち》・王等《おほきみたち》・諸臣《まへつきみたち》・百官人等《もものつかさのひとども》・天《あめ》の下四方《したよも》の國の百姓《おほみたから》諸諸集《もろもろうごな》はり侍《はべ》りて　見《み》食《た》べ（この大嘗祭の盛儀の様をご覧なさい）　尊《たふと》み食《た》べ（この大嘗祭の聞《きこ》し食《め》す由来を貴びなさい）　歓《よろこ》び食《た》べ（この厳粛な儀式を拝して歓びなさい）　聞《き》き食《た》べ（この天つ神の寿詞《よごと》をよく聞きなさい）

高森明勅《あきのり》氏は、（小生が勝手に意訳すれば）、大嘗祭は、天皇から百姓《おおみたから》まで、日本のすべての人々が参加する、民の奉仕・協力によって成り立つ祭であり、一緒になって《「食べする」総合的な祭である》というように述べています。

それにしましても、「食べ」で統一表現しているところが、いかにも、大嘗祭らしい。この意図的な表現には、驚くばかりです。

まさに「食国《おすくに》」といわれる日本です。ならば、大嘗祭は、「食国《おすくに》祭」ともいえるのです。

（3）「天都水《あまつ》」は、天から降る聖なる雨

「天神寿詞《あまつかみのよごと》」は、中臣氏の祖先が、命の水をもたらした、と言わんばかりの詞《ことば》があり、中臣氏の自画自賛には、苦笑せざるを得ません。

この「天都水《あまつ》」の神話は、要約すると次の通りです。

《中臣の祖神でもある天児屋命《あめのこやねのみこと》が、子の天忍雲根神《あまのおしくもねのかみ》を天上に上らせ、神漏岐《かむろぎ》 神漏美命《かむろみのみこと》から 天《あま》の玉櫛《たまくし》を授かり、この玉櫛《たまくし》を刺立《さした》てたところ無数の竹の群れが生え、竹の下から「天《あま》の八井《やい》」が湧き出て、その水を「天都水《あまつ》」として持ち帰り、地上の水に加えなさいという、神話》

古《いにしえ》の「天都水《あまつ》」は、天上の神聖な「天《あま》の八井《やい》」から湧き出る水であり、それが地上に雨として降り、人々の生命の水として、また五穀豊穣をもたらす水だったのです。

我々が接している雨も、高天原《たかあまはら》の神様が「天《あま》の八井《やい》」から降らしていると思えば、ロマンですね。

伊勢神宮にも「天《あま》の八井《やい》」と同様な物語があります。それが「八盛《やもり》の水」です。

天《あま》の聖なる水は、同じ「八・や」、つまり「天《あま》の八井《やい》」と「八盛《やもり》の水」で表現されています。

古代日本の聖数「八・や」は、ここでも使われているのです。

天からの水や雨は、神話からして「天《あま》の八水（やみず）」（造語）と言っても過言ではありません。

この「八・や」の件は、後ほど詳しく述べます。

※祝詞《のりと》は一般に人が神に申しあげる言葉ですが、寿詞《よごと》は、神から人を通じて下される言葉であるから、これを奏上することは、神の祝意を伝える、という意味です。

（4）天神寿詞《あまつかみのよごと》の全文

天神寿詞《あまつかみのよごと》の全文

現御神《あきつみかみ》　と　大八嶋國《おほやしまくに》（日本）　所知食《しろしめ》す（統治されている）　大倭根子天皇《おほやまとねこすめら》が御前《おほまえ》に　天神《あまつかみ》　乃《の》
寿詞《よごと》を　稱辭竟定《たたへごとをさだ》め奉《まつ》らくと申《まを》す（謹んで奏上もうしあげます）
高天原《たかあまはら》に　神留《かむづま》り坐《ま》す　皇親神漏岐《すめむつかむろぎ》・神漏美《かむろみ》の命《みこと》（皇祖の神々）を持ちて（詔《みことのり》によりまして）
八百万《やほよろず》の神等《かみたち》を　集《つど》へ賜《たま》ひて
『皇孫尊《すめみまみこと》は　高天原《たかまのはら》に事始《ことはじ》めて　豊葦原《とよあしはら》の瑞穂《みずほ》の國を　安國《やすくに》と平《たひら》けく（安らかな平和の国として）
所知食《しろしめ》して（治められ）　天都日嗣《あまつひつぎ》の天都高御座《あまつたかみくら》に御坐《おはしま》して　天都御膳《あまつみけ》（天つ神からいただかれた御

膳）の長御膳《ながみけ》の遠御膳《とほみけ》と　千秋《ちあき》の五百秋《いほあき》に（永く久しく）　瑞穂《みづほ》を平《たひら》けく安《やすら》けく（お召し上がりになられる瑞穂を平安のうちに）　由庭《ゆには》に所知食《しろしめ》せと（大嘗祭の斎庭《ゆにわ》においてお召し上がりになられるように）』　事依《ことよ》さし奉《まつ》りて（委任なされ）　天降《あまくだ》し坐《ま》しし後《のち》に（皇孫《すめみま》の尊《みこと》が天降《あまくだ》られました後に）

中臣《なかとみ》の遠《とお》つ祖天児屋根命《おやあまのこやねのみこと》　皇御孫尊《すめみまのみこと》の御前《みまえ》に　仕《つか》へ奉《まつ》りて

天忍雲根神《あまのおしくもねのかみ》を　天《あま》の二上《ふたがみ》に（高天原の二上の山に）　上《のぼ》せ奉《まつ》りて　神漏岐神漏美命《かむろぎかむろみのみこと》の前に　受《う》け給《たま》はり申《まを》すに（仰《おお》せごと賜《たま》るために申しあげる言葉として）

『皇御孫尊《すめみまのみこと》の　御膳都《みけつ》水は　宇都志《うつし》國（現しき国、高天原に対するこの国土）の水を　天都《あまつ》水と成して（高天原の水を加えて）　立奉《たてまつ》らむ』と申《まを》せと　事教《ことをし》へ給《たま》ひしに依《よ》りて（言い教えられましたので）

天忍雲根神《あまのおしくもねのかみ》　天《あま》の浮雲《うきぐも》（空に漂う浮雲）に乗りて　天《あま》の二上《ふたがみ》（の山）に上《のぼ》り坐《ま》して　神漏岐《かむろぎ》神漏美命《かむろみのみこと》の前に申《まを》せば　天《あま》の玉櫛《たまくし》を事依《ことよ》さし奉《まつ》りて（皇祖の神々は霊力のある木の棹《さお》をお授《さず》けされて）

『此《こ》の玉櫛《たまくし》を刺立《さした》て（地に刺したてて）　夕日《ゆうひ》より朝日照《て》るに至《いた》るまで　天都詔戸《あまつのりと》の太諸刀言《ふとのりとごと》を以《もち》て告《の》れ（告《の》り申しなさい）　如此告《かくの》らば（このように告《の》り申したならば）　麻知《まち》ば弱蒜《わかにら》に由都五百《ゆついほ》　篁《たかむら》生《お》

ひ出でむ（このように告り申したならば、前兆として昼前に清浄な無数の竹の群れが生えるでありましょう） 其《そ》の下より（その竹の下から）、天《あま》の八井《やい》出でむ（天つ水が湧出する井戸から盛んに水が湧き出るでありましょうから） 此《こ》を持ちて（用いて） 天都《あまつ》水と所聞食《きこしめ》せと（天つ水として皇孫《すめみま》の尊はそれを召し上がりなさい）』 事依《ことよ》さし奉《まつ》りき（と仰《おお》せられ、玉櫛《たまくし》をお委《ゆだ》ねになられました）

如此依《かくよ》さし奉《まつ》りし任任《まにま》に（このようにして皇祖の神々が皇孫《すめみま》の尊にお授けになられたままにまに） 所聞食《きこしめ》す（代々の天皇様がお召し上がりになられる） 由庭《ゆには》の瑞穂《みずほ》を 四國《よくに》の卜部《うらべ》等《ども》 太兆《ふとまに》（鹿の肩甲骨を焼いて占う）の卜事《うらごと》を持ちて 仕《つか》へ奉《まつ》りて（大嘗祭の事を奉仕申しあげる） 悠紀《ゆき》（の国）に近江國《あふみのくに》の野洲郡《やすのこほり》 主基《すき》（の国）に丹波國《たにはのくに》の氷上郡《ひかみのこほり》を 齋《いは》ひ定めて（卜定《ぼくじよう》し） 物部《もののべ》の人等《ひとども》（大嘗祭に奉仕する人々）・酒造児《さかつこ》（黒酒・白酒を造る童女）・酒波《さかなみ》（造酒児の補助の女性）・粉走《こばしり》（酒に入れる薬灰をとる男性）・灰焼《はひやき》（黒酒・白酒に混ぜる薬灰を造る男性）・薪採《かまぎこり》（竈《かま》に使用する薪をとる男性）・相作《あひつくり》（酒波《さかなみ》の補助の女性）・稲実公《いなみのきみ》等（稲穂の運搬を担当する男性）大嘗會《おほにへ》の齋庭《ゆには》に 持ち齋《ゆ》まはり参来《まゐき》て（持ち運んでまいりまして）、今年の十一月《しもつき》の中つ卯日《うのひ》に 由志理伊都志理《ゆしりいづしり》（忌忌《ゆゆ》しく厳しく忌《い》み浄《きよ》めた） 持ち（御酒《みけ》・御膳《みけ》の料を持って） 恐《かしこ》み恐《かしこ》みも 清麻波利《きよまはり》に（忌み浄めて） 仕《つか》へ奉《まつ》り、月の内に日時《ひとき》を撰《えら》び定めて　献《たてまつ》る悠紀主基《ゆきすき》の黒木白木《くろきしろき》の大御酒《おほみき》を　大倭根子天皇《おほやまとねこすめら》（今上《きんじょう》天皇さま）が　天都御膳《あまつみけ》の長御膳《ながみけ》の遠御膳《とほみけ》と（天つ神から授けられました遠く久しく永遠に召し上がられる御膳《みけ》として）　汁《しる》（お酒）にも実《み》（御飯）にも（召し上がられ）　赤丹《あかに》の穂《ほ》にも所聞食《きこしめ》して（顔の色艶も赤々と輝くばかりに召し上がられ）、

豊《とよ》の明《あか》りに　明《あか》り御坐《おはしま》して（明らみなされ）　天社《あまつやしろ》・國社《くにつやしろ》と　稱辭竟《たたへごとを》へ奉《まつ》る（鄭重にお祭り申しあげている）　皇神等《すめがみたち》も

千秋五百秋《ちあきいほあき》の相嘗《あひなめ》に（末永く大嘗の相伴に）　相宇豆乃比《あいうずなひ》奉《まつ》り（一緒に召し上がれ）

堅磐常磐《かちはときは》に齋《いは》ひ奉《まつ》りて（堅磐《かちは》のごとく堅く、常磐《ときは》のように永久不変にお守りいただきまして）　伊賀《いか》志御世《しみよ》に榮《さか》えしめ奉《まつ》り（盛大な御世として栄えさせていただきますようにと申し上げ）、

康治元年《かうぢのはぢめのとし》より始《はぢ》めて　天地月日《あめつちつきひ》と共に　照し明《あか》し御坐《おはしま》さむ事に（皇孫《すめみま》の尊が光り輝かれるようになるこの神事に）　本末傾《もとすゑかたむ》けず　茂槍《いかしほこ》の中執持《なかとりも》ちて（皇神《すめがみ》たちと皇孫《すめみま》の尊との間にたって）　仕《つか》へ奉《まつ》る中臣《なかとみ》の祭主《いはひぬし》　正四位《おほきよつのくらい》上《かみつしな》行《ぎやう》神祇《かむづかさの》大副《おほきすけ》大中臣《おほなかとみの》朝臣《あそみ》清親《きよちか》　寿詞《よごと》を稱辭竟《たたへごとを》定め奉《まつ》らくと申《まを》す

（寿詞《よごと》を言葉を称え尽くして奏上申しあげる次第でございます、と申しあげます）

　又申《またまを》さく　天皇《すめら》が朝廷《みかど》に仕《つか》へ奉《まつ》る（天皇様の朝廷に仕え奉《まつ》る）　親王等《みこたち》・王等《おほきみたち》・諸臣《まへつきみたち》・百官人等《もものつかさのひとども》・天《あめ》の下四方《したよも》の國の百姓《おほみたから》諸諸集《もろもろうごな》はり侍《はべ》りて　見食《みた》べ（この大嘗祭の盛儀の様をご覧な

さい） 尊《たふと》み食《た》べ（この大嘗祭の聞し食《きこしめ》す由来を貴びなさい） 歓《よろこ》び食《た》べ（この厳粛な儀式を拝して歓びなさい） 聞《き》き食《た》べ（この天つ神の寿詞《よごと》をよく聞きなさい）

天皇《すめら》が朝廷《みかど》に（天皇様の朝廷が） 茂志世《いかしよ》に（盛大な御世に） 八桑枝《やくはえ》の立栄《たちさか》え仕《つか》へ奉《まつ》るべき禱《よごと》を（いよいよ茂り栄える枝葉のように、栄えてお仕え申しあげることになるこの寿詞《よごと》を） 所聞食《きこしめ》せと（皇孫《すめみま》の尊《みこと》がお聞きなさいますようにと） 恐《かしこ》み恐《かしこ》み申《まを》し給《たま》はくと申《まを》す（恐れ畏《かしこ》まり申しあげる次第でございます、と申しあげます）

延喜式祝詞　終

※「太兆《ふとまに》（鹿の肩甲骨を焼いて占う）の卜事《うらごと》を持ちて」……天神寿詞《あまつかみのよごと》においては、亀卜《きぼく》では無く、太兆《ふとまに》（太占《ふとまに》）としています。

亀卜《きぼく》は、日本には奈良時代に伝来？ 宮中関連の卜占《ぼくせん》は、それまでに行われていたニホンジカの肩甲骨《けんこうこつ》を使った太占《ふとまに》から、亀卜《きぼく》へと変わったのです。

ならば、飛鳥時代の初期大嘗祭においては、太占《ふとまに》であった？ 中臣氏《なかとみ》は、太占《ふとまに》で占《うらな》っていた古《いにしえ》のことに、こだわりがあったと思われます。

※「赤丹《あかに》の穂にも所聞食《きこしめ》して（顔の色艶も赤々と輝くばかりに召し上がられ）」……当時の稲は、赤丹《あかに》の米、すなわち赤米《あかまい》であったことが分かります。

6　大嘗祭神事・高天原《たかあまはら》の八重畳《やえだたみ》と北斗八星の呪術図

今まで大嘗祭について、天照大神と北極星の習合《しゅうごう》、渡御《とぎょ》、共食神事、北斗八星の意味、天孫降臨《てんそんこうりん》、等々について述べてきたことを、図式化すると、次のようになります（図6－6）（図6－7）。

大嘗祭は、冬至の日を想定して行われています。冬至の日はもともと、北斗八星の位置によっても、決められていました（太陽の日の出と日没位置と併用）。

よって、北斗八星の位置と大嘗祭の進行具合が、この図によって、分かります。

大嘗祭は、この北斗八星と冬至の呪術（建子月《けんしげつ》）を採り入れることによって、高度な、そして洗練された、スケールの大きな宇宙祭祀形式となったのです。

大嘗祭の神事は、北極星をサポートする北斗八星の活動によって、成り立っている、とも言えるのです。

天武天皇は、北斗八星に「北斗八星＝御膳《みけ》八神＝豊受大神＝帝車＝八卦＝八州《やしま》（日本）＝大匙《おおさじ》＝八乙女＝八束穂《やつかほ》＝悠紀《ゆき》殿・主基《すき》殿＝標《ひょう》の山＝外宮《げくう》」の意味を持たせ、大嘗祭を演出したのです。

天武天皇（持統天皇）は、大演出家でもあったのです。

（1）北斗八星の位置と大嘗祭神事

◎午後六時頃（酉刻《とりこく》）、大嘗宮に燈《あかり》と庭燎《にわび》がつけられ、八重畳《やえだたみ》が悠紀《ゆき》殿・主基《すき》殿に運び込まれます。また、造酒童女《さかつこ》が稲を舂《つ》き、八乙女が稲舂歌《いねつきうた》を歌います。八重畳が設置されると同時に、北斗八星帝車に乗った天照大神と北極星は、八重畳に到着し、そこで御休寝されます。ここにおいて、天照大神と北極星が習合される、ということになります。

◎午後九時頃、天皇は廻立殿《かいりゆうでん》から悠紀《ゆき》殿に渡御《とぎよ》します。この姿は、北斗八星帝車に乗って、地上の廻立殿から高天原《たかあまはら》の悠紀殿に渡る姿を表現しています。

◎午後九時半頃、神饌行立《しんせんぎようりゆう》があります。この神饌行立も、北斗八星大匙《おおさじ》（帝車）によって運ばれるという姿を表現しているのです。

◎午後、十一時半頃、悠紀《ゆき》殿の神事は終了します。
天皇は、渡御《とぎよ》のときと同じように北斗八星帝車にお乗りになって、廻立殿《かいりゆうでん》に還御《かんぎよ》します。

天照大神と北極星の場合は、北斗八星帝車に乗って、お隣の主基《すき》殿の八重畳《やえだたみ》に移り、御休寝されます。

還御《かんぎょ》は、天皇継承のすべての資格を得た後の天孫降臨を表現しています。

◎　午前零時は、悠紀《ゆき》殿神事が終わり、主基《すき》殿神事が始まるまでの、分岐点となります。

この午前零時は、冬至の日のこの時刻、北斗八星の尾が真北（垂直・下向き）になります。大げさに言えば、この時刻を中心として、地球カレンダー（旧暦）が決まっていたのです。大嘗祭は、この地球カレンダーの基準点を採用しているのです。

◎　この冬至の日は、最も星の輝く日です。最も北極星が輝く日です。また、太陽が最も衰える日でもあります。しかし、太陽はこの日を境に、一陽来復《いちようらいふく》、日に日にパワーを増していくのです。日の御子《ひのみこ》である天皇が、パワーを増していくのです。

北極星（天皇）をサポートしていて、多くの意味を持ち、日本の国柄を表現している北斗八星の尾が、冬至の午前零時に真北を向き、垂直に立っている姿は、まさに、日本の美を象徴していると言っても過言ではありません。

◎　零時を過ぎると、同じことを今度は主基《すき》殿で繰り返します。

◎　午前三時頃、天皇は主基殿《すき》に渡御《とぎょ》され、午前三時半頃、神饌行立《しんせんぎょうりゅう》が始まります。神饌行立は、北斗八星大匙《おおさじ》（帝車）から、主基殿に神饌が届けられる姿と推測できます。

◎　午前五時過ぎ、天皇は、北斗八星（帝車）に乗られ、還御《かんぎょ》されます。と同時に、天照大神と北極星も、北斗八星（帝車）に乗せられ、夜明け前に、それぞれの元の場所に戻られます。

◎　午前五時半頃、大嘗宮が壊却《えきやく》され、悠紀《ゆき》殿・主基《すき》殿の神事はすべて終了します。この時刻は、「卯の刻」に相当し、北斗八星の尾は、東を向きます。東は、春をも意味し、日の出を象徴しています。冬至を過ぎて陽気が漂い始めるという、大嘗祭の神事が終わるのに相応しい、時刻となります。

以上、簡単に、「図6－6、図6－7」に沿って説明いたしましたが、大嘗祭は、このような、北極星と北斗八星の呪術によって成り立っているのだということを、是非とも知って欲しいのです。

このようなことを説として述べた人は、多分、誰もいないだろうと思います。

それは、天皇号を正式採用し、独立国であろうとした天武天皇の気概を知ることにもなるのです。

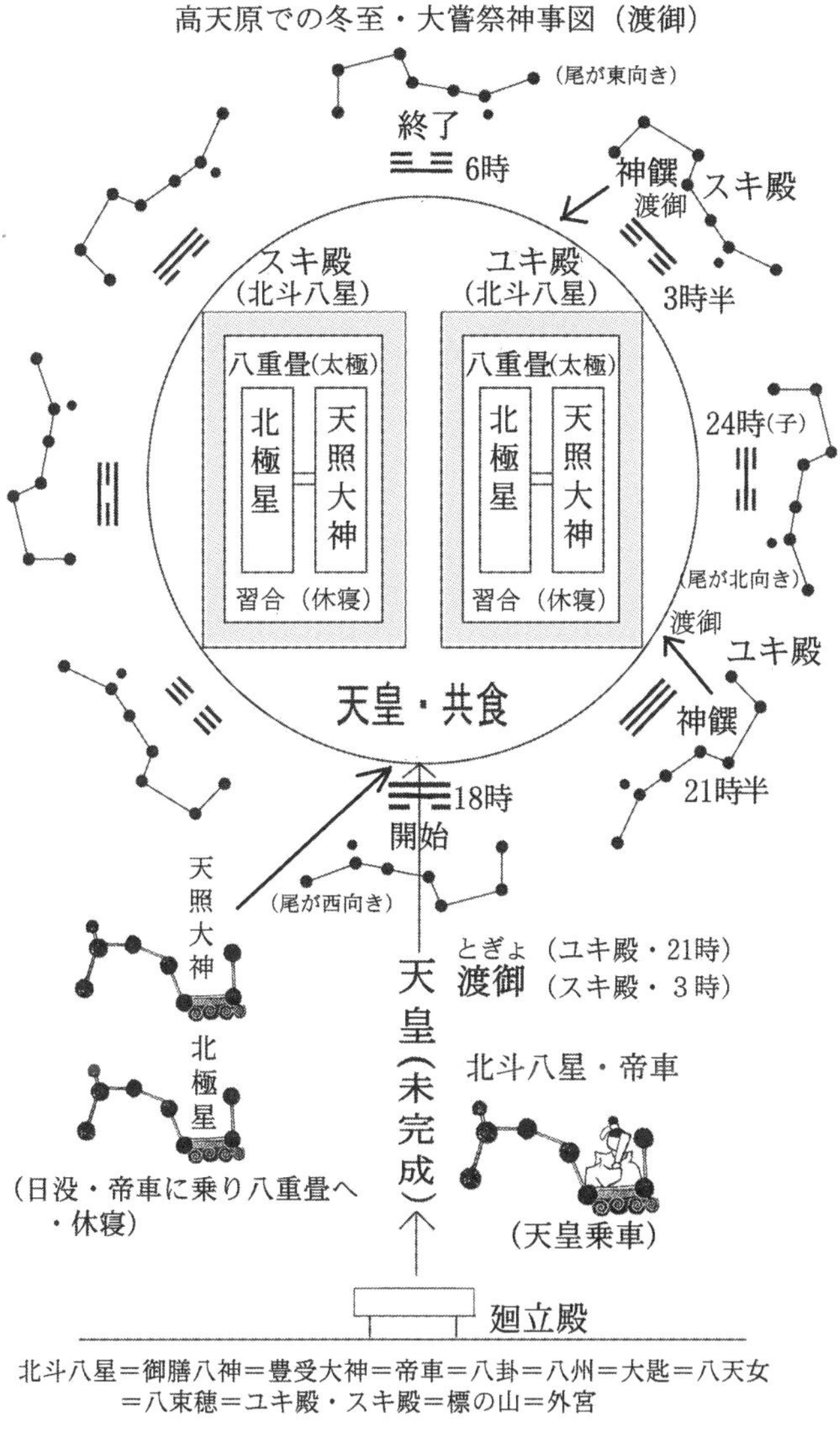

図6－6　地上から高天原への渡御と神事

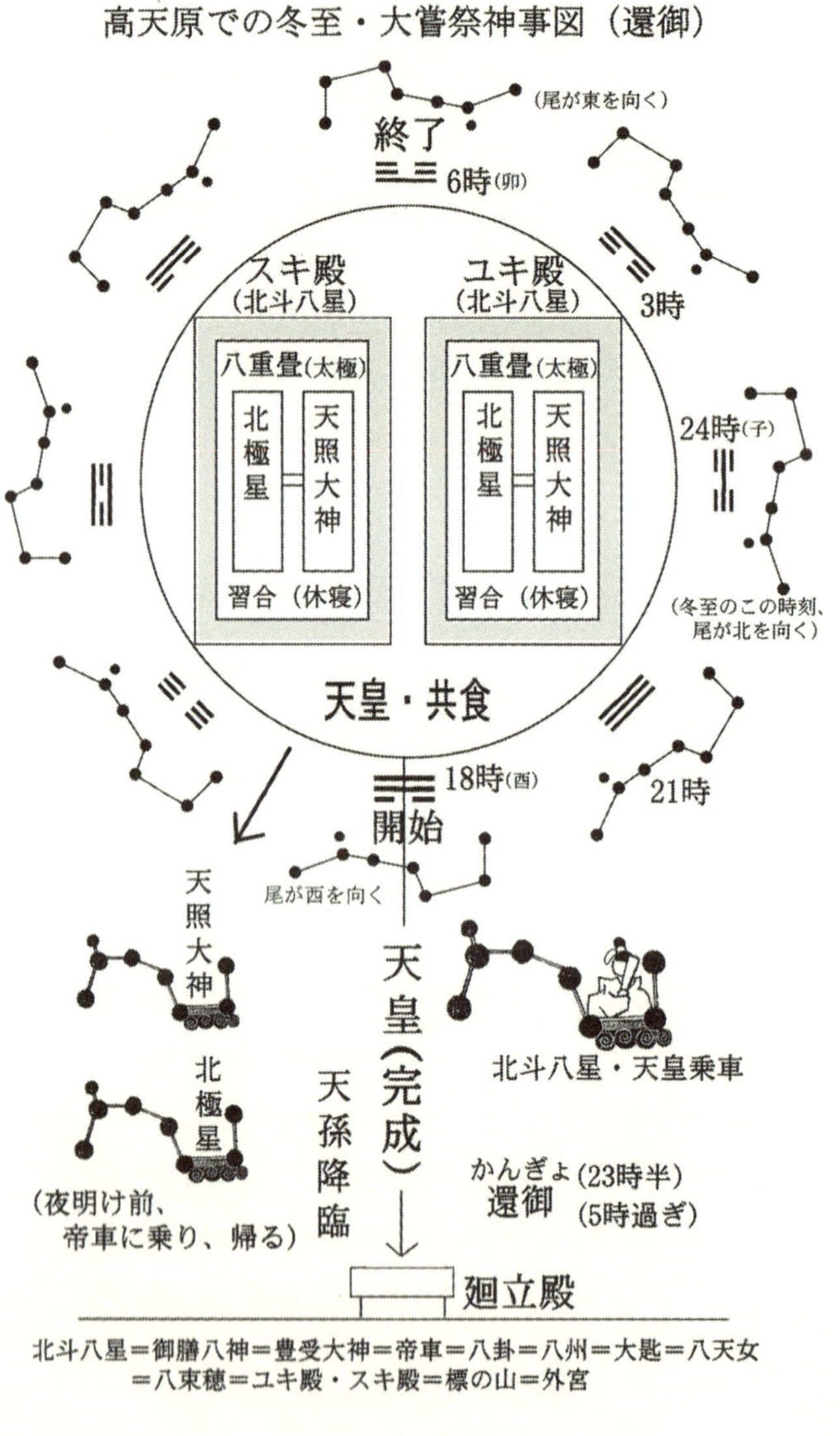

図6－7　高天原から天孫降臨・還御の図

7　天之御中主神《あめのみなかぬしのかみ》は、なぜすぐにお隠れになったのか？

小生は、大嘗祭において、北極星（天皇）の問題を探ってきました。

ならば、天之御中主神《あめのみなかぬしのかみ》に触れないわけには、いかないのです。

天之御中主神《あめのみなかぬしのかみ》を、北極星とする説があるからです。

妙見信仰《みょうけん》によって、天之御中主神《あめのみなかぬしのかみ》は、北極星とされました。

しかし、天之御中主神《あめのみなかぬしのかみ》を北極星とする妙見信仰は、天武天皇以前は、実質的に無かったと言っても、良いのではないでしょうか（勿論、道教信仰として、天皇大帝＝北極星、との情報は伝わってきています）。

『古事記』には、冒頭に天之御中主神《あめのみなかぬしのかみ》が記してあり、高天原《たかあまはら》に、最初に現れた神様であり、そのネーミングからは、日本の神々の中心となるべき神と、思われます。

『日本書紀』において、天御中主尊《あめのみなかぬしのみこと》は、本文には記述がなく、第一段の第四の一書《あるふみ》に「高天原《たかまのはら》に所生《あ》れます神の名《みな》を、天御中主尊《あめのみなかぬしのみこと》と曰《まう》す」と、記述されているだけです。

最も尊貴な神様だと思われる天之御中主神《あめのみなかぬしのかみ》の事績については、『古事記』『日本書紀』共に、何も記されていないのです。

古事記において、最初に現れる神・天之御中主神《あめのみなかぬしのかみ》は、「身を隠したまひき」で、まさに、言葉通り、それっきり現れないのですから、拍子抜けしてしまいます。

平安時代の『延喜式神名帳《えんぎしきじんみょうちょう》』には、天之御中主神《あめのみなかぬしのかみ》を祀る神社の名は記載されておらず、信仰の形跡は確認できないとのことです。

天武《てんむ》天皇は、天皇号を正式に採用し、天皇号を名乗るに当たって、天照大神と北極星を、伊勢神宮と大嘗祭において、習合《しゅうごう》させています。

天皇（北極星）の存在証明のためです。

そして、天照大神（太陽）を親とし、北極星を子孫としています。

天武天皇の呪術と古事記を比べてみます。

◎　天武天皇　　天照大神（太陽）・親　↓　北極星（天皇）・子孫……習合
◎　古事記　　天之御中主神《あめのみなかぬしのかみ》　↓　天照大神（太陽）……天之御中主神《あめのみなかぬしのかみ》は、すぐにお隠れになったまま

もし、古事記に記されている天之御中主神《あめのみなかぬしのかみ》を北極星とすると、天照大神（太陽）は、北極星の子孫ということになります。

それは、天武天皇が伊勢神宮と大嘗祭に施《ほどこ》した呪術と、反することになります。

どのように、理解したら良いのか？　正直、混乱します。

『古事記』においては、天之御中主神《あめのみなかぬしのかみ》は北極星と意識していたからこそ、すぐ、隠してしまって、二度と現れないようにした、とも考えられます。

それは、天武天皇の呪術に忖度《そんたく》して、です。

内宮の心御柱《しんのみはしら》は、天照大神ですが、天の中心北極星とも繋がっていることで、北極星でもあるのです。

これは、天武天皇の呪術です。

しかし、心御柱《しんのみはしら》と、天之御中主神《あめのみなかぬしのかみ》は、ネーミングからして、類似性を感じさせられます。

天之御中主神《あめのみなかぬしのかみ》という名前は、心御柱《しんのみはしら》を表現している、と想像出来るのです。

『古事記』において、最初に現れた天之御中主神《あめのみなかぬしのかみ》を、北極星とすると、天武天皇が大嘗祭と伊勢神宮に施《ほどこ》した壮大な、世界最強の呪術が、崩《くず》れてしまいます。

ならば、『古事記』編集者は、天武天皇の呪術（大嘗祭と伊勢神宮）に忖度《そんたく》して、北極星と思われる天之御中主神《あめのみなかぬしのかみ》を、「身を隠したまひき」とさせ、分からなくした、というのが真相ではないでしょうか。

『古事記』編集者は、天照大神（太陽）を最高神とする、天皇家の伝承を無視するわけにはいかなかったのです。

何しろ、『古事記』と『日本書紀』の編纂《へんさん》は、天武天皇が命じているのですから。

第7章　八の世界が分からずして、大嘗祭は語れない

数詞の八そのものの意味については、第3章で既に記しています。

ここでは、大嘗祭に関係している八の事例について、個別に論じたいと思います（重複する部分がありますが、お許しください）。

大嘗祭も、伊勢神宮同様、八の世界なのです。

大嘗祭と「八」の関係を調べてみますと、天武天皇は、大変な「八好み」であったことが分かります。

私は、大嘗祭の解明には、天武天皇の好みを知ること、天武天皇の気持ちに近づくこと、この二つの姿勢が大切だと思い、探究を続けてきました。

結果、天武天皇の呪術は、国家の暗号というべき、八の呪術であり、大嘗祭の呪術でもあったのです（既述してある項目は、簡単に記します）。

（1）八重畳《やえだたみ》

大嘗祭において最も重要な場所を占めているのが、第一の神座（寝座）・八重畳《やえだたみ》です。八重畳の意味を解明することなしに大嘗祭は語れないのです。

大嘗祭における八重畳は、二つの重大な意味を持っています。

一つ目は、天照大神（太陽）と北極星が、休寝し習合する場所としての八重畳です。

二つ目は、いわゆる「真床覆衾《まとこおふすま》」説で、天皇が御衾《おふすま》に包まれるか、坐《ざ》すかの仕草をする場所としての八重畳です。
この件は既に記してありますので詳しいことは省略します。

古代の儀式書『儀式』と『延喜式《えんぎしき》』によると、嘗殿中央の神座《しんざ》にすえられる八重畳《やえだたみ》の大きさは、長さ八尺（二、三六ｍ）、幅四尺（一、一八ｍ）であり、現在私たちが使っている敷き布団に比べるとかなり大きい。大嘗宮の神座（寝座）の八重畳は、『兵範記《へいはんき》』によると、「筵一枚《むしろ》、薦七枚《こも》」のあわせて八枚が重ねられ八重となる。
（『大嘗の祭り《おおにえ》』岡田荘司《しょうじ》・学生社・参考）

長さ八尺、幅四尺の数字は、八重畳に相応《ふさわ》しい数字です。
八尺の長さの「筵《むしろ》一枚、薦《こも》七枚」が八重に重なっているから、「八尺八重畳《やたのやえだたみ》」と表現できます（『古事記』では、「八尺鏡《やたかがみ》」「八尺の勾璁《やさかまがたま》」と記します）。

しかし、八重畳の大きさは時代によって違っていて、大きさから、八の世界とは言いがたい時代もあります。
ただ、畳が八重に重なり合うことは、今日まで、ずっと同じです。

そもそも、畳は、日本独自の作りであったのでしょうか。もしそうであれば、八重畳は、日本そのものを象徴しています。

つまり、「八州《やしま》（独立国・日本）＝八重畳《やえだたみ》」です。勿論、「一重畳《ひとえだたみ》＝一州」で、八州のそれぞれの畳が集まって、八重畳を形成しているのです。

この大嘗祭の八重畳（神座・寝座）については多くの説があります。

ご参考までに、鳥越《とりごえ》氏の説を紹介します。

《上代の新嘗会《しんじようえ》には、儀礼の中で床《とこ》に臥《ふ》すことが必要であった。床に臥すことは死の擬態を意味し、死してのち神として甦《よみがえ》るためであった。稲穂が刈られることで穀霊は死に、冬至において復活すると考えられたのも、同じ思想に基づくものである。そのため冬至に行われていた新嘗会、その後の大嘗会においても、穀霊の復活を促す歌がうたわれながら、新穀は臼《うす》で搗《つ》かれる。新約聖書コリント前書にも「一粒の麦、地に落ちて死なずば生きず」と記されている。大嘗宮の寝座（八重畳《やえだたみ》）に臥《ふ》すことによって、天照大神の神霊を体現する現人神《あらひとがみ》として再生すること、これが大嘗宮に寝座（八重畳）が置かれている理由である。だが、新嘗会《しんじようえ》・大嘗会《だいじようえ》が形式化されるにつれて、寝座（八重畳）は形式的なものとして置かれるようになったものと考えられる》

（『大嘗祭』・鳥越憲三郎・角川書店・参考）（図6－5）

（2）御膳《みけ》八神と御巫《みかんなぎ》八神（宮中八神）

大嘗祭においては、亀卜《きぼく》によって、斎田・斎場の場所が決められ、その斎場には、八神殿《はっしんでん》が建てられます。

祭神は〈御歳神《みとし》、高御魂神《たかみむすひ》、庭高日神《にはたかひ》、大御食神《おほみけ》、大宮女神《おほみやのめ》、事代主神《ことしろぬし》、阿須波神《あすは》、波比伎神《はひき》〉です。これを御膳八神《みけはっしん》といいます。

この御膳《みけ》八神は、大嘗祭の準備期間（8月上旬）から、最後（十二月上旬）まで見守り守護しています。

大嘗祭で使用される米（稲）は、亀卜《きぼく》によって場所が決められ、そこで作られるのですが、そこは、八柱《やはしら》の神様（御膳《みけ》八神）に見守られる斎田となります。

まさに、米（稲）とは「八」であると、主張しているようです。それにしても、なぜ八神なのでしょうか？

この答えを、適切に述べている人はいません。

『古事記』においては、八神がセットとなって誕生する場面が多く見られます。偶然ながら、その事例は、何と、八ヶ所におよびます。

また、『記紀』において、多くの神を表現する言葉は、すべて八が付く言葉でした。更に、『古事記』における、数字の付く「神名・人名・身分名」を調べた結果、八の付く「神名・人名・身分名」は、他の数字が付く「神名・人名・身分名」に比べ圧倒的に多いことが明らかになりました。

また、『古事記』において、数詞の付く神名は、ほぼ「八・や」に限られていました。

どうやら、神を表現するならば「八」に限ると、古代日本の人々は思っていた、と推察できます。

なお、「御膳《みけ》一神＝一州」であり、「御膳《みけ》八神《はっしん》＝八州《やしま》（独立国・日本）」と考えられます。

既に記してありますが、この御膳《みけ》八神は、伊勢神宮の外宮・豊受大神（北斗八星・八天女）と習合しており、大嘗祭において、最も大切な役割を担《にな》っていたと思われます。

※八神殿は、御巫《みかんなぎ》八神（宮中八神）を祀る八神殿と、大嘗祭の御膳《みけ》八神を祀る八神殿とがあります。

◎御巫八神《みかんなぎはっしん》（宮中八神）

宮中において、天皇守護のために斎《いつ》き奉《たてまつ》られてきた神々の代表が、「御巫八神《みかんなぎはっしん》」（宮中八神）です。神祇官《じんぎかん》の御巫《みかんなぎ》によって奉斎されます。その八神とは〈神産日《かむむすひ》神、高御産日《たかみむすひ》神、玉積産日《たまつめむすひ》神、生産日《いくむすひ》神、足産日《たるむすひ》神、大宮売《おほみやのめ》神、御食《みけ》つ神、事代主《ことしろぬし》神〉の八柱《やはしら》をいいます。

現在は宮中三殿の一つである「神殿」に、八百万《やおよろず》の天神地祇《てんじんちぎ》とともに祀られています。

※御巫《みかんなぎ》とは、神祇官《じんぎかん》に置かれた女官。亀甲を焼くなどして吉凶を占い、また、神嘗祭《かんなめさい》、鎮《ちん》魂《こん》祭などの神事に奉仕した未婚の女性。

既述していますが、御巫《みかんなぎ》八神は、大嘗祭前日の寅の日に斎行される鎮魂祭《ちんこんさい》において、祭られます。

御膳《みけ》八神同様、御巫《みかんなぎ》八神の一神は八州《やしま》（日本）の一州を意味し、八神で八州となります。

つまり、「八神＝八州（日本）」なのです。八神のどの神がどの州をさすかということではなく、それぞれの州（一神）の代表が集まって八州（八神）を形成しているという、その意味合いが大切なのです。

その御巫《みかんなぎ》が、天皇を守護しているのです。

更に言えば、御巫《みかんなぎ》八神には、天皇を北極星（太極）として、その周りに御巫八神を配するという、「北極星（太極）北斗八星（八卦）」の呪術も施されている、と思われます。一覧すれば次の通りです。

《御巫《みかんなぎ》八神＝八州《やしま》（独立国・日本）＝北斗八星＝八卦《はっか》》とする呪術です。

※天武天皇が御巫《みかんなぎ》八神を整えたという説があります。中国の呪術に詳しい天武天皇です。ならば、「太極八卦」の哲理を念頭に置いていたと推測できます。

このことを表現に示すならば、次の通りです。

「北極星（天照大神・太陽・天皇）北斗八星（御巫八神《みかんなぎはっしん》・八州・八卦）」

図7－1　吉田神社　（『都名所図会』・国際日本文化研究センターより）

◎吉田神社と八神殿《はっしんでん》

宮中にあった八神殿（御巫《みかんなぎ》八神）は、たびたび火災と再建を繰り返しました。慶長の頃、戦乱による荒廃のため八神を吉田神社内に遷祀《せんし》しました。白川家でも神祇官廃絶後、自邸に小社を建て奉斎しました。以後、江戸時代末まで、八神は宮廷の外で祀られていたのです。

吉田神社は本殿が八角形をしています。八角をもって全宇宙空間とみなす思想であったのです。

明治五年、八神殿は宮中に遷座《せんざ》し、八神を天《てん》神《じん》地《ち》祇《ぎ》に合祀して神殿と改称したのです。

図7－1の中に八神殿が奉《たてまつ》られています。

（3）北斗八星

天武天皇は、北斗七星ではなく、北斗八星とすることで、世界最強の呪術を創作したのです。

万世一系の天皇をいただく八州《やしま》（日本）の国柄すべてを、夜空に輝く「北極星と北斗八星」に、描いたのです。

天武天皇は、日本の民が飢えることのないように、北斗八星に八束穂《やつかほ》（斎庭《ゆにわ》の穂《いなほ》）を描いて祈ったのです。

それが、永遠のものとして現在も続いているのです。

北斗八星については、そのつど詳しく記してきましたので、ここでは省略します。

（4）八開手《やひらで》と八度拝《はちどはい》

八開手《やひらで》と八度拝《はちどはい》は、天皇、そして伊勢神宮に対する、最高の儀礼作法です。

なぜ、「七開手」「九開手」「七度拝」「九度拝」ではなく、「八開手《やひらで》」「八度拝《はちどはい》」なのでしょうか。

このことは、古代日本においては、「八」が最高の聖数であったことを示しています。

しかも、日本最高の格式を持った伊勢神宮と、天皇に対する拝礼の作法であるところに、「八の世界」の神聖さが感じ取られます。勿論、大嘗祭においても行われます。

八開手《やひらで》は、八遍拍手《かしわで》することを一段とし、四段、即ち、三十二遍するのを極とします。拍手・柏手

（両方「かしわで」と読ませます。因《ちな》みに、柏手は拍手の読み違えであると言われています）。

拝を重ねることを再拝と言い、再拝を重ねることを両段再拝、または四度拝と言います。そして両段再拝・四度拝を重ねることを八度拝と言います。

「八開手《やひらで》」「八度拝《はちどはい》」は、古代日本の聖数「八《や》」の意味は勿論のこと、八州《やしま》（日本）も象徴しています。

ということは、一拍手《かしわで》が一州を象徴している、と推測しても見当はずれではありません。一拍手《かしわで》が一州のすべての民を象徴しているとすれば、八拍手《やかしわで》（八開手《やひらで》）で八州《やしま》（日本）すべての民（八州人《やしまびと》）を表現していることとなります。

つまり、《八開手《やひらで》（八拍手《やかしわで》）＝八州《やしま》（日本）＝全八州人《やしまびと》》です。

また、次のようにも言えます。

八開手《やひらで》は、一拍手《かしわで》の打つ響きが一州であり、八拍手《やかしわで》でその響きは八州《やしま》（日本）全体に響きわたる、という意味を持ちます。

そもそも「八・や」が発する「開ａ音」は最高の数霊《かずだま》の霊威を持つのであるから、「八開手《やひらで》」という言葉の持つ数霊の霊威と、八度の拍手《かしわで》が発する八州（日本）全体に響きわたる霊威は、その相乗効果により絶大な最強の霊威を発していることとなります。

さらに、一拍手《かしわで》が「一卦と北斗一星」を表現しているとなれば、八拍手《やかしわで》（八開手《やひらで》）で「八卦・北斗八星」となります。

デザイン表現としては、

「北極星（天照大神・天皇）北斗八星（八開手《やひらで》・八州《やしま》・八卦《はっか》）」となります。

「八度拝《はちどはい》」も同様です。

しかし、「八度拝」がなぜ「やたびはい」と称されなかったのか。不思議です。「八開手《やひらで》」と「八度拝《はちどはい》」が、セットであるならば、「やたびはい」の方がすっきりします。ならば、「八度拝《はちどはい》」は、もともと日本古来の儀礼方法ではなかった可能性もあります。しかし、『古事記』においては、「八度拝《やたびおが》み」と記してあるから、この限りではありません。

※因《ちな》みに、中国（清）においては、皇帝に対する儀礼法として「三跪九叩《さんききゅうこう》（頭《とう》）」があります。それは、一回跪《ひざまず》き三回床に頭をつけることを三回繰り返す拝礼の形式です。九の数は、中国では無限数を意味するから、九が最高の礼なのです。

（5）「八咫鏡《やたのかがみ》」「八坂瓊曲玉《やさかにのまがたま》」「八重垣剣《やえがきのつるぎ》・草薙剣《くさなぎのつるぎ》・天叢雲剣《あめのむらくものつるぎ》」

日本最高位の宝は、三種の神器をおいて他にありません。

三種《さんしゅ》の神器《じんぎ》はすべて「八・や」で表現できます。

三種の神器のすべてが「八・や」で表現されていることの意味の重大さに、気づいている人はあまりにも少ないと思われます。

草薙剣《くさなぎのつるぎ》（天叢雲剣《あめのむらくものつるぎ》）が正式名称ですが、どうしても古代日本の聖数「八・や」で表現したかったのでしょうか、「八重垣剣《やえがきのつるぎ》」「八剣《やつるぎ》」の名称が加わりました。

私見ながら、日本の中で、あらゆる言葉の中で最も言霊《ことだま》の霊威がある言葉は「八・や」であると確信しています。それは、「八」をずっと探究してきた結論です。

あえて言いましょう、古代日本の聖数「八・や」は、言霊のチャンピオンであると。

◎ 三種の神器《じんぎ》と八の意味

皇位の印である「三種《さんしゅ》の神器《じんぎ》」は、どのような呪術的意味を持っているのでしょうか。

現在の皇室典範《てんぱん》には、「三種の神器」についての条項がありません。「大嘗祭」も同様です。

この問題を避けてはいけません。議論をし、日本国の精神的安定の保証となることを、知らしめる必要があります。

天皇即位に必要なもの、それは三種の神器です。つまり、王権を表す器物、レガリアなのです。

三種の神器とは、1、八咫鏡《やたのかがみ》、2、草薙剣《くさなぎのつるぎ》 3、八坂瓊曲玉《やさかにのまがたま》を指します。

三種の神器とは、八州《やしま》の君主である天皇を象徴しているのですから、三種の神器のそれぞれの名称に付いている「八・や」は、「八州《やしま》（日本）」の意味をも含んでいるのです。

・八咫鏡《やたのかがみ》

三種の神器の一つ。天照大神が天岩屋戸《あめのいわやと》に隠れたとき、石凝姥命《いしこりどめのみこと》が作ったという鏡。天照大神が瓊瓊杵尊《ににぎのみこと》に授けたといわれています。皇位の徴証《ちょうしょう》とされ、伊勢神宮の内宮に天照大神の御魂代《みたましろ》として奉斎《ほうさい》され、その形代《かたしろ》の神鏡が宮中の賢所《かしこどころ》に奉安《ほうあん》されています。

「八咫鏡《やたのかがみ》」の「八《や》」は、古代日本の聖数、数霊《かずだま》、八州（日本）、等々を表現しています。

・八剣《やつるぎ》（草薙剣《くさなぎのつるぎ》）

三種の神器の一つ。八剣《やつるぎ》は、素戔嗚尊《すさのおのみこと》が八俣《やまた》のおろち退治の時得た剣で、草薙剣《くさなぎのつるぎ》とも天叢雲剣《あめのむらくものつるぎ》とも、そして、八重垣剣《やえがきのつるぎ》ともいわれています。

本体は熱田《あつた》神宮のご神体として祀られています。その形代《かたしろ》の剣は宮中に置かれています。

「八咫鏡《やたのかがみ》」と同様、「八剣《やつるぎ》」の「八《や》」は、古代日本の聖数、弥栄《いやさか》の弥（八・や）、数霊《かずだま》、八州（日本）、等々を表現しています。いずれにしても、「八・や」で名称される三種の神器が、即位の不可欠な条件として最重要な意味を持っているのです。

・八坂瓊曲玉《やさかにのまがたま》

天照大神は、いわゆる天孫降臨に際し、八坂瓊曲玉《やさかにのまがたま》を三種の神器の他の二種（鏡と剣）とともに、瓊瓊杵尊《ににぎのみこと》に授けて天降《あまくだ》らせました。古来、本体は皇室に伝えられているとされています。八咫鏡《やたのかがみ》も八剣《やつるぎ》も共に「御正体《みしょうたい》」はそれぞれ伊勢神宮、熱田神宮に祀られていますが、八坂瓊曲玉《やさかにのまがたま》は、御正体が天皇のお側《そば》にある点で独特です。

私は、八坂瓊曲玉《やさかにのまがたま》とは大きな曲玉《まがたま》一つと推測していたのですが、八果の珠玉《たま》とする説もあります。ならば、一果が一州を意味し、八果で八州（日本）を表現していると思われます。同様な例として、中国では、天子が持つべきものとしての、中国全土を象徴する「九鼎《きゅうてい》」があります。一鼎《てい》が一州であり、九鼎で九州（中国）を表現しています。

勿論、曲玉が一つの場合でも、八坂瓊曲玉《やさかにのまがたま》の「八」は、八州（日本）を表現しています。当然のことですが、八坂瓊曲玉《やさかにのまがたま》の「八・や」は、古代日本の聖数、弥栄《いやさか》の弥（八・や）、そして数霊の霊威、そして八州（日本）等々を意味しているのです。

(6) 天皇は、「八隅知之《やすみしし》我が大君」

「八隅知之《やすみしし》」とは、国の隅々まで知らす（治める）意。または安らかに知ろしめす意から、「わが大君」にかかる枕詞《まくらことば》としても用いられています。

読み方が「八・や」であることからして、古代日本の聖数「弥栄《いやさか》の八（や）」の意味を持ちます。

よって、素晴らしい、目出度い、永遠、大きい、等々の意味も含まれます。また「八隅《やすみ》」とは、『古事記』『日本書紀』に記されている「八荒《はっこう》」「八紘《あめのした》」と同義となり、宇宙、世界、国の範囲を示します。

ならば、「八隅《やすみ》＝八荒《はっこう》＝八紘《はっこう》＝八州《やしま》（日本）」とも言えるのです。

よって、当然「八隅知之《やすみしし》」とは、「大八州《おおやしまぐに》を知ろしめす」、の意となります。

柿本人麻呂《かきのもとのひとまろ》を初め、持統天皇、等々多くの歌人がこの言葉を用いています。

勿論、和歌の作者は「八隅知之《やすみしし》」と歌いあげるとき、「わが大君」とともに「八州《やしま》（日本）」を念頭に置いていたに違いありません。

「八・や」の言霊《ことだま》・数霊《かずだま》の霊威が、八州（日本）にいきわたる、というイメージを描いていたに違いありません。

ちなみに、『古事記』の中で「やすみしし」が最初に出てくる箇所は、倭建命《やまとたけるのみこと》の歌に対して美夜受比賣《みやずひめ》が返歌するその歌の中にあります。『古事記』においては四ヶ所に「やすみしし」が記してあります。

※雑談ながら、この最初に出てくる歌は、何と女性の「月のもの」をテーマにしています。『古事記』の大らかさに魅了させられる場面でもあります。

（7）日本は「八州《やしま》」

律令制《りつりょうせい》における、天皇の大事な命令は、次の詔書式《しょうしょしき》によります。

（一）明神御宇日本天皇《あきつみかみとあめのしたしらすやまとのすめらみこと》詔旨（おおんごと・らまと）

（二）明神御宇天皇詔旨

（三）明神御大八洲天皇《あきつみかみとおおやしましろしめすすめらみこと》詔旨

（四）天皇詔旨

（五）詔旨

（一）と（二）は、蕃国《ばんこく》ないし隣国向けに宣する文書の形式です。蕃国《ばんこく》は新羅を意味し、大唐は隣国を意味しています。

これに対し、（三）、（四）、（五）は国内向けに宣する文書形式です。国内向けの詔書《しょうしょ》式には、「大八洲《おおやしま》」の語が入ります。「大八洲《おおやしま》」を入れる場合は、立后《りっこう》、立太子《りったいし》、元日朝賀を受けるときのような、国内向けの朝廷の大事を宣するときであって、外国向けに大事を宣する場合は、（一）のように「日本」を入れます。

『日本書紀』天武十二年正月の詔《みことのり》には「【明神御大八洲倭根子天皇《あきつみかみとおおやしましらすやまとねこのすめらみこと》」とあります。また、『日本書紀』大化二年三月の詔勅《しょうちょく》には、「現為明神《あきつみかみと》御八嶋国《やしまぐにしらす》天皇《すめらみこと》」と記してあります。

詔書《しょうしょ》式において、「大八洲《おおやしま》」の語が、国内向けのみに使用されていることは、何か深い理由《わけ》があるのでしょうか。八開手《やひらで》と八度拝《はちどはい》は、外国の使者に対して行われなかったのです。この件は、このことと関係があるのでしょうか。

「日本」は比較的新しい言葉です。しかし、「大八洲《おおやしま》」は「日本」よりずっと前から言われてきた言葉です。この「大八洲《おおやしま》」を日本向けとして採用したことは、大八洲に含まれる意味内容を、つまり古代日本の文化を大事に残しておく、という意味合いを感じさせられます。勿論、「八・や」の呪術的効果も含まれていると思われます。

（一）と（三）は、最も大事な場合の詔書式です。気になることがあります。それは、文字数についてです。何と、それぞれが合計八文字なのです。これは偶然でしょうか。いやいや、私は、呪術であろうと思います。

（一）　明神御宇日本天皇《あきつみかみとあめのしたしらすやまとのすめらみこと》

（三）　明神御大八洲天皇《あきつみかみとおおやしましろしめすすめらみこと》

敢《あ》えて言います。天皇尊号の八文字は、日本の聖数「八・や」のすべての意味を含んでいるのであると。

弥栄《いやさか》の「八・や」、言霊《ことだま》・数霊《かずだま》の「八・や」、八州《やしま》（独立国・日本）を意味する「八・や」、八束穂《やつかほ》（日本の稲）を意味する「八・や」、等々です。

さらに、加えるとしたら、太極八卦《はっか》の八卦、そして日本を描く北斗八星、です。

私は、日本の名称（八州《やしま》）と天皇尊号（明神御大八洲天皇《あきつみかみとおおやしましろしめすすめらみこと》）に「八・や」がつくこと、このことだけでも、「八」を探究する価値があると思う次第です。

（8）八百万神《やおよろずのかみ》

「八百万神《やおよろずのかみ》」の文献上の初見は、『古事記』上巻の「天《あめ》の岩屋戸《いわやと》」の段にある「八百万神《やほよろづのかみ》、天《あめ》の安《やす》の河原に神集《かむつど》ひ集《つど》ひて」です。

大嘗祭において奏上される「天神寿詞《あまつかみのよごと》」の中にも「八百万神《やおよろずのかみ》」の言葉が出てきます。

「高天原《たかあまはら》に　神留《かむづま》り坐《ま》す　皇親神漏岐《すめむつかむろぎ》・神漏美《かむろみ》の命《みこと》（皇祖の神々）を持ちて（詔《みことのり》によりまして）
八百万《やほよろず》の神等《かみたち》を　集《つど》へ賜《たま》ひて」

『日本書紀』の場合は、「八十万神《やそよろずのかみ》」であり、「八百万神《やおよろずのかみ》」は登場しません。

『日本書紀』において「八十万神《やそよろずのかみ》」が最初に出てくるところは、神代上第七段です。

「時に、八十万神《やそよろづのかみたち》、天安河辺《あまのやすのかはら》に会《つど》ひて、其《そ》の禱《いの》るべき方《さま》を計《はか》ふ」

また、大祓詞《おおはらえのことば》にも「八百万神《やおよろずのかみ》」と言う言葉が二度出てきます。

『記紀』において、多くの神を表現する言葉は、「八・や」の付く言葉に厳しく限定されています。八百万神《やおよろずのかみ》、八十萬神《やそよろずのかみたち》、八十神《やそかみ》、百八十神《ももあまりやそかみ》、等々です。また、『古事記』において、数詞の付く神名は、ほぼ「八・や」に限られている、と言ってよいでしょう。

神を表現する数詞、それは「八・や」であるのです。

※詳しくは『古代天皇家「八」の暗号』（畑アカラ／新装版がヒカルランドにて刊行）に記してあります。

大嘗祭において、神の神座（寝座）が「八重畳《やえだたみ》」であること、そして最初から最後まで守護している神は「御膳《みけ》八神」であることも、「八」が含んでいる意味を理解した上での登場であり、偶然ではないのです。

私は「八百万神《やおよろずのかみ》」こそが、日本に相応《ふさわ》しい表現であると思います。一神教ではない、日本独自の世界に誇れるアニミズム思想哲理です。山川草木《さんせんそうもく》、すべてに神は宿るのです。

(9) 八角形「高御座《たかみくら》」と「八角形天皇陵」

飛鳥時代においては、天皇即位式は八角形・高御座《たかみくら》で行い、天皇崩御《ほうぎょ》した後は八角形天皇陵に葬《ほうむ》られました。

天皇の「誕生（高御座《たかみくら》）」と天皇の「死（八角形天皇陵）」が、八角形で表現されています（何度も述べていますので、これ以上は割愛します）。

（10）日本独自の「二官八省《にかんはっしょう》」……北斗八星に描いています

日本の律令《りつりょうせいど》制度は、中国の律令制度を導入しましたが、日本の都合の良いようにふるいにかけられ、独自の形である「二官八省《にかんはっしょう》」として採用されたのです。

この「二官八省」は、充分に「八の世界」を意識したものです。

端的に言えば、「二官八省」とは、「八州（独立国・日本）と八卦」を暗に象徴しています。

即ち、「二官は陰陽太極」「八省は八州・八卦」としてデザインしたものと思われます。

また、八省は、八州《やしま》のそれぞれの州《くに》の集まりであり、八州人《やしまびと》の参画・奉仕の象徴としての意味でもあります。

また、逆に、八州《やしま》（独立国・日本）を八省で統治するという、八卦《はっか》の呪術的なイメージもあったと思われます。勿論、太極としての天皇であり、天皇を守護する八卦としての「二官八省」でもあります。

しかし、何ということでしょうか、中国の律令《りつりょうせいど》制度の骨組みには、「易経八卦《えききょうはっか》」の呪術は見られないのに、日本においてのそれは、「易経八卦」の呪術を独自に施して、制度の安寧《あんねい》を願っていたのです。実に面白い現象です。

日本古来の「八州《やしま》（日本）」の概念と、中国の易経《えききょう》・八卦《はっか》の概念とを一緒にして、中国とは違った日本独自の組織デザイン・「二官八省」を作ってしまったのです。

いやいや、それだけではありません。
天武天皇は、北斗八星に多くの意味を持たせています。
何と、二官八省の八省を北斗八星に描いたのです。

次のように言えます。
北極星＝二官（陰陽）＝太極＝天皇＝天照大神
北斗八星＝八省＝八卦＝八州

律令制度は、天武天皇が整備したと思っています。
ならば、天武天皇の最強の呪術である、「北極星（太陽・太極）北斗八星（八州・八卦）」の呪術を、律令制度に施しても当然なのです。

日本の律令制度は、夜空に描く、世界最強の呪術に保護された「二官八省」なのです。
天に描く日本の律令制度……何と素敵なデザインであることか!!

しかも、二官とは、神祇官《じんぎかん》と太政官《だじょうかん》の二官分立の形式であり、祭政は分離され、中国のような政治権力の宗教化は、日本では巧妙に避けられているのです。
祭祀王《さいしおう》たる天皇の形が、律令制度《りつりょうせいど》にも反映されているのです。ここにも日本人の大いなる知恵が発揮されているのです。

また、元号も、大化の改新以来独自の年号を用い続けて、中国の元号をそのまま使うことを拒否しています（独立国である証拠）。

さらに、宦官《かんがん》制度も採用しませんでした。ここが朝鮮半島とは違うところです。

そして、律令制度において、「王号」ではなく「天皇号」を称したことは、独立国の宣言でもあり、その心意気の表れでもあったのです。

※ちなみに、唐の律令制度は、「職事官《しきじかん》」の勤める役所として、中央には、六省・九寺《じ》・一台、等々があり、それらの上には「三師」「三公」が立っています。

これから分かるように、八卦の呪術は、使われていません。

なお、新羅《しらぎ》の律令制を真似たとの説もありますが、新羅の律令制が二官八省を採用していれば、その通りと首肯《しゅこう》できますが、そうでもなさそうです。また、日本と違って新羅は宦官《かんがん》制度を採用しています。

※『日本書紀』持統天皇四年七月の記述として、「八省」は、（やつのすぶるつかさ）と訓読みさせています（岩波書店・文庫）。

（11）抜穂《ぬいぼ》の儀式・「造酒児《さかつこ》・稲実公《いなのみのきみ》・酒波《さかなみ》など八人」・「八把《わ》」

大嘗祭において、斎田に稲穂がたわわに実る頃、「抜穂《ぬいぼ》の儀式」が行われます。前述していますが、再度記します。

《まず造酒児《さかつこ》・稲実公《いなのみのきみ》・酒波《さかなみ》など八人が、田の四方から二人ずつ入り、御田《みた》中央の稲の穂先を、最初に造酒児《さかつこ》が摘み、次いで稲実公《いなのみのきみ》その他の順で摘む。抜穂は四握《あく》で一把《わ》にくくり、三十二把をそろえて神部《かんべ》に渡す。神部はそれを八把ずつ目籠《めかご》にいれる》

（『大嘗祭』鳥越憲三郎・角川書店・参考）

やはり、抜穂の儀式も、「八」と関係しています。斎田に入り《抜穂する人が八人》であることは、八州《やしま》（日本）のそれぞれの州（くに）の代表の集まりを象徴していると思われます。

また、抜穂が、《神部が抜穂を八把（四握×八＝三十二握）ずつ目籠《めかご》に入れる》ことも、八州《やしま》（日本）の意味を含んでいると推測できます。

この場合、「抜穂八把」と、「抜穂八人」は、古代日本の聖数「八《や》」はもとより、八州《やしま》（日本）を代表しているという意味を含んでいる、と思われます。

共食をする天照大神・北極星と天皇を太極として考えれば、「抜穂八把」と「抜穂八人」は、八州（独立国・日本）を代表するという意味合いが強いゆえ、八卦に配されていて、天照大神・北極星と天皇を守護しているという、推測も成り立ちます。

図７－２　悠紀田・風景（昭和）（『別冊歴史読本・図説天皇の即位礼と大嘗祭』・新人物往来社、より）

※昭和の大嘗祭の悠紀斎田の風景を見てみましょう。八つに分けられています。

⑿　八束穂《やつかほ》（八握穂《やつかほ》）

八束穂については、既に第4章で述べています。参照してください。

大嘗祭において、天皇の祝詞《のりと》があります。この中に、「八握《やつか》穂《ほ》」が出てきます。この件について、加筆したいと思います。

桜町天皇は、先帝のとき再絶した大嘗祭を元文三（1738）年再興して儀制の整備をはかりました。

そのとき、大嘗祭において、天皇が祝詞《のりと》を唱えられたのですが、文言《もんごん》の中に、「八《や》」が出てきます。

《八握穂《やつかほ》にしなひたるを御食《みけ》に奉《たてまつ》りて……》です。

「やつかほ」は、八束穂と書く場合と八握穂と書く場合があることが分かります。いずれにしても、「八の世界」です。

天武天皇は、大嘗祭、伊勢神宮の祭祀儀礼等に関して「八州《やしま》（独立国・日本）」に「八卦《はっか》」を配する呪術を施《ほどこ》しています。

よって、大嘗祭（伊勢神宮）においては、天の北斗八星に「八束穂《やつかほ》＝八握穂《やつかほ》＝八州穂《やしまほ》＝八卦穂《はっかほ》」を描く呪術となります。

（13）稲春《いねつき》の儀……八乙女《やおとめ》と八角形臼《うす》

大嘗祭において、米は、八乙女《やおとめ》によって稲春《いねつき》された後、悠紀膳屋《ゆきかしわや》と主基膳屋《すきかしわや》に運ばれ、料理されます。そして八乙女が稲春歌《いねつきうた》を歌いながら搗《つ》きます。

この行為は、稲穂の刈り取りによって死んだ穀霊が、冬至に復活することを促すための所作である、と鳥越憲三郎氏は述べています。

臼《うす》の形は、外側周りが八角形です。そして、搗《つ》く人は八乙女です。やはりここでも、米に対しては「八の世界」が堂々と顔を出しているのです。

もし、この行為が復活を意味するならば、まさに偶然ですが、キリスト教の復活を意味する八角形の洗礼盤を想像してしまいます。

八乙女《やおとめ》は、八州《やしま》（独立国・日本）のそれぞれの州《くに》を代表している集まりである、という見解は、既に述べています。

臼《うす》が八角形であることは、八角形が全世界や国全体を意味することから、この場合、八州（独立国・日本）を表現している、との推測も可能です。

一辺あるいは一角が、一州を表現していることになります。

となると、《八州（独立国・日本）のそれぞれの州《くに》から集まってきた八乙女が、稲舂歌《いねつきうた》を歌いながら、八州《やしま》を意味する八角形の臼《うす》で八州を意味する八束穂《やつかほ》（米）を搗《つ》く》という状況がなりたつのです。

勿論、ここでの八乙女は、八州のそれぞれの州《くに》から来た八乙女ではありませんが、悠紀国《ゆき》と主基国《すき》の二国の八乙女で、八州全体を表現していると思われます。儀式としてそのような意味を持たせることが、大切なのです。

「八角形臼《うす》」については、明確に八角形であることから、「北斗八星・八卦」の意味も含まれている、との推測も可能です。

すなわち、「八角形臼《うす》＝八乙女＝北斗八星＝八州（日本）＝八卦」の意味が込められていたと思われます。

いずれにしろ、稲、米に対しては、とことん「八」にこだわる、というのが大嘗祭の儀式なのです。

(14) 渡御《とぎょ》（八幅の布単《ふたん》八条）

天皇が渡御《とぎょ》される廻立殿《かいりゅうでん》から悠紀殿《ゆきでん》までの道筋に、大蔵省が二幅の布単《ふたん》を敷きます。布単とは単《ひとえ》の布のことです。

中古までは、柴垣内の地面に八幅の布単八条が敷かれたのです（『大嘗祭』鳥越憲三郎・角川書店）。

「八幅の布単《ふたん》八条」はについては、「第5章7−（2）」で既に記しています。参照のほどを。

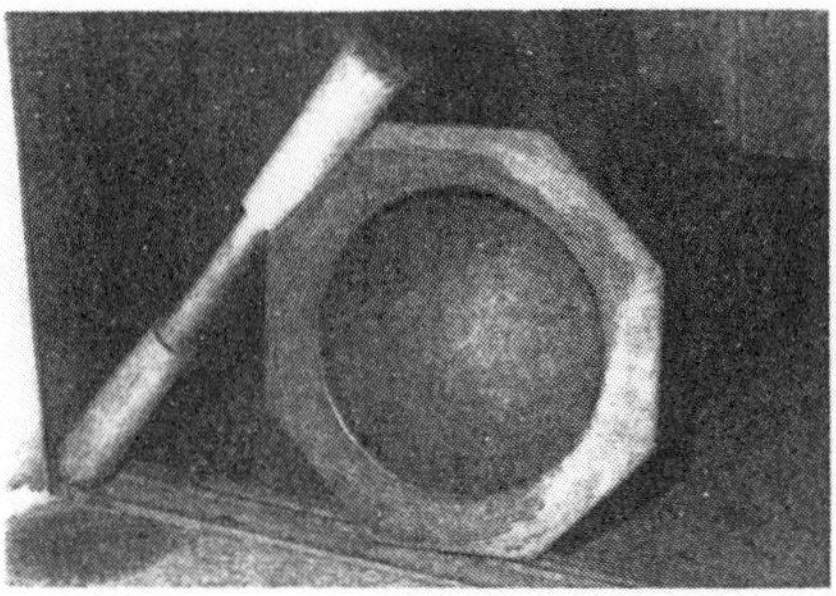

図7−3　稲春《いねつき》用臼《うす》と杵《きね》（『大嘗祭』・真弓常忠・国書刊行会より）

(15) 天照大神との共食（御酒八度）・節会《せちえ》

『江家次第《ごうけしだい》』によれば、大嘗祭には、「御酒八度」との記述があり、『江記《ごうき》』では「了御飯（飲）如レ此八度」とあります。また、『大嘗祭卯日御記』には、《如レ此八度召之了、（白四杯、黒四杯）》との記述があります（『大嘗《おおにえ》の祭り』岡田莊司・学生社・参考）。

天照大神と新天皇との共食の儀で、「八度」と記されていることは、注目に値します。稲、米は「八」の倍数で表現されていたことは、既に述べてきた通りです。

さらに、天照大神と新天皇との共食の儀においても、「八」を旨とする事例が出現したのです。

この場合においても、一度が一州であり、八度で八州《やしま》（独立国・日本）を象徴していると思います。部屋のほとんどを占める「八重畳《やえだたみ》」の脇で、天照大神と新天皇が、「八度《やたび》」のお酒の儀を行うことは、やはり大嘗祭は、「八の世界」であると言えるのです。

・新天皇誕生の祝宴……祝いの節会《せちえ》・「酒杯数・四杯・四度・八度」

大嘗祭神事の後の儀礼として、祝いの節会《せちえ》があります。白酒《しろき》、黒酒《くろき》が供せられます。白酒は当時のことと て濁り酒ですが、黒酒は常山木《くさぎ》の灰を入れて黒くしたものです。それぞれ四杯を四度、併せて八度に供します。そして諸卿にも一献賜《たま》わられます。

そして悠紀《ゆき》国の風俗歌を奏しますが、古くは悠紀国の国司に率いられて八人が歌いながら入って歌舞したのです（『大嘗祭』鳥越憲三郎・角川書店・参考）。

この「四杯・四度・八度」の儀式は、「八開手《やひらで》」および「八度拝《はちどはい》」と同様な意味を持つものであろうと想像されます。つまり、聖なる数「八・や」の意味を表現していると共に、最高のグレードを示す儀礼形式を表しているのです。

三三九度と違って、四・四・八というところが、面白いですね。

三三九度は、漢文化の影響です。「四・四・八」のこの儀式は、日本古来のものと考えられます。

この「四・四・八」が、最高の儀礼形式とされていることは、「八」の探究者にとっても、これほどの喜びはありません。

白酒《しろき》、黒酒《くろき》は陰陽を表しています。

また、《それぞれ四杯を四度、併せて八度に供する》のですから、一度が一州を意味し、八度で八州《やしま》（独立国・日本）を表現しています。

また、八度に八卦《はっか》を配すれば、「陰陽八卦（八度）」となります。さらに、この八度＝八卦に、八州《やしま》と北斗八星を配せば、デザイン表現は次のようになります。

［北極星（天照大神・天皇）］

［北斗八星「白酒黒酒《しろきくろき》（四杯・四度・八度）八州《やしま》（独立国・日本）」］

ならば、大嘗祭においては、天の北斗八星に、白酒《しろき》・黒酒《くろき》が描かれているデザイン図を想像できます。それはもうロマンの世界でもあるのです。

（16）天武天皇と「吉野の盟《ちかい》」……八仙信仰、そして「八色の姓《やくさのかばね》」

◎　**吉野の盟《ちかい》**

天武八年（６７９）五月五日、天武天皇は皇后と、草壁皇子《くさかべのみこ》、大津皇子《おおつのみこ》、高市皇子《たけちのみこ》、河嶋皇子《かわしまのみこ》、忍壁皇子《おさかべのみこ》、芝基皇子《しきのみこ》を伴い、吉野を訪れました。

ここで、有名な「吉野の盟《ちかい》」をしたのです。

天武天皇のねらいは、草壁皇子と大津皇子の二人に、協力しあうことを約束してほしかったのです。他の皇子はその証人として動員されたのです。

ところでなぜ六皇子なのか。このことは、天皇と皇后を含めると「八」になるからです。では、なぜ、「八」なのでしょうか。これこそ、道教思想なのです。

中国には、八仙《はっせん》信仰というものが、民間に広く浸透していました。無病息災《むびょうそくさい》、延生益寿《えんせいえきじゅ》をもたらすという、八人の道教の仙人です。

中国においては、「渡海《とかい》八仙」、「飲中《いんちゅう》八仙」、「蜀《しょく》の八仙」のように使われています。その最も古いものは、『淮南子《えなんじ》』を編纂した「淮南《わいなん》八公」を呼ぶ「八仙」です。「八仙」「八公」は、道教的な八人の賢人を意味する言葉です。天武天皇は自分たちを「八公」「八仙」になぞられたのです。

以上のような内容として、福永光司氏は述べています（『日本の道教遺跡』福永光司・朝日新聞社・参考）。

◎「八色《やくさ》の姓《かばね》」

「八色《やくさ》の姓《かばね》」とは、それまでの豪族を、新しい中央集権的な支配組織の中に組み込むための、八種の家格を示す称号です。天武天皇によって定められました。

（1）真人《まひと》　（2）朝臣《あそみ》　（3）宿禰《すくね》　（4）忌寸《いみき》　（5）道師《みちのし》　（6）臣《おみ》　（7）連《むらじ》　（8）稲置《いなき》

八色《やくさ》の場合、実際に適用施行《しこう》されたのは上位四グレードであったと云われています。なぜ八グレードにしたかは、単に八という数字重視のための、ある程度、名目的なものであったとされています。「吉野の盟《ちかい》」と「八色《やくさ》の姓《かばね》」を考えますと、天武天皇の「八好み」が感じられます。大嘗祭を創設し、伊勢神宮をリニューアルした天武天皇は、当然、「八好み」により、そこに八の呪術を施したのです。

小生の探究の結果、それはまさに「八の呪術」そのものでした。

(17) 八足机《やつあしのしつくえ》（八足案《やつあしあん》）の意義

神饌《しんせん》をお供えする形式として、八足机《やつあしのしつくえ》（八足案《やつあしあん》）があります。「はっそくのつくえ・はっそくあん」とも言われています。

昭和の大嘗祭のときの神饌として、羹《あつもの》八足机、御酒《みき》八足机、御粥《おかゆ》八足机、御直会《おなおらい》八足机が行立《ぎょうりゅう》（用意）されました。

この八足机《やつあしのしつくえ》の八足の数は、勿論、古代日本の聖数「八・や」を表すものです。深読みしますと、八州《やしま》（独立国・日本）の意味も表現していると推測されます。

一足（一脚）が一州を意味し、八足《やつあし》（八脚）で八州《やしま》（独立国・日本）を意味するのです。

八州（日本）のそれぞれの州（国）が集まって、八足机《やつあしのしつくえ》を構成している、という意味合いなのです。

また、八足机《やつあしのしつくえ》は、八州《やしま》のそれぞれの州《くに》の人々が集まった「八州人《やしまびと》」に支えられている、という意味もあります。

大嘗祭において、八足机《やつあしのしつくえ》の上に載せられる天照大神（北極星と集合している）と天皇に捧《ささ》げられる神饌《しんせん》は、独立国・八州《やしま》（日本）の大地に立ち、八州《やしま》（独立国・日本）のそれぞれの州《くに》とそれぞれの人々によって支えられているという、八足机《やつあしのしつくえ》の象徴的な意味があったのだと推察できるのです。

今日においても、八足机《やつあしのしつくえ》は神社において使用されています。八足机《やつあしのしつくえ》は神前結婚式において必ず並べられます。

左右に分かれている八足机《やつあしのしつくえ》は構造上、決して丈夫とは言えません。しかし、それは、古代日本の時代から、「八州《やしま》（独立国・日本）と八州人《やしまびと》」の意味を象徴している机の形式であったのです。

我々は、そのことを忘れてしまったのです。「八の世界」の切り口でのみ、八足机《やつあしのしつくえ》の意味が解明されるのです。

我々は、古代日本人の、建国当時の気持ちを、忘れ去っているのではないでしょうか。初めて八州《やしま》と称した頃の熱い気持ちを。そして、大嘗祭と伊勢神宮において、独立国家を宣言をした、当時の熱い気持ちを。まさに、八足机《やつあしのしつくえ》は独立国・八州（日本）を象徴しているのです。

図７－４　八足の机　（ホテル新潟より転載）

（18）鳥居の幅八尺

大嘗祭での鳥居の広さは、八尺、高さは九尺であると、資料にあります。

八尺の広さは、渡御《とぎょ》のロードの道幅に合わせて作られたと思います。

鳥居の幅八尺とは、八州《やしま》（日本）の門、という意味をもたせているのでしょうか。

中古までは、柴垣内の地面に八幅の布単八条が敷かれた、といわれています。

古代日本の聖数「八」を表現していることは間違いありません。

私見ながら、天皇は、地上の廻立殿《かいりゅうでん》から、北斗八星・帝車《ていしゃ》にお乗りになり、八幅の布単八条が敷かれた道を、そして「八尺」の門を通って、八《や》重畳《えだたみ》が設置してある高天原《たかあまはら》の悠紀《ゆき》殿・主基《すき》殿に到着するのです。

（19）鞭懸《むちかけ》八本と堅魚木《かつおぎ》八本

・鞭懸《むちかけ》八本

「唯一神明造《ゆいいつしんめいづくり》」を眺めていて、いつも、大変気になって仕方がないもの、それは「鞭懸《むちかけ》」の数です。

図7－5　鞭懸

内宮正殿・鞭懸（『伊勢神宮』・講談社カルチャーブックスより）

神明造に付けられている「鞭懸《むちかけ》」は、大嘗祭の際に造られる、悠紀殿《ゆきでん》、主基殿《すきでん》にも付いています。

※この部分が描かれていない古い図もあるので、初めから必ずあったのかは定かではありません。明治天皇、大正天皇、昭和天皇の大嘗祭における大嘗宮には付いていました。

「鞭懸《むちかけ》」は、「小狭小舞《おさごまい》」ともいいます。

「鞭懸」の棒は、破風の頂点近くに、左右四本ずつあります。合計八本。この八本は、もう片方の破風の頂点近くにありますから、それも足すと、総数十六本になります。実に不思議な棒です。

なぜ八本なのか。神社における聖数、つまり古代日本の聖数「八・や」を、表しているような気がしてなりません。いや、毅然《きぜん》とそれを主張しているように思われます。

前に述べたのように「八開手《やひらで》」は「八州《やしま》」を表現しています。

ならば、鞭懸《むちかけ》も「八州《やしま》（日本）」を表現している、と考えられます。

・堅魚木《かつおぎ》八本

堅魚木は、神社建築や古墳時代の豪族の住宅の棟上に横たえて並べた円柱状の装飾の部材です。形が鰹節に似るところからこう呼ばれたとされています。

本来の用途は、草ぶきの屋根が風に飛ばされないように、棟と構造体をつなぐ部材として用いられたと考えられます。

後には、天皇など高貴な人物の住いのシンボルとなり、また、神社建築のシンボルとして用いられるようになったと思われます。

伊勢神宮内宮は十本。外宮は九本です。そして大嘗宮では八本。

大嘗宮の八本は、稲の収穫祭として、天皇継承儀礼として、大変、相応しい数です。これまで記してきたように、大嘗祭における、八の世界……八重畳《やえだたみ》、御膳《みけ》八神、八角形高御座《たかみくら》、八開手《やひらで》、北斗八星……等々を表現しているとも、推測可能です。

(20) 菅蓋《すげがさ》の柄・八角形

大嘗祭において、廻立殿《かいりゅうでん》から、悠紀殿《ゆき》・主基殿《すき》に渡御《とぎょ》するとき、天皇の頭上にさしかける菅蓋《すげがさ》の柄は八角形です。

菅蓋《すげがさ》は、八角形の柄で支えられているのです。

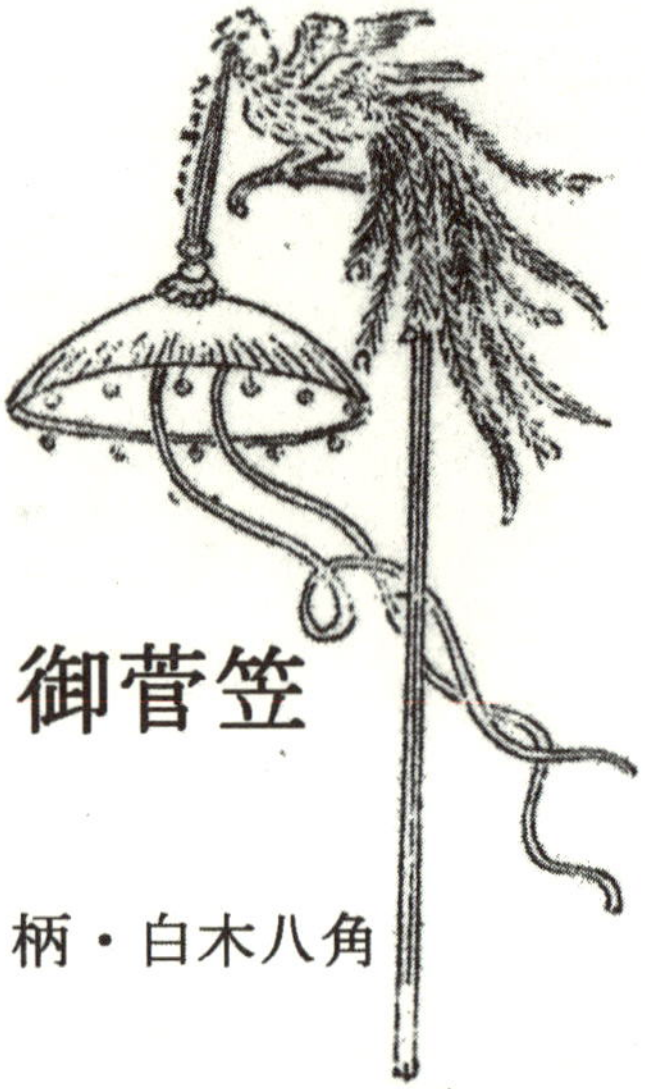

図7－6　御菅笠『即位禮と大嘗祭』・三浦周行・神社新報社

ここにも、八の世界が、見て取れます。

渡御《とぎょ》される道には、中古までは、「八幅の布単《ふたん》八条」が敷かれたのです。そこに八角形の柄で支えられた菅蓋《すげがさ》を、渡御《とぎょ》する天皇の頭上に差しかけるのです。

八の世界が、表現されています。

深読みですが、菅蓋《すげがさ》の柄の八角形は、北斗八星・帝車《ていしや》を表現しているのでは、と思ってしまいます。

ならば、天皇を北斗八星・帝車にお乗せして、高天原《たかあまはら》の悠紀《ゆき》殿・主基《すき》殿に届けるという、象徴的な意味を含んでいるのではなかろうか、と思うわけです。

(21) 天《あま》の八井《やい》と八盛《やもり》の水

前述していますが、大嘗祭において奏上される「天神寿詞（あまつかみのよごと）」には、「天《あま》の八井《やい》」の物語が語られています。

天上の神聖な「天《あま》の八井《やい》」から湧き出る水は、それが地上に雨として降り、人々の生命の水として、また五穀豊穣をもたらす水、という物語を表現しています。

伊勢神宮にも同様な物語があります。それが「八盛《やもり》の水」です。

天《あま》の聖なる水は、同じ「八・や」、つまり「天《あま》の八井《やい》」と「八盛《やもり》の水」で表現されています。

古代日本の聖数「八・や」は、ここでも使われているのです。

天からの水や雨は、神話からして「天《あま》の八水（やみず）」（造語）と言っても過言ではありません。

「天《あま》の八井《やい》」の水も「八盛《やもり》」の水も、古代日本の聖数「八・や」の意味を踏まえていることは勿論のこと、「八州《やしま》（日本）」の意味も当然含んでいると思われます。

深読みですが、「天《あま》の八井《やい》」の水と「八盛《やもり》」の水は、「八」ということで、北斗八星を意味しているのでは、と、ふと思ってしまいます。

北斗八星は、水を地上に注いでいる、という伝承もあります。

ならば「天《あま》の八井《やい》」＝「八盛《やもり》」＝北斗八星（八天女）と言えるのではないでしょうか。

(22) 八十島祭《やそしままつり》

かつて大嘗祭《だいじょうさい》とともに、天皇の一世一度の大祭がありました。八十島祭《やそしままつり》です。

八十島祭は、天皇の即位の後おこなわれる大嘗祭の、その翌年に実施される祭儀です。

岡田精司《せいし》氏によると、この祭は、難波津《なにわづ》において、即位した王者に「大八州《おおやしまぐに》」の霊を付着させる天皇独占の儀礼と考えられる、としています。

「八十島」とは、辞書によれば、多くの島を意味するとあり、日本を意味するとは出ていません(『広辞苑』・『日本国語大辞典』)。

不思議です。『記紀』によれば、まず「八島」が誕生しました。そして、「大八州《おおやしまぐに》」とも表現されました。日本は「八・や」で表現されたのです。八十島《やそしま》も「八・や」です。やはり、日本を表していると思います。よって、「八十島」は、「八州《やしま》」であり、「八十島祭」は「大八州祭《おおやしまぐにまつり》」であろうと思います。

第8章

一千三百年も夜空の北辰北斗に描いている、美しい万世一系の日本の姿

この章は、まとめの意味がありますから、同じことを繰り返し述べることになりますが、ご了承のほどを。

（1）日本文明と天皇号採用

大嘗祭と伊勢神宮の呪術を探究して、実感したことがあります。

日本文明についてです。

日本文明が独自の文明として発展し、今日、世界の文明学者たちから「一国一文明」と認知されているのは、何故《なにゆえ》でしょうか？

つまり、日本が中国文明に飲み込まれなかった最大の要因は、地政学的な有利さは別として、どこにあったのでしょうか。

そのように考えると、やはり、天皇号に行き着くのです。

もし、天武《てんむ》天皇が、天皇号を正式に採用していなかったならば、皇統が、つまり万世一系の皇室が今日まで続いていなかったのでは、と思うわけです。

天皇号は、中国の天の思想からの借り物です。しかし、面白いことに、この中国の借り物である天皇号で、独立国となり、中国文明に染まるのを防いだのです。

天皇号は借り物と言っても、中国皇帝（天子）よりも上位の天帝を意味する、北極星の天皇大帝《てんこうたいてい》から採ったのですから、文字通りに解釈すれば、驚愕《きょうがく》すべきことなのです。

つまり天の中心・宇宙の中心の北極星が日本の天皇、と主張したのですから。しかし、実際は、ときにより、皇帝、天子と称しており、実に、曖昧《あいまい》でありました。

もし、独立国でありたいという聖徳太子《しょうとくたいし》（574年〜622年）の気概がなかったら、そして、もし天武天皇（即位673年）が天皇号を正式に採用しなかったならば、つまり、大王号のままであったなら、中国文明に、簡単に飲み込まれてしまったのではなかろうかと、ふと思うのです。

それは、独立国であろうとする気概の問題でもあります。天皇号の採用と存続が、人々にその気概を持続させたのです。

大嘗祭（伊勢神宮も同様）には、秘術ながら天皇（北極星）の呪術が組み込んであり、独立国を主張しています。

それは、中国の文化（天皇）を採用して、中国の文化（皇帝）に飲み込まれまいとした方法であったと、言えるのではないでしょうか。

私の浅薄な頭で考えてみて、独立国の存続方法として、天皇号正式採用以上の方法が、あったのだろうかと、ふと思い巡らすのです。

（２）独立国家を宣言した天武天皇の気概

天武天皇が施《ほどこ》した伊勢神宮と大嘗祭の呪術的グランドデザインは、日本の国柄《くにがら》である独立国を象徴する「祭祀王（総神主の長）・天皇」と、独立国としての「大八洲瑞穂国《おおやしまみずほのくに》」を、描いています。

それは、天武天皇の気概でもあります。我々は、天武天皇の独立国に憧れた強い気持ちと、伝統の国柄を確立しようとしたその気持ちを、察してあげなくてはならないのです。

私は、七世紀において既に中国文化に憧れつつも中国思想に呑み込まれまいとした、聖徳太子《しょうとくたいし》と天武天皇の自主独立の気概・心情を記しました。

ところが、二十一世紀の現在においては、少し奇妙な状況になっているのではないでしょうか？我が国日本は、中国、韓国、北朝鮮、米国、ロシア、等々の国に対して、独立国としての気概をもって対応しているのでしょうか。勿論、対等として。お互いに対等な関係が理想です。

韓国においては、未だに多くのマスコミが、時として政治家までもが、日王と称し、天皇と称しません。

天皇号を探究するものにとって、それは耐えがたい現実なのです。

日本の天皇は、天武天皇の世界最強の呪術により、一千三百年前から、ずっと、夜空の北辰北斗に、万世一系の独立国日本の元首としての天皇（日の御子・北極星）の姿を、永遠のこととして、描き続けられているのです。

このように、一千三百年前から、天皇号を正式採用し、ずっと万世一系の、世界最長の独立国家であり続けてきた、その象徴たる天皇号が、属国の象徴である日王号に差し替えられる状況に対して、見て見ぬふりする今日の日本人の態度は、不思議といえば不思議です。

保守の方さえ、トーンダウンしてしまうこの問題の不思議さは、まさに聖徳太子や天武天皇の気概を無視するものであります。

（３）大嘗祭と伊勢神宮の共通グランドデザイン・北斗八星に描く食国《おすくに》

大嘗祭と伊勢神宮のグランドデザイン図・「北極星（太陽・太極）北斗八星（八州《やしま》・八卦《はっか》）」を眺めていたら、共通哲理に気づきました。それは、単純で壮大な奥深い理念です。

そこに共通するものは、「稲・米」です。

つまり、大嘗祭も伊勢神宮も、八束穂《やつかほ》（斎庭《ゆにわ》の穂《いなほ》）を北斗八星に配し、その豊穣を願い、百姓《おおみたから》が餓《う》えることなく、を願っていたのです。

そして、その北斗八星に、八州《やしま》（日本）と八卦《はっか》を配して、八束穂（斎庭《ゆにわ》の穂《いなほ》）が八州《やしま》（日本）全体に広まるよう、呪術的に願っていたのです。

「八州・日本」と「稲・米」を一緒にした言葉があります。

となると、小生が、いままで考察してきた大嘗祭と伊勢神宮の呪術的基本概念は、「大八洲瑞穂国《おおやしまみずほのくに》」「大八洲瑞穂国《おおやしまみずほのくに》」です。

で帰結するのです!!

それは、天地に、「北極星（太陽・太極）北斗八星（八州・八卦）」の呪術で守護された「祭祀王（総神主の長）・天皇」を君主とする、独立国家・「大八洲瑞穂国《おおやしまみずほのくに》」を、描くことだったのです!!

・食国《おすくに》について

大嘗祭と伊勢神宮に関係する、「食国《おすくに》」について記します。

万葉集に次の歌（大伴旅人《おおとものたびと》）が収められています。

《八隅知之《やすみしし》　わが大君の　食《を》す国は　大和《やまと》も　ここも　同じとそ思ふ》（『万葉集』・956）

◎（やすみしし）わが大君の　治めていらっしゃる国は　大和もここも　同じだと思います（『万葉

集』新編日本古典文学全集・小島憲之他・小学館）

天皇がお治めになる国は「食国《お(を)すくに》」と呼ばれていました。

そしてその意味は、八州人《やしまびと》を飢《う》えさせない国柄《くにがら》であることを主張しています。

ならば、大伴旅人《おおとものたびと》の歌は、次のように解釈できるのです。

◎（八隅知之《やすみしし》）大君のお治めになる、食の安寧《あんねい》を第一義とする「食国《おすくに》」は、大和《やまと》もここ（九州）も、同じだと思います

この「食国《おすくに》」の意味内容が、そっくりと、大嘗祭と伊勢神宮の呪術的グランドデザインに描かれているのです。

私は、〈食国《おすくに》＝大八洲瑞穂国《おおやしまみずほのくに》＝八束穂《やつかほ》（八州穂《やしまほ》・伊勢神宮）＝斎庭《ゆにわ》の穂《いなほ》（大嘗祭）＝北斗八星（八州）〉という象徴関係であろうと思います。

北斗八星の重要な役割が、分かってきます。

皇祖・天照大神と天皇は、日本国の食を代表する「稲・米」の豊穣を、このようなコスモロジー的な呪術形式で、今も願い、そして祈り続けているのです。

このことからしても、天皇は、日本の農耕民族を代表している、農耕祭祀の祭祀王（総神主の長）であることが分かります。

また次のことも言えます。まず食の安寧（百姓《おおみたから》を飢えさせない）を願う。この基本こそが天皇の置かれた立場なのであると。

ならば、天皇、及び天皇に仕える臣下は、百姓《おおみたから》を飢えさせないことを基本にしなければならないのです。それは、まさに福祉の姿勢でもあるのです。

（4）仁徳《にんとく》天皇の道徳的福祉思想と天武天皇の天地に描くグランドデザイン呪術

何度も述べていますが、大嘗祭と伊勢神宮の呪術的グランドデザインを暗号解読して分かったことは、天皇は、「国民が飢《う》えることなく」をひたすら願い祈っている姿であった、ということです。しかも、世界最強の呪術で。

この伊勢神宮と大嘗祭が発しているメッセージと同様な内容が、『古事記』『日本書紀』に記してあります。

仁徳《にんとく》天皇の有名なエピソード——民の竈《かまど》の烟《けむり》が立ち上っていなかったのを見て、百姓《おおみたから》の貧しさを知り、三年間、課役《えつき》を廃された——です。

この件を、もっと詳しく紹介します。ここにこそ、天皇の本義が述べられているからです。

『日本書紀』仁徳天皇四年、次のように記しています。

仁徳天皇が高台《たかどの》に登ったところ、竈《かまど》の烟《けむり》が起《た》っていないのは、百姓《おおみたから》が貧しいに違いないと、三年間、課役《えつき》を除《や》めた。この記述は『古事記』にも記されています。しかし、次の記述は『日本書紀』のみに記されています。

『日本書紀』仁徳《にんとく》天皇七年、仁徳天皇は高台《たかどの》に登ったところ、烟《けむり》が多く立ち上っていました。それを見て、仁徳天皇は、「私は富《ゆたか》になった」と仰せられました。皇后は、宮殿の垣根の修理も出来ず、そして殿屋《おおとの》もボロボロで雨漏りして、衣服や夜具が濡《ぬ》れています。何で富《ゆたか》になったと仰せられるのでしょうかと、申し上げられました。

すると仁徳天皇は、次のようにお答えになったのです。

《天皇の曰《のたま》はく、「其《そ》れ天《あめ》の君《きみ》を立《た》つるは、是百姓《これおほみたから》の為《ため》になり。然《しか》れば君《きみ》は百姓《おほみたから》を以《も》て本《もと》とす。是《ここ》を以《も》て、古《いにしへ》の聖王《ひじりのきみ》は、一人《ひとりのひと》も飢《う》ゑ寒《こ》ゆるときには、顧《かへり》みて身《み》を責《せ》む。今百姓貧《いまおほみたからまづ》しきは、朕《わ》が貧しきなり。百姓《おほみたから》富《と》めるは、朕《わ》が富めるなり。未《いま》だ有《あ》らじ、百姓《おほみたから》富みて君貧しといふことは」とのたまふ》

《天皇は「天が君を立てるのは、百姓《おおみたから》のためである。よって、君は百姓《おおみたから》を本《もつとも》大切に考えるものだ。それでもって、古《いにしえ》の聖王は、一人でも飢《う》え寒《こご》えるようなときは、顧みて自分自身を責める。今、百姓《おおみたから》が貧しければ、私（天皇）が貧しいのである。百姓《おおみたから》が豊かなら、私（天皇）が豊かなのである。未《いま》だかつて、百姓《おおみたから》が豊かであって、君が貧しいということはないのだ」と仰せられた。》

天皇の大御心《おおみこころ》の最も悲しみとする事柄は、百姓《おおみたから》（国民）が飢えることなのです。ましてや、飢え死にする人々が出ることは、その悲しみの極みと為《な》すのです。

よって、臣下（政治家）は、この事態（飢え）をまず避けることを第一としなければなりません。究極、こういう事態になったならば、畏《おそ》れ多いことですが天皇はもとより、臣下（為政者）は、飢えたる者のために、何かをしなければならないのです。

《百姓《おほみたから》貧《まづ》しきは、朕《わ》が貧しきなり。百姓《おほみたから》富《と》めるは、朕《わ》が富めるなり。未《いま》だ有《あ》らじ、百姓《おほみたから》富みて君貧しといふことは》

これこそが、仁徳《にんとく》天皇の大御心《おおみこころ》であります。それは皇室伝統の政治道徳思想でもあったのです。

幸い、現在の日本は経済的に発展して、特殊な事情がない限り飢え死にする人は無くなりました。

しかし、国民の幸せをひたすら願い祈っているこの皇室伝統の精神は、百年、千年、万年、未来永劫、伝えていかなければなりません（現在は、食料の自給率の低下により、食糧安保という点で心配です）。

仁徳天皇の政治道徳思想は、国民の福祉にあります。ならば、千数百年前の日本には、既に、道徳的福祉思想は、あったのです。

現在、天皇は政治的権力を国民に委《ゆだ》ねています。よって、天皇の大御心《おおみこころ》は、政治道徳思想のメッセージのみとなります。だからこそ、為政者は、責任が重いといえるのです。

この仁徳天皇の最大の悲しみは、百姓《おおみたから》（国民）が「飢《う》ゑ寒《こ》ゆる」ことだと述べています。この「飢《う》ゑ寒《こ》ゆる」ことが無きようにと祈っているのが、前述しているように、大嘗祭と伊勢神宮が発している、天武天皇が創作した呪術的グランドデザイン・メッセージなのです。

この天武天皇が創作した呪術的グランドデザインとは、北斗八星を八州（日本）とし、そこに八束《やつか》穂《ほ》（斎庭《ゆにわ》の穂《いなほ》）を描き、永遠に百姓《おおみたから》（国民）が飢えることのないようにと祈っている呪術的なメッセージなのです。

大嘗祭において、斎庭《ゆにわ》の穂《いなほ》（八束穂《やつかほ》）は、天孫降臨とともに高千穂峰《たかちほのみね》に降ろされます。そして斎庭《ゆにわ》の穂《いなほ》は、伊勢神宮を中心に、八州《やしま》（日本）全土に広がって行くのです。

北斗八星に描いている永遠の八束穂《やつかほ》（斎庭《ゆにわ》の穂《いなほ》）は、北極星である仁徳《にんとく》天皇の大御心《おおみこころ》を表現しているとも、言えるのです。

仁徳天皇の大御心《おおみこころ》は、後の天武天皇によって、偶然とは言え、北辰北斗（北極星・北斗八星）に描かれているのです。

天の北斗八星（八州）に描いている八束穂（斎庭《ゆにわ》の穂《いなほ》）は、地上に降ろして、そのまま描かれているのです（図8－1）。

なんと、美しく、シンプルで、大胆、かつ、奥深いデザインであることでしょう。

小生が今まで「大嘗祭」「伊勢神宮」に関して述べてきたことは、この単純なデザインの中にすべて集約されてしまうのです。

天武天皇は、食の安寧のため、天地《あめつち》の北斗八星に、壮大な八束穂《やつかほ》（八州穂《やしまほ》・斎庭《ゆにわ》の穂《いなほ》）を永遠の形として描いているのです。

天皇は、天地《あめつち》の北斗八星に、対中国属国拒否の独立国としての大八洲瑞穂国《おおやしまみずほのくに》（八束穂《やつかほ》・八州穂《やしまほ》）――「食国《おすくに》」――を描いたのです。

このことは、まさに八州《やしま》（日本）の天皇は、真の、そして世界的に見ても貴重な価値ある祭祀王

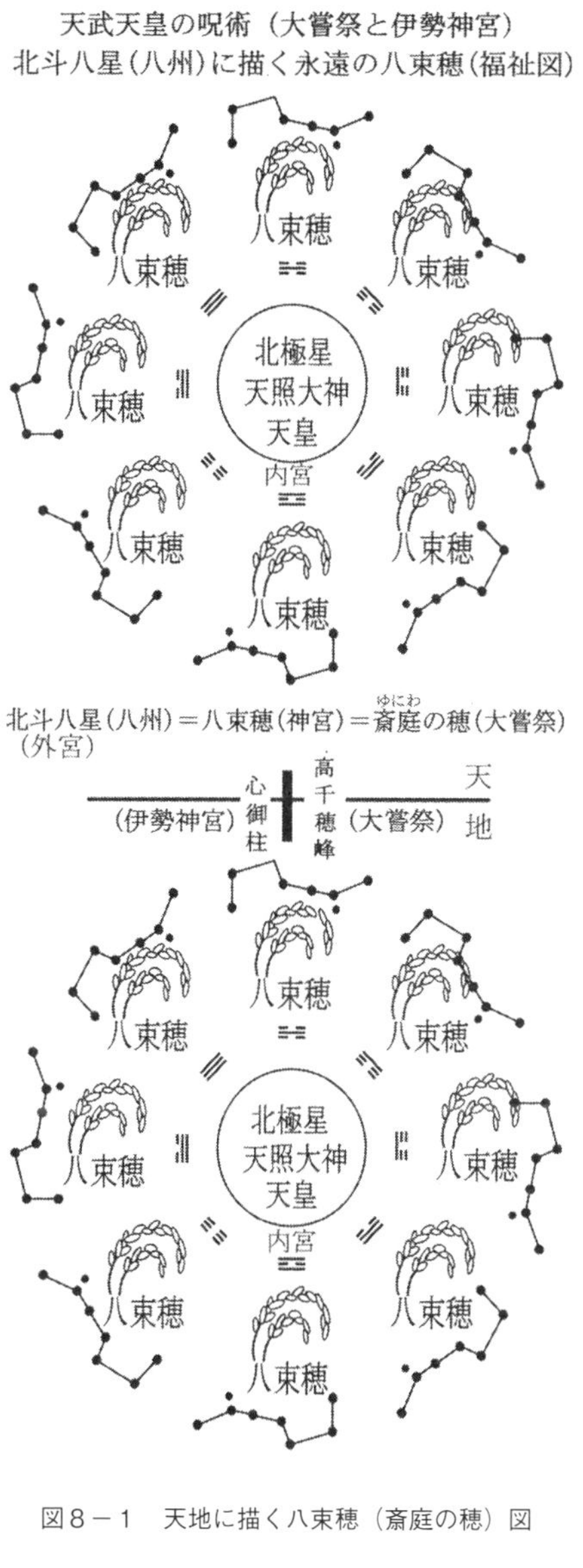

図８－１　天地に描く八束穂（斎庭の穂）図

(総神主の長)であることの確たる証明となります。

これほどまでに神秘的で格調高い大嘗祭を主催する、皇室の思慮深さに驚かざるを得ません。

いままで、大嘗祭において、そして伊勢神宮において、誰にも知られず、神聖なる秘儀として、千数百年も連綿と天地《あめつち》の北斗八星に、壮大な八束穂(斎庭《ゆにわ》の穂《いなほ》)をひたすら描き続けてきたのです。

天武天皇の、デザイン能力の素晴らしさには、ただただ感服するのみです。

これ以上の永遠、悠久を意味する、食の安寧を祈る堅固な呪術デザインが他にあるでしょうか!!

(5)「万世一系の天皇」は、世界に誇る、日本の叡智《えいち》……北辰北斗に描かれている

1) 天武天皇の呪術と、万世一系《ばんせいいっけい》天皇の叡智《えいち》

本居宣長《もとおりのりなが》は、「日本が万国より優れている」と説かれています。それは「万世一系」の皇統、つまり天皇を戴く国であることによる、と述べています。

易姓革命《えきせいかくめい》を正当化している中国とは、そこが違うのです。

私利私欲が無く、「百姓貧《おほみたからまづ》しきは、朕《わ》が貧しきなり。百姓《おほみたから》富《と》めるは、朕《わ》が富めるなり」。そして続朕《わ》が悲しみの極みは、百姓《おおみたから》が「飢《う》ゑ寒《こ》ゆるとき」と明言している天皇の御代が、万世一系として続

いていることの幸せを、我々は実感を持って感じなければならないのです。

このような政治道徳をもった、国家元首が、他の国に存在するのでしょうか？

まさに日本のみに存在している、この素晴らしい類《たぐ》い希な、祭祀王・天皇（総神主の長）に対して、何の不満があるのでしょうか？

私利私欲にまみれた元首だらけの国々の中で、そのような元首を輩出しない国体を有している日本は、何と、幸運な国であることでしょう。

我々は、世界の国々の元首を見渡し、そして比較して、日本の国の元首（天皇）がいかに素晴らしいかを、実感しなければなりません。

私利私欲が無く祭祀王（総神主の長）であり、百姓《おおみたから》が飢えることなくが大御心《おおみこころ》である日本の天皇を中心軸において、世界の変化に対応する改革を進めていけばいいのです。

このような万世一系の元首・天皇が続いていることは、古《いにしえ》の日本の人々が育ててきた叡智《えいち》、というほかありません。

2)　万世一系の天皇が続いてきたという事例の一つ……御所《ごしょ》の塀《へい》の低さ

天皇と民の関係は、対立関係ではありません。その証拠として、京都御所《ごしょ》は丸腰状態だったのです。

京都御所の塀は低く、その気になれば、誰でも侵入でき、天皇を殺《あや》めることも出来たのです。

実際、『続日本後紀《しよくにほんこうき》』承和《じようわ》四年（仁明天皇《にんみようてんのう》・837年）、「夜半、女盗賊二人が清涼殿《せいりようでん》に侵入した。天皇は驚き、蔵人《くろうど》らに命じて宿衛《しゆくえい》の者に告げ、あとを追い捕らえさせたが、一人は捕らえたのみで、もう一人は逃亡した」と記してあります。

驚きの警備体制です。

しかし、それでも、その後、皇居の塀を高くして侵入を防ごうとは、しなかったのです。

不心得者がいたことは残念ですが、これとて、単なる物取りで、天皇をどうしようというものではありません。

日本においては、中国のように、易姓革命《えきせいかくめい》もありません。

欧州のように民衆が王朝を打倒することもありません。

そもそも、皇室にとって、民衆は敵になる、というような考えが無かったのです。

君民一体であったのです。総神主の長ならば、民の敵になるはずはないのです。

誰からも襲われないと分かっているからこそ、重警備の必要はまったくなかったのです。

天皇の身の安全は、民の気持ちからして、安心だったのです。

世界の王国と比べ、日本の皇室は、まったく違った存在なのです。

皇室はなぜ二千年以上続いてきたか？　なぜ、万世一系なのか？　の答えが、御所の塀の高さに表現されているのです。

皇室は国民によって守られています。国民もまた皇室によって守られています。

天皇と国民は、支えあいながら、君民一体として、長い歴史を共に歩んできたのです。

（６）「天皇号」正式採用の意味についての一覧表示

最後に、今まで天皇号正式採用について述べてきたことを、一覧表示してみました。

ただし、この中には祝詞《のりと》ということで『天神寿詞《あまつかみのよごと》』が入っていませんが、前述している通り、独立国の象徴として、正式採用した天皇号を誇りを持って読み上げたのだろうと、思われます。

また、天武天皇以後の天皇即位式も当然のこととして、天皇（北極星）の証明ですが、拙著の中では、あえて割愛しました。

「天皇号」正式採用の意味についての一覧表示

「天皇号」正式採用（天武天皇）

- 天皇号・明記
  - 律令
    - 浄御原令《きよみはらりょう》
      万世一系
      独立国律令
  - 『書』
    - 『古事記・日本書紀』
      万世一系天皇誕生物語
  - 律令・『書』→
    - 天皇＝北極星の由来説明無し
      天皇＝日の御子《みこ》
      ＝天照大神の子孫＝皇孫《すめみま》
    - 〈八の世界〉
      八隅知之《やすみしし》大君
      明神御《あきつみかみと》大八洲《おおやしましらす》
      倭根子天皇《やまとねこのすめらみこと》
      八州《やしま》・大八洲・大八島国
      八百万神《やおよろずのかみ》・八咫烏《やたがらす》・
      天八十平瓮《あめのやそびらか》・八束穂
      八咫鏡《やたのかがみ》・八坂瓊曲玉《やさかにのまがたま》・八剣《やつるぎ》

- 天皇（北極星）の証明・（天照大神と北極星の習合）
  - 「神社」
    - 伊勢神宮
      万世一系
      独立国家記念神社
  - 「祭」
    - 大嘗祭
      万世一系
      独立国家記念祭
  - 「神社」・「祭」→
    - 万世一系・天皇（北極星）証明・呪術形式
      北極星＝太極・内宮・天照大神（太陽）・北極星・天皇
      北斗八星＝八卦《はつか》・外宮・豊受大神（八天女）・八州・御膳《みけ》八神・八束穂
      北辰北斗に日本の国柄を描く
      稲の農耕文化を選択、牧畜文化の拒否
    - 〈八の世界〉
      大嘗祭＝八重畳《やえだたみ》・御膳《みけ》八神・八角形高《たか》御座《みくら》・北斗八星・八開手《やひらで》・御巫《みかんなぎ》八神・八角形臼《うす》・八角形天皇陵・八天女（豊受大神）・八束穂
      伊勢神宮＝八重榊・天平瓮《あめのひらか》（八百口）・八尋殿《やひろでん》・鞭懸《むちかけ》（八本）・御飯《みけ》二八具・抜穂八荷・八盛《やもり》の水・八足机《やつあしのつくえ》・宇治橋（八角橋脚）・八乙女・八束穂

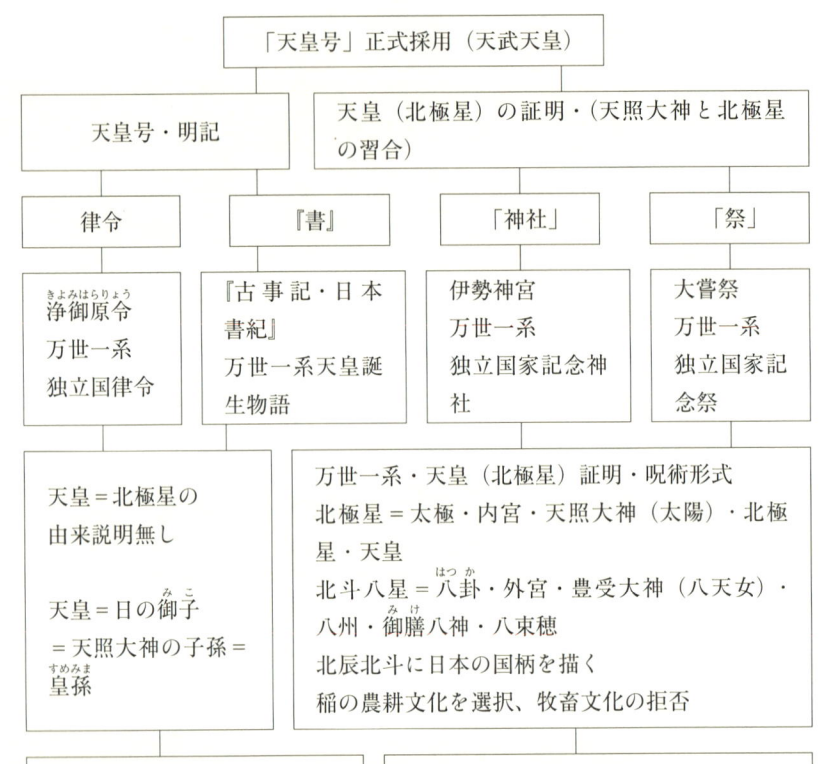

（7）北斗八星に込められた、日本の国柄一覧表示

天武天皇が正式採用した日本独自の世界最強の呪術は、［北極星（太陽・太極）北斗八星（八州・八卦）］でした。

「北極星＝太極」の呪術は、過去、多く見られますが、天照大神を、北極星と習合させ、太極とした呪術、つまり「北極星（天皇）＝天照大神＝太極」は、日本独自のものです。

中国の伝承によりますと、何度も述べていますが、北極星は北斗八星を必要としています。北極星のすべての面倒は、北斗八星が見るのです。

天武天皇は、この北斗八星に多くの意味を持たせ、天皇（北極星）を中心とする日本の国柄としたのです。

北斗八星の呪術を活用している、七つの事例を挙《あ》げて、一覧整理します。

世界最強の「北斗八星」の呪術・内容の一覧表示

◎大嘗祭《だいじょうさい》の「北斗八星」＝八天女（豊受大神《とようけのおおかみ》・天《あめ》の羽衣《はごろも》）＝外宮《げくう》＝八卦《はつか》
（天武《てんむ》天皇 674年頃）　＝八州《やしま》（日本独立）＝御膳《みけ》八神（八神殿）＝八束穂《やつかほ》
＝八佾舞《やつらのまい》＝帝車《ていしや》＝大匙《おおさじ》＝標《ひよう》の山＝八重畳《やえだたみ》（周辺）

◎伊勢神宮の「北斗八星」　＝八天女（豊受大神《とようけのおおかみ》）＝外宮《げくう》＝八卦《はつか》
（天武天皇 674年頃）　＝八州《やしま》(日本独立)＝八束穂《やつかほ》(大匙《おおさじ》・米・神饌《しんせん》)
＝帝車《ていしや》＝刺車紋《さしくるまもん》＝八佾舞《やつらのまい》

◎日光東照宮の「北斗八星」　＝山王神《さんのう》＋摩多羅神《またらじん》＝八卦（極秘敷曼陀羅《ごくひしきまんだら》）
（家康没後1617年頃）　＝八州

◎八角形天皇陵の「北斗八星」＝八州《やしま》（日本独立）＝八卦
（皇極《こうぎよく》天皇643年）　＝八隅知之《やすみしし》（大君）

◎八角形高御座《たかみくら》の「北斗八星」＝八州《やしま》（日本独立）＝八卦
（皇極天皇643年頃？）　＝八隅知之《やすみしし》（大君）

◎高松塚古墳の「北斗八星」　＝高松塚古墳＝石上麻呂《いそのかみのまろ》
（石上麻呂717年）　＝八人ずつの男女（陰陽）
＝帝車＝八卦＝陪塚星《ばいちようぼし》＝深緑色の蓋《きぬがさ》
＝大匙《おおさじ》（八束穂《やつかほ》・神饌《しんせん》）＝八州《やしま》（日本独立）
＝八佾舞《やつらのまい》

※高松塚古墳には、北斗八星は描かれていませんが、墓全体が北斗八星。

◎律令《りつりよう》制度の「北斗八星」＝八省＝八卦＝八州（日本独立）
（天武天皇）（二官八省）

日本を代表する、他を冠絶した第一位の神社（伊勢神宮）と日本一の祭（大嘗祭《だいじょうさい》）に、「北斗八星」の呪術が使われています。

そして、日本一煌《きら》びやかな神社・日光東照宮にも。また、天皇の墓、八角形天皇陵（八隅知之大君《やすみししおおきみ》）にも。そして、天皇即位式に使われる、八角形高御座《たかみくら》にも。

さらに、世界一美的な陪塚《ばいちょう》壁画を描いている、高松塚古墳にも使われています。

さらに、意外なことでしたが、律令制度の二官八省にも、北斗八星の呪術が使われていたのです。「北斗八星＝八省」とし、法律の安寧《あんねい》を願った、という発想は、もう、天武天皇の最強のロマン、と言うしかないのです。

七事例とも、すべて天皇を中心としており、天皇とは何かを、物語っています。「北斗八星」が表現している、呪術の壮大さ、意味深さに、圧倒されてしまいます。

天皇を表現している、北辰北斗の呪術的グランドデザインを語らずして、伊勢神宮、大嘗祭《だいじょうさい》、日光東照宮、八角形天皇陵、高松塚古墳の本義は語れない、ということが、お分かりいただけたと思います。

天武天皇の世界最強の呪術の核は、夜空に輝く、北極星を毎日一周する、「北斗八星」にある、ということが、これでお分かりいただけたと、思います。

我々は、天の中心、夜空に輝く、北極星とその周りを正確に回る天の大時計でもある北斗八星を眺め、天武天皇が施した、世界一最強の呪術とその永遠のロマンを、感じ取らなくては、ならないのです。

大嘗祭の真実は、夜空に輝く、北極星・北斗八星の中に存在するのです。

参考文献一覧

『践祚大嘗祭』田中初夫・木耳社
『大嘗祭』鳥越憲三郎・角川書店
『大嘗の祭り』岡田莊司・学生社
『大嘗祭』真弓常忠・図書刊行会
『図説　天皇の即位礼と大嘗祭』別冊歴史読本１９８８年11月号・新人物往来社
『大嘗祭の構造』平野孝國・ぺりかん社
『大嘗祭を考える』國學院大學院友会編・桜楓社
『太陽と稲の神殿』小島瓔禮・白水社
『天皇と民の大嘗祭』高森明勅・展転社
『即位禮と大嘗祭』三浦周行・神社新報社
『資料で見る大嘗祭』國學院大學学術資料センター篇
『古事記外伝』藤巻一保・学研パブリッシング
『大嘗祭の久米舞と中国禘祭の大武』廣畑輔雄・民俗学研究１９８６・６
『古事記研究』西郷信綱・未来社
『大嘗祭の成立』谷川健一・小学館
『古代中国と皇帝祭祀』金子修一・汲古書院

『「古事記」における「日の御子」』山村桃子・文学史研究56号
『大嘗宮正殿の室・堂の性格』池浩三・日本建築学会論文報告集
『中国古代の占法』坂出祥伸・研文出版
『大嘗祭〈本義〉考―陪膳采女の祝詞をめぐって―』中尾瑞樹
『大嘗祭と新嘗』岡田精司・学生社
『大嘗祭と宮中のまつり』川出清彦・名著出版
『大嘗祭の今日的意義』岩井利夫・錦正社
『大嘗祭―天皇制と日本文化の源流』工藤隆・中央公論新社
『天皇の祭り村の祭り』森田悌・新人物往来社
『続日本後紀・全現代語訳』森田悌・講談社
『大嘗祭』吉野裕子・弘文堂
『易と日本の祭祀』吉野裕子・人文書院
『陰陽五行と日本の天皇』吉野裕子・人文書院
『陰陽五行思想からみた日本の祭』吉野裕子・人文書院
『古代天皇家「八」の暗号』畑アカラ・徳間書店
『古代天皇家の謎は「北斗八星」で解ける』畑アカラ・徳間書店
『伊勢神宮』所功・講談社
『伊勢神宮の衣食住』矢野憲一・東京書籍

『神宮御神宝図説』神宮徴古館農業館
『タオイズムの風』福永光司・人文書院
『道教と古代日本』福永光司・人文書院
『天皇から読みとく日本』高森明勅・扶桑社
『歴史検証天皇陵』別冊歴史読本・新人物往来社
『卑弥呼は日本語を話したか』安本美典・ＰＨＰ研究所
『古代天皇の誕生』吉村武彦・角川書店
『天皇と中国皇帝』沈才彬・六興出版
『古事記』（新編日本古典文学全集）・小学館
『古事記』倉野憲司・岩波文庫
『日本書紀』坂本太郎他・岩波文庫
『日本書紀』（新編日本古典文学全集）・小学館
『天台密教の本』ブックス・エソテリカ21・学習研究社
『日光東照宮の謎』高藤晴俊・講談社
『台密の理論と実践』三崎良周・創文社
『則天文字の研究』蔵中進・翰林書房
『白鳥庫吉全集第二巻・日本上代史研究下』白鳥庫吉・岩波書店
『新・水戸光圀』名越時正・水戸史学会・錦正社

『日本の名随筆89・数』安野光雅編・作品社
「歴史と旅」・関川尚功《ひさよし》・奈良県文化保存課課長補佐
「歴史と旅」・米田文孝・関西大学助教授
「歴史と旅」・和田萃《あつむ》・京都教育大学教授
『高松塚への道』網干善教・草思社
『古代史を解くカギ』有坂隆道・毎日新聞社
『高松塚とキトラ』来村多加史・講談社
『古代を考える　終末期古墳と古代国家』白石太一郎編・吉川弘文館
『末永先生米寿記念献呈論文集』末永先生米寿記念会
『中国神秘数字』鈴木博訳・青土社
『数の周辺』清田圭一編・日本アイ・ビー・エム
『「数」の日本史』伊達宗行・日本経済新聞社
『貞丈雑記』（東洋文庫・４５３）・校注者・島田勇雄・平凡社
『万葉集』（新編日本古典文学全集）・小島憲之他・小学館
『風土記』（日本古典文学大系）・秋本吉郎・岩波書店
『国史大辞典』吉川弘文館
にんげんクラブＨＰブログ「初めて語る天皇と大嘗祭の真実」畑アカラ

あとがき

昨年の暮れ（平成30年）、さる忘年会の席で、出席者全員が予祝を発言することになりました。私は、酔いにまかせて、大嘗祭の本が出版になり、大嘗祭の真実が、日本中に知れわたることになりました、と述べました。

おかげさまで、本の出版は、実現しました。

そして、もう一つの予祝、今まで知られていなかった大嘗祭の真実が、予祝通りに多くの人々に知られるようになることを、願ってやみません。

大嘗祭を探究していて、驚いたことは、あまりにも多くの説が存在することでした。大嘗祭の祭神一つをとっても、天照大神を除いた説もあり、その混乱ぶりに、これなら、何でもありではないか、と思うほどでした。

いまや、國學院大学の顔とも言える岡田莊司《しょうじ》先生は、今年（令和）出版された『大嘗祭と古代祭祀』（吉川弘文館）において、折口信夫《おりくちしのぶ》氏を初め、多くの人達の説を、切り捨てています。その四ヶ所の部分を取り上げてみます。

①『折口没後五十年（平成十五年九月三日）、完全に神霊となられた今年、そろそろ折口信夫をマドコオフスマ論から解放してあげるべきであろう。それが折口神霊の希望する鎮魂の作法でもある』

②『平成の大嘗祭論議から十四年、寝座秘儀説は一応の終止符を打ったとの観もあるが、一方では天皇霊・天子霊・大王霊の受霊論はさらに発展して、埋葬施設の前方後円墳における「首長霊」継承儀礼を想定する見解が出されている。「幻想」は常に再生する。学問とは別次元において（平成十五年九月記）』

③岡田先生は、鳥越憲三郎氏の著書『大嘗祭』について次のように述べています。
『同書は大嘗祭の基本にかかわる問題に誤解があり、誤った学説の流布は折口説と同じく将来にわたって悪影響を及ぼすことにもなりかねないので一言付け加えておきたい』

④『折口は戦後、非即神論へと転じたのであるから、折口「真床襲衾《まとこおふすま》・天皇霊」論も放棄したとみるべきであろう。この時から、厳密にいえば、「真床襲衾・天皇霊」論は折口の説ではなくなったのである。以後は一人歩きしながら肥大化しつづけ研究者の間に蔓延していく。まるで鵺《ぬえ》のように』

以上、岡田莊司先生の他説を否定する記述箇所を紹介しましたが、言葉としては、かなり、遠慮なく述べています。

ならば、私も、遠慮なく、岡田莊司先生に対して思ったことを、正直に、述べさせていただきます。

◎『大嘗祭と古代祭祀』において、岡田莊司先生は、大嘗祭は冬至祭であるということだけではなく、冬至のこと自体を記述していません。

大嘗祭は、冬至祭でもあることを、否定しているのでしょうか？

◎私の最大のテーマである、「天皇＝北極星」のことに対しては、全く言及していません。

大嘗祭は天皇継承儀礼でもあるのですが、そこには、「天皇＝北極星」の継承儀礼は、含まれていないのでしょうか？

◎『日本書紀』の記述である、皇孫《すめみま》・連続三代のマトコオフスマに対しても（過去に言及していると思いますが）、この本の中では、精査されていません。

三代続けて真床《まとこ》覆衾《おふすま》が、皇孫《すめみま》の証拠として、『日本書紀』に記されています（ニニギノ命→山幸彦→鸕鶿草葺不合尊《うがやふきあえずのみこと》）。この意味を、大嘗祭に反映させるのは、「まるで鵺《ぬえ》のように」の範疇に入る説なのでしょうか？

◎　大嘗祭は、『古事記』『日本書紀』の神話再演と思っていますが、その部分は全く存在しないのでしょうか？

例えば、大嘗祭前日の鎮魂祭で行われる儀礼・所作「巫女《みこ》が宇気槽《うけふね》を踏んでその上にたち、桙《ほこ》でその槽《ふね》を十回撞《つ》く」があります。この所作は「天宇受売命《あめのうずめのみこと》」が踊った、記紀神話に由来するのではないのでしょうか？

◎　『続《しょく》日本後紀』には、大嘗祭の日に、仁明《にんみょう》天皇は「禋祀《いんし》」を脩《おさ》めたと、記してあります。この「禋祀《いんし》」について、言及していただけないでしょうか。

「禋祀《いんし》」とは、天皇＝北極星を祀ることと思いますが、そうではないのでしょうか。

この件、岡田莊司先生が、知らないはずはないと思いますが、「禋祀《いんし》」を精査して後、是非とも、大嘗祭を語っていただきたいと願うばかりです。

◎　また、今まで、誰も語ったことのないことですが、大嘗祭はなぜ創設されたのか、その動機について、語っていただけないでしょうか。

◎　天照大神を、どのようにして八重畳に迎えるのでしょうか？

◎ 大嘗祭創設と伊勢神宮のリニューアルは、セットとして考えるべきと思いますが、いかがでしょうか？

以上、岡田莊司先生に対して、不躾ながら、やむにやまれぬ思いもあり、記させていただきました。

日本古代史専攻の歴史学者である森田悌《てい》先生は、次のように述べています。

《最近においても手許にある斯界の権威山折哲雄氏の近刊『神と王権のコスモロジー』を繙くと、天皇がマトコオフスマにくるまるなどとする誤説や、迎えられる神をアマテラス大神とする俗説の上に論をたてることを行っている》

（『天皇の祭り村の祭り』・新人物往来社）

とするならば、私の説ばかりではなく、多くの人の大嘗祭論が、誤説と俗説ということになります。

森田悌先生は、「迎えられる神をアマテラス大神とする俗説の上に論を立てている」と、記していますが、アマテラス大神を俗説とする、この記述には、さすがに驚きました。

俗説と表現し、言い切る根拠は、どこにあるのでしょうか。

森田先生の自説では、大嘗祭の祭神は、田の神＝稲魂のようなものと述べています。

天皇は、天照大神の子孫・日嗣《ひつぎ》の御子《みこ》・日《ひ》の御子《みこ》、です。

『古事記』において、天皇は、度々「日《ひ》の御子《みこ》」として歌われています。

また、私は、伊勢神宮のリニューアルは、大嘗祭とセットだと思っていますので、天照大神を除くことはあり得ないこと、と思うわけです。

大嘗祭は、冬至の祭とするならば、この日を境に、太陽のパワーが増していきます。一陽来復《いちようらいふく》、です。よって、天照大神を無視するわけにはいかないのです。

このような事情があるのに、自説とは違うとは言え、俗説と言い切ることは、さすが、いかがなものかと、感じるのです。

誰もが、自分の説は、正しいと信じているからこそ、本も出版されるのだと思います。私も同じです。

しかし、このように論じられていることは、もう、何度も述べますが、何でもありの世界になってしまいます。

このように、他人の説を否定することが、ＯＫならば、私もこの中に入って、何でもありの世界の中で、自己主張しようと思い、実行しました。

既述していますが、コインには、裏表があります。

これまでの学者は、故・吉野裕子氏を除いて、コインの表だけを、一所懸命に語ってきました。

コインの裏の内容、つまり、「天皇＝北極星」のことは、誰も語らなかったのです。

それは、「禋祀《いんし》」について、今まで誰も精査しなかったことが、それを証明しています。コインの裏側を語った吉野裕子氏さえも、この件については述べていません。


天武天皇が、大嘗祭と伊勢神宮に施した、世界最強の呪術は、『北極星（太陽・太極）北斗八星（八州・八卦）』です。

この呪術の発見。この呪術の理解。この二つが揃ってこそ、大嘗祭と伊勢神宮の真実は明らかになるのです。

これが、コインの裏側の真実なのです。


私は、どなたとも、議論を希望する者です。

多くの人達と議論を交わし、さらなる大嘗祭の真実に近づきたいと思っています。


最後に、編集を担当していただきました、力石幸一様に感謝いたします。

力石様とは、電話で、長時間、歴史の話をしてしまうことが、しばしばでした。私の「八の世界」

の理解者でした。また、今回、本を出版してくださいました、（株）ヒカルランドの石井健資社長は、私の最初の歴史書『古代天皇家「八」の暗号』の編集担当者でした。やはり、「八の世界」の理解者でした。大嘗祭も、勿論「八の世界」です。私は、「八の世界」の理解者、お二人に御縁を持つことが出来、幸せ者です。

記して感謝する次第でございます。

令和元年十一月十一日

畑アカラ

畑アカラ　はた あから
昭和22（1947）年、静岡県生まれ。明治大学政経学部卒業（蒲生ゼミ・村落社会調査）。イラスト・ライター、絵本作家。広告制作会社を経て、フリー。著書（文・画）に『猫ノーテンキ』（草思社）、『猫っ可愛がりのことわざ草紙』（毎日新聞社）、『古代天皇家「八」の暗号』（ヒカルランド）、『古代天皇家の謎は北斗八星で解ける』（徳間書店）など多数。「8の世界」と「ハートの世界」の探究家として、「8月8日はハートの日」（商標登録済み）を制定し、活動中。

だから日本人だったんだ！
【大嘗祭・天皇号・伊勢神宮】
この国永遠の疑問を解く

第一刷　2019年12月31日

著者　畑アカラ

発行人　石井健資
発行所　株式会社ヒカルランド
〒162-0821 東京都新宿区津久戸町3-11 TH1ビル6F
電話 03-6265-0852 ファックス 03-6265-0853
http://www.hikaruland.co.jp info@hikaruland.co.jp
振替　00180-8-496587
本文・カバー・製本　中央精版印刷株式会社
DTP　株式会社キャップス
編集担当　力石幸一

ISBN978-4-86471-843-1

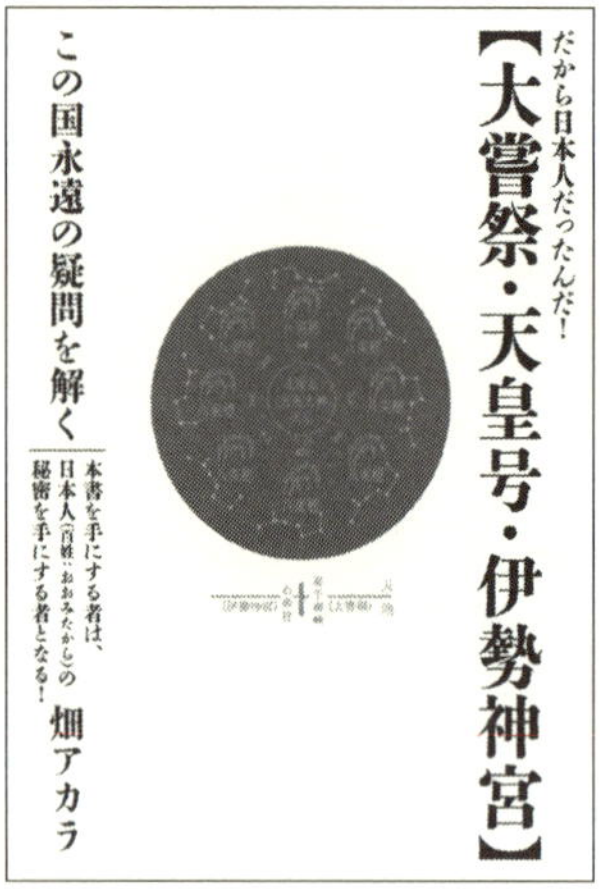

日時：2020年２月８日（土）　13：00～15：00
料金：5,000円
定員：80名
会場＆申し込み：ヒカルランドパーク

◉イッテル珈琲懇親会（ヒカルランドパークより徒歩５分）
当日　15：30～16：30
料金：3,000円
定員：15名

ヒカルランドパーク
JR 飯田橋駅東口または地下鉄 B1出口（徒歩10分弱）
住所：東京都新宿区津久戸町3－11 飯田橋 TH1ビル 7F
電話：03－5225－2671（平日10時－17時）
メール：info@hikarulandpark.jp　URL：http://hikarulandpark.jp/
Twitter アカウント：@hikarulandpark
ホームページからも予約＆購入できます。

神楽坂♥《ハート》散歩
ヒカルランドパーク

【大嘗祭と天皇と日本人（おおみたから）】
やっとわかった！
祈り祀るこの国の形の最奥部のシステム

講師：畑 アカラ

不思議すぎる日本人、それは海外から見た視点ばかりではない！
なんとこの国に住む大多数の日本人が、自分たちのルーツ、アイデンティティを一切知らないのだ！　これは不思議と言うしかない！
そしてこの人、ついに畑アカラが、登場して、アキラカにしてくれた！

『だから日本人だったんだ！【大嘗祭・天皇号・伊勢神宮】この国永遠の疑問を解く』『［新装版］古代天皇家「八」の暗号　1300年間、この国を護り続けた最強の言霊「や」の全て！』の２冊を立て続けに上梓した著者による熱演セッションです！

この国の学者は何一つ、このテーマに関して、我々に教えてくれなかった！
こんなへんなことに終止符を打ちましょう！

だから私たちは日本人だったのです。——これは一生に一度、この国に生まれたなら、受けとっておくべき情報のオンパレードになります。

セッション後はイッテル珈琲にて、畑アカラ先生を囲んで談笑する機会も設けました。

ヒカルランドの書籍、すべて揃っています!

イッテル本屋

ITTERU BOOKS
イッテル本屋

宇宙の愛をカタチにする出版社ヒカルランドの本を一か所に集めた、超☆宇宙的な書店です！

本と関連している商品や、お気軽にお試しいただける波動機器もズラりと並べております。ゆったりとした木の空間で、思う存分、本が創り出す宇宙に身を委ねていただくことができます。いままで気にはなっていたけれど、出会えていなかった本を手にとってお選びいただける、まさにみらくるな場所！　是非、お越しください。
※不定休。イベント開催時など貸し切りになっている場合がございますので、事前にお電話などでご連絡くださいませ。

ITTERU 本屋
〒162－0805　東京都新宿区矢来町111番地　サンドール神楽坂ビル３Ｆ
１Ｆ／２Ｆ　神楽坂ヒカルランドみらくる
地下鉄東西線神楽坂駅２番出口より徒歩２分
TEL：03-5579-8948

ヒカルランド　好評既刊！

地上の星☆ヒカルランド　銀河より届く愛と叡智の宅配便

[新装版] 古代天皇家「八」の暗号
1300年間、この国を護り続けた最強の言霊「や」の全て！
著者：畑アカラ
四六ソフト　本体 4,040円+税

本書を手にする者は、この国（大八洲瑞穂国：おおやしまみずほのくに）の秘密を手にする者となる！　本書『だから日本人だったんだ！【大嘗祭・天皇号・伊勢神宮】この国永遠の疑問を解く』にさきがける日本と日本人を理解するための必読・奥義の書！

大嘗祭、伊勢神宮、日光東照宮、高松塚古墳、キトラ古墳をつなぐ「八・や」の仕組みが見えると、天皇家とこの国、この民、その全てを貫く宇宙規模の結界、繁栄のための呪術が分かる！　なぜ日本人は自分の国のことをかくも見事に知らないのか？

封印されてきた【国家の暗号】がついにここに解かれる！